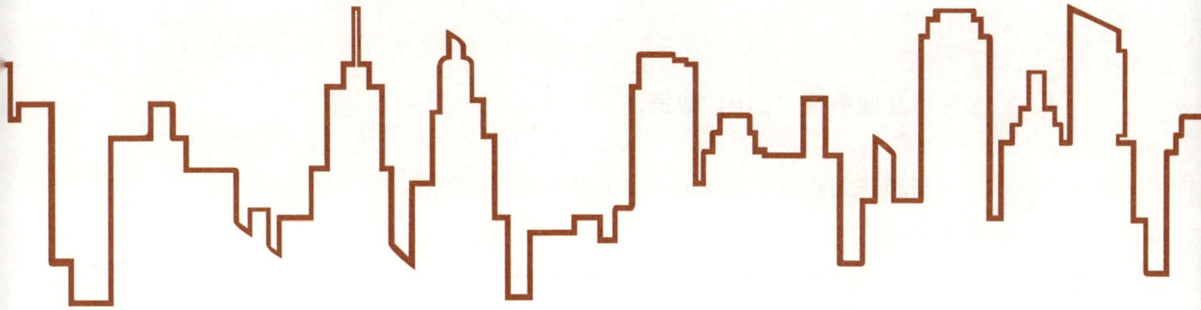

中国经济 怎么看？怎么办？

The Chinese economy: How to view? What to do?

余淼杰 著

By Yu Miaojie

辽宁大学出版社
Liaoning University Press

图书在版编目（CIP）数据

中国经济怎么看？怎么办？/余森杰著. --沈阳：辽宁大学出版社，2024.2

ISBN 978-7-5698-1524-5

Ⅰ.①中… Ⅱ.①余… Ⅲ.①中国经济—研究 Ⅳ.①F12

中国国家版本馆 CIP 数据核字（2024）第 032485 号

中国经济怎么看？怎么办？

ZHONGGUO JINGJI ZENME KAN？ ZENME BAN？

出 版 者：辽宁大学出版社有限责任公司
（地址：沈阳市皇姑区崇山中路 66 号　　邮政编码：110036）
印 刷 者：大连金华光彩色印刷有限公司
发 行 者：辽宁大学出版社有限责任公司
幅面尺寸：170mm×240mm
印　　张：21.75
字　　数：283 千字
出版时间：2024 年 2 月第 1 版
印刷时间：2024 年 2 月第 1 次印刷
责任编辑：徐振利　金　华　陈晓东
封面设计：韩　实
责任校对：张　茜

书　　号：ISBN 978-7-5698-1524-5
定　　价：88.00 元

联系电话：024-86864613
邮购热线：024-86830665
网　　址：http://press.lnu.edu.cn

中国经济怎么看？怎么办？

根据国家统计局2024年1月17日公布的2023年中国经济运行数据，经初步核算，全年国内生产总值（GDP）126.06万亿元，按不变价格计算，比上年增长5.2%；货物进出口总额41.76万亿元，外贸顺差5.79万亿元，外贸总量居全球第一位，全球第二大经济体地位稳固。

关于2024年中国经济将会如何运行，有两个基本判断：一是，具有5.3%至5.4%的增速潜力。能否实现取决于经济政策的落实效果。二是，2024年会形成约6万亿元人民币的外贸顺差。2023年12月11日至12日召开的中央经济工作会议，系统部署2024年经济社会发展主要目标任务，为做好下一步经济工作指明了前进方向，提供了根本遵循。2024年中国经济怎么看？怎么办？个人理解，要做好“五个坚持”。

第一个坚持：处理好统筹发展和安全的关系。在百年未有之大变局的背景下，我国面临风高浪急的国际环境和艰巨繁复的改革发展任务。要实现2024年中国经济5.3%至5.4%的同比增长，处理好发展和安全的关系至关重要。一般谈到安全，指的就是包括粮食安全、生态安全、能源安全、产业安全和国防安全在内的五大安全。中央经济工作会议明确强调，必须实现“以进促稳”，即“安全是发展的前提，发展是安全的保证”。1997年我在北大读书的时候，聆听了学界泰斗、已故著名经济学家厉以宁老师的讲座。厉老师认为，中国经济发展过程中一定会出现许多问题，要解决问题，唯有发展才是良方。经济降速会导致问题愈发层出不穷，只有高质量的发展才能实现高水平的安全。这就是今天所说的“以进促稳”。实现这一目标的答案，就是“先立后破”（请注意，是“先立后破”，而不是“先破后立”）。党的二十大报告中有关“绿色”的篇章涉及两个不同的思路：一是“先破后立”；二是“先立后破”。在全面系统贯彻新发展理念的过程中，如果采用“先破后立”的做法，在新能源产业尚未建立的情况下，就取缔传统能源产业，必会导致供给不足，出现拉闸限电等负面现象。因此，必须坚持“先立后破”的做法。具体来讲，“提高非化石能源占一次能源的比重”是新能源应用的一个重要观测指标。2019年我国非化石能源应用占比为15%，其中水电占8%、核电占2.7%、可再生能源占4.3%，美国差不多是16%的水平。据初步核算，2023年末至2024年初，我国相关指标已提高到约17.5%的水平，预期到2030年提升到25%。这可以说是任重道远。

此外，“先立后破”不仅涉及新发展理念中的“绿色”理念，事实上也涉及另外四种理念：创新、协调、开放、共享。

“先立后破”如何在创新中体现？要提高创新占GDP的比重，或研发占GDP的比重，即增加研发强度。统计数据显示，2023年我国的研发强度约2.66%，OECD国家也基本上是同样的水平。研发包括研究和发展，我们要做的工作是提高基础研究占研发的比例，而不是应用研究占比。“十四五”期间的目标是将基础研究占研究的比重从目前约6.6%提高到7%。需要指出的是，在这方面OECD国家已达到了约15%的水平。“先立后破”在创新中的体现就是基础研究。这也是为什么从前提“产学研”，现在特别强调“产学研用”结合。

“先立后破”如何在创新中体现？协调包括两方面：城镇化协调和工业化协调。二者应均衡发展，不可偏颇。南非就是一个很好的例证。2020年南非的城镇化率为67.4%，城市及大城镇的地区生产总值占国内生产总值的80%。城镇平均收入高于全国平均水平，但在乡镇地区、非正式定居点以及市中心地区，“贫困城市化”正在增加，影响了城市和国家的稳定发展。反之，如果工业化发展太快，而城镇化落后的话，就会造成某一地区劳动力供应不足，工资成本上升，企业利润相应下降，给企业经营带来困难，影响可持续发展。目前，总体来看，我国的工业化发展较快，城镇化发展较慢。所以，“先立后破”在协调中的核心重点就是加快推进城镇化建设。

“先立后破”如何在共享中体现？一是提高个人可支配收入占总收入的比重，这需要靠政府减税降费来实现。二是扩大中等收入群体的数量，提高中等收入水平。一个三口之家的年收入在10万元~50万元之间，我们就可以称之为中等收入家庭，需要扩大的也是这一层级群体的数量。

第二个坚持：必须牢牢把握高质量发展首要战略任务和新发展格局战略任务。高质量发展包括生产、流通、消费、分配四要素，其中的关键是生产。我国要实现成为生产大国、生产强国、制造强国的目标，生产的高质量发展至关重要。高质量发展在生产中的体现是多方面的提升，即产品附加值的提升、质量的提升、全要素生产率的提升。我国目前的全要素生产率约是美国的60%，2001年我国刚刚加入世贸组织时的全要素生产率是美国的30%，20余年间增长了一倍。由此应该看到，虽然我国的全要素生产率仅为美国的60%，并不意味着我国的产品就没有比较优势或竞争优势。鉴于我国的劳动力成本相比美国较低，只相当于美国的20%左右，二者相抵，我国的产品还是具有比较优势的。在行业层面，要实现三方面的高质量发展。一是巩固全产业链优势，即要培育好包括41个工业大类、207个工业中类、666个工业小类的工业体系。第二是产业集聚。我国许多工业城市的发展并非面面俱到，而是具有自身的产业名片。例如，深圳的电子、东莞的电子加机械、汕头的玩具、云浮的石头、廊坊的家具、邢台的羊绒产业的集群等。三是三大产业须合理协调发展。目前，第一产业占比7.5%，第二产业占比为39%，第三产业占比为53%。其中，第二产业所占的39%非常重要。这并不是说实体经济创造就业，而是因为第三产业创造的就业机会更多。之所以要强调实体经济，是因为实体经济制造业是创新的载体，而创新是新发展理念中的第一动力。只有发展实体经济才能更好地避免我国掉入中等收入陷阱。

第三个坚持：必须坚持供给侧结构性改革，解决有效需求的不足。当前全球经济都处于一个相对低位运行的状态，如何解决有效需求不足就显得尤为重要。事实上，我个人认为2024年解决有效需求不足的工具是较多的。我国的物价水平较低，这对于传统宏观政策的实施较为有利。2024年，我们需要通过积极的财政政策和稳健的货币政策来发力解决问题。经济学理论显示，如果经济比较低迷，要拉动经济，积极的财政政策是非常有效的工具。积极的财政政策如何“积极”起来？这里可以列举几个数据。2024年，国家层面有多少钱可以列支？答案是约30万亿元。这30万亿元中包括21万亿元的财政收入以及财政赤字。如果2024年3月召开的全国两会上把财政赤字率定在3%，那GDP的

126万亿元乘以3%就是3.78万亿元。根据以往的做法，中央通常会在年中发行1万亿元的特别国债，3.78万亿元加1万亿元就是4.78万亿元。而2023年发行的1万亿元国债中有5000亿元还没有消化，加在一起就是5.28万亿元的财政赤字。如果按2024年的5.3%~5.4%经济增长速度计算，2024年的经济总量可达132万亿元。新财年预计财政赤字5.28万亿元除以132万亿元可得4%，即2024年的财政赤字率的保守估计量应为4%。21万亿元的预算内收入，加上5.28万亿元的财政赤字安排，再加上地方的专项债（通常是3.85万亿元），就得出约30万亿元的国家层面列支规模。

除了积极的财政政策，拉动2024年中国经济还要靠适当宽松而稳健的货币政策。为此，上半年应该采取“以进促稳”的政策，下半年则应采取“稳中求进”的政策。“降息降准”是“以进促稳”的重要手段。2024年第一季度和第二季度的中期借贷利率应下降10%~20%，长期借贷利率则应进行非对称调整，一年期长期借贷利率下降20个基点，5年期长期借贷利率下降10个基点。此外，预计在第二季度还要降低存款准备金利率。下半年政策调整的步伐会相对较慢。

当然，除了以上短期的宏观政策安排外，保证中国经济长期向好还要靠供给侧结构性改革，大力培育新质生产力，提高企业的全要素生产率，其中一个重要的工作是要做好员工的在岗培训。

第四个坚持：必须处理好改革和开放的关系。如果说对内改革只做一件事情的话，那就是建立一个统一的国内大市场，统一的对立面不是指“计划”或者“市场”，而是“分割”。换言之，中国经济向好的原因并不在于中国的劳动成本较低，而在于中国拥有一个超大规模的内需市场，为此必须形成一个统一的国内大市场。统一的国内大市场首先必须是统一的要素大市场，即资本、土地、劳力、能源、数据等可以在国内有序地自由流动。如果再进一步改革的话，就要使用包括废除户籍制度等在内的工具，目标是实现商品和劳务的统一、内外贸商品的“三同”。大家可能有这样的感受，在美国买到的中国品牌的衣服，质量更好、价格更低。原因在于中国品牌在国外面临更激烈的竞争，而在国内面对的竞争环境相对较弱。所以，我们的目标是要形成一个国内的统一大市场，同质、同线、同标、同等质量。为此，必须降低各种有形或无形的成本，真正地优化营商环境。各级地方政府及市场监督部门要发挥积极作用，把“有法可依、有法必依、执法必严、违法必究”真正落到实处。这方面的改革势在必行。

关于外贸，上文提到了外贸顺差的估计规模是6万亿元。那么，外贸的总量如何？这个并不好回答。基本判断是2024年出口价格会上升，但是出口数量大概率增速不快。根据当前的国际形势，我国商品出口到欧洲，必须在好旺角转港，这一定会影响商品的出口数量。也是因为如此，供给不足造成欧盟地区对中国产品的价格需求上升。中国商品出口的新增长点在哪里？在东南亚、美洲（包括美国）。外贸的“抢出口”策略和相对疲软的人民币汇率都有利于中国商品的出口。我们的目标是形成更大规模、更宽领域、更深层次的开放，具体做法包括五个方面：第一，出口目的地的多元化。不建议企业做深出口，仅瞄准欧美这些全球市场。虽然这些国家的市场已较为成熟，但受政治因素影响，波动也会较大。鉴于此，要鼓励企业积极开拓发展中国家的市场，如东南亚国家的市场和俄罗斯的市场。第二，扩大进口。2018年至今，我国召开了六届中国国际进口博览会，其目的之一是进口更多的消费品，这有利于提升居民的幸福感和获得感。从企业的角度来讲，有更多的中间品出现，可以产生“1+1＞2”的首比特创造效应。第三，服务贸易。服务贸易的发展方向是“扩总量、调结构、树特色”。当前，我国的服务贸易总量依然较少，仅8000亿美元，而美国已经达到了1.3万亿美元。调整结构，缩小逆差，特别是教育方面的逆差是提高服务贸易总量的重要抓手。北京大学和清华大学在服务教育中走在了全国前列。2022年8月，我到辽宁大学工作后，把北京大学学科建设中好的做法带到辽宁大学。关于树特色，韩国的医美做到了全球第一，我国是中医药强国，有充足的理由要把中医药和中医的服务贸易做好。第四，对外直接投资。中国企业要“走出去，走进去，走上去”。“走出去”我们已经做得很好，每年“走出去”的规模已达到1350亿美元。“走进去”是指要加强在境外投资的正面宣传及影响，在民心相通方面需要进一步拓展。“走上去”是指赴境外投资不能仅看到当地的自然资源和人工成本相对较低，更重要的是要做到在商言商，在商业交往中保持公正、公平的态度，提倡正当竞争，反对欺诈和不诚实的行为。第五，对外开放。“一带一路”倡议要实现差异化和“两条腿走路”。陆上丝绸之路的重点应该向东而不是向西。在俄乌冲突、巴以冲突的背景下，加强与俄罗斯在远东地区的经贸合作就显得尤为重要。海上丝绸之路需要向北发展。我们之前呼吁建立“中东—西亚—北非”自贸区，但当下战火又起，这一方向的经贸合作很难展开。因此，海上丝绸之路可以考虑向北发力，继续推进中日韩经贸合作，推进中日双边贸易，加强中日韩经贸谈判。正因为如此，辽宁省正在向国家积极呼吁将“东北海陆大通道”上升为国家战略。

第五个坚持：坚持中国式现代化是最大的政治任务。中国式现代化博大精深，其中应特别加强精神文明建设。在物质文明方面，我国已经是全球第二大经济体。精神文明建设方面，高校可以发挥更大的作用。高校作为育人的最重要载体，要做到格物致知，心诚意正，修身齐家治国平天下。路虽远，行则将至；事虽难，做则必成！

注：本文根据2024年1月20日余淼杰在中国创业者峰会（北京）上的主题演讲整理。

目　录

第三篇　开放与合作

第四篇 绿色贸易

第五篇 全球经济与国际事务

第六篇 东北振兴

第一篇
中国式现代化

理解中国经济高质量发展

习近平新时代中国特色社会主义经济思想博大精深，其核心内容体现为“三新一高”，即新发展阶段、新发展理念、新发展格局和高质量发展。面临风高浪急的国际环境和艰巨复杂的改革发展任务，在党中央的坚强领导下，在“三新一高”思想的指引下，中国经济已进入以高质量发展为表征的新发展阶段。新发展阶段必须贯彻五大新发展理念，坚持创新为第一动力、协调为内生特征、绿色为普遍形态、开放为必由之路、共享为最终目标。在贯彻五大新发展理念的过程中，要坚持问题导向和目标导向相结合的指导方针，实事求是地解决好各个难点和堵点。同时，深度挖掘内驱潜力，构建全国统一大市场，发挥超大规模市场优势，以“双循环”为推手构建新发展格局，实现更高水平的对外开放，最终实现中华民族伟大复兴。

本文为作者2023年10月应邀在国家发改委习近平经济思想研究中心授课的摘录。感谢辽宁大学北京商务研究院邢源源教授对文稿的整理和提炼，感谢北京大学新结构经济学研究院博士生杨伯烨的助研贡献，文责自负。

一、积极应对国际环境挑战，转入新发展阶段成效显著

党的十八大以来，中国经济进入新发展阶段。在新发展阶段，中国的经济发展面临两个挑战，即人口老龄化与去全球化。通过积极应对挑战，中国经济已成功由高速发展转为高质量发展，并且是在微观、中观和宏观层面全方位的高质量发展。如何理解高质量发展呢？正如《习近平经济思想学习纲要》中指出的，理解高质量发展可以从供给、需求等不同方面理解。具体地说，笔者认为高质量发展从供给面看可以从产品质量提高、产品附加值提升、企业全要素生产率明显提升、全产业链特色清晰、产业集聚优势突出以及产业分工比例协调六个方面理解。

一是产品质量提高。据余淼杰和张睿（2017）核算，若是依据单价、市场份额和边际成本来衡量工业产品质量，并将2001年中国加入世界贸易组织时的产品质量标准化为1，那么中国产品的质量到2012年时提升了30%，达到1.3。自2012年党的十八大之后的新时代十年，中国产品的质量又提升了25%。总体来说，进入新世纪以来中国产品的质量至少提升了1/4。

二是产品附加值提升。中国自实行加工贸易政策以来，加工贸易进出口总额从1981年的25亿美元增加到2006年的8319亿美元，增长了333倍。加工贸易在对外贸易中的比重从5.7%提高到47.2%，在中国国民经济和对外贸易的发展中发挥了重要作用。但是，加工贸易的附加值相对于一般贸易较低。自2006年以来，中国对外贸易结构持续优化，曾一度占中国外贸总额半壁江山的加工贸易目前比重降到20.1%，而一般贸易的比重上升到63.7%（见图1）。一般贸易的比重上升意味着出口产品附加值在增加。

除此以外，加工贸易产业内部也发生了深刻的变化，目前的加工贸易从以服装、鞋帽等劳动密集型产业为主转变为以机器设备、电子仪器产品等资本密集型产业为主。从这两个现象可以推断出中国产品附加值正在不断提升。

三是企业全要素生产率明显提升。全要素生产率是用来衡量企业绩效的常见指标。克鲁格曼曾言，生产率不是一切，但在长期中近乎一切。根据Feenstra等（2015）核算，在2001年中国刚加入世界贸易组织时，中国企业全要素生产率是美国的30%，到2015年已经达到美国的50%，全要素生产率提升幅度达70%。

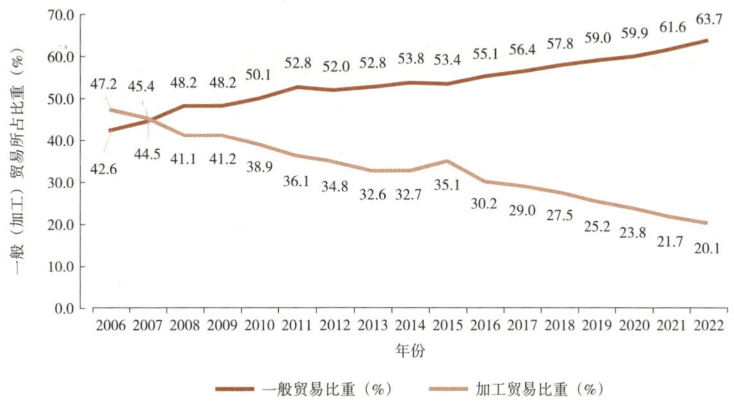

图1　2006—2022年一般贸易与加工贸易在贸易总额中所占比重

资料来源：作者整理。

四是全产业链特色明显。中国是全球唯一具备全产业链的国家。中国拥有联合国产业分类中所列全部工业门类41个工业大类、207个工业中类、666个工业小类。如果按照海关八位码进行计算，中国出口的海关产品约为8000种，按照十位码来计算有14000多种，产品种类非常齐全（余淼杰，季煜，2022）。

五是产业集聚优势突出。产业集聚可以降低固定成本，获得正外部收益，实现规模递增。中国的许多工业城市，尤其是一线城市和二线城市，都拥有自己的“产业名片”，如义乌的小商品市场、廊坊家具市场、深圳电子产业、汕头玩具产业、邢台羊绒产业等。基于“产业名片”，通过中心外溢作用，相近的产业得以在同一个地区进行集聚，实现规模经济。这是中国形成超大规模的市场优势的关键。

六是产业分工比例协调。当前中国第一产业所占比重为7.3%，同全球其他国家，尤其是发达国家基本一致，但第二产业和第三产业比重与其他国家存在差异。中国第二产业比重为39.9%，第三产业比重为52.8%。而发达国家第二产业比重较低，一般在15%以下，第三产业则达到70%~80%。鉴于实体经济是实现创新的载体，且主要通过制造业来实现，而创新作为经济增长第一原动力，又是一个国家超越中等收入陷阱的动力引擎，第二产业比重较高，第三产业比重较低，这种产业结构适应中国目前发展阶段，有利于孵化创新，同时也有利于保障就业岗位和收入水平。因此，中国目前的三次产业结构仍是较为科学合理的。

以上六个方面说明，从供给侧层面上来看，中国经济的确已经展现了经济高质量发展的特征。

二、坚持目标导向与问题导向相结合，秉持新发展理念促进高质量发展

创新、协调、绿色、开放、共享五大新发展理念是目前中国经济发展的目标所在，瞄准目标并结合各个目标中的问题逐个击破，是构建新发展格局的重要方法与实现路径。

第一，创新作为第一动力。创新分为狭义创新和广义创新。

狭义的创新又分为两个部分：技术进步和科技创新。技术进步是指企业提升管理效率或降低管理成本。不管是大企业、中小企业还是小微企业，都能通过改善管理、降低管理成本来实现技术的进步。这也是“大众创业、万众创新”的意义所在。而科技创新则是从无到有的突破，难度远远大于技术进步，需要大量的研发投入，只能以大型科研机构为载体。中国的创新水平可以从创新投入和创新产出两个方面衡量。2022年，中国的研发投入强度（研发投入占GDP的比重）为2.54%（见图2），接近OECD的平均水平2.6%。研发包括研究和发展两个部分，研究部分又分为应用研究与基础研究。目前中国的研发投入，无论是人员还是经费，多集中在试验发展以及应用研究上，而在基础研究上的投入较少，经费比重只有6.57%，与发达国家10%的比率相比较低（见表1）。未来，中国在创新投入上应更加着力于原创型创新，在政策上应加大对基础研究的扶持。对创新产出的衡量可以看专利数量。中国的专利产出总量很大，但多为实用新型专利，发明专利较少（见图3）。目前中国创新的重点在突破“卡脖子”问题，深入推进“科技创新2030—重大项目”，是攻破难关的关键。而担当攻关主力军的将是位于中部的企业，因为中部企业相比于头部

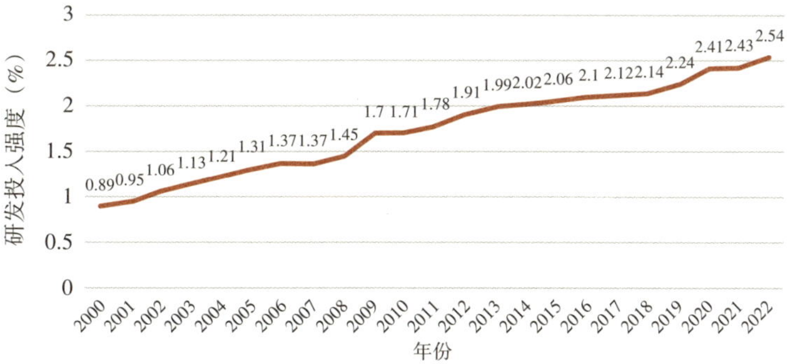

图2　2000—2022年中国研发强度

资料来源：中经网。

与尾部的企业，面临更激烈的竞争，需要进行产品的升级迭代，突破瓶颈，持续发展。

表1 2012—2022年三类研发的人员及经费占比（%）

年份	基础研究		应用研究		试验发展	
	人员占比	经费占比	人员占比	经费占比	人员占比	经费占比
2012	6.54	4.84	11.82	11.28	81.64	83.87
2013	6.32	4.68	11.20	10.71	82.48	84.60
2014	6.34	4.71	10.97	10.75	82.69	84.54
2015	6.74	5.05	11.45	10.79	81.82	84.16
2016	7.08	5.25	11.32	10.27	81.60	84.48
2017	7.19	5.54	12.14	10.50	80.67	83.96
2018	6.96	5.54	12.30	11.13	80.74	83.33
2019	8.17	6.03	12.82	11.28	79.02	82.69
2020	8.15	6.01	12.29	11.30	79.56	82.68
2021	8.26	6.50	12.09	11.25	79.65	82.26
2022	8.01	6.57	11.66	11.31	80.31	82.11

资料来源：中经网。

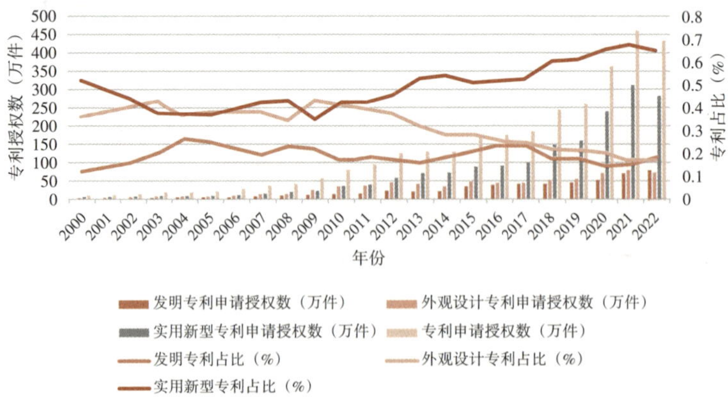

图3 2000—2022年中国三种专利授权数及其占比

资料来源：中经网。

广义的创新是指对规则、规制、标准、管理四个方面的创新。这里以设立自由贸易试验区与自由贸易港两个例子来加以说明。自2013年中国首个自由贸易试验区在上海挂牌起，经过7次扩容，中国自贸试验区已经有22个[①]，覆盖了东部、中部和西部地区。自由贸易试验区创新性地实施外商投资准入前国民待遇加负面清单管理模式，即通过给予外资企业和内资企业相同的待遇，并且不断缩短准入负面清单，积极融入全球一体化，参与全球经贸治理。当前，准入前国民待遇加负面清单管理制度还可以进一步优化。其一是明确准入前国民待遇是给予外资企业与国企相同的待遇还是与民企相同的待遇。其二是负面清单仍然限制较多，需要对负面清单瘦身，减少禁止投资的种类和数量。第二个例子是在海南建设中国特色自由贸易港。海南全省通过“数据多跑路，办事少跑腿”持续优化营商环境，推进实现贸易自由便利、投资自由便利、跨境资金流动自由便利、人员进出自由便利、运输来往自由便利和数据安全有序流动等目标。这足以体现中国在规则制度方面的创新态度。

第二，协调作为内生特征。协调分为区域协调、城乡协调和行业协调。行业的兴衰交替更多是市场调节的结果，因而重点在区域协调与城乡协调上。区域协调的目标是实现新型农业现代化、新型工业化、新型城镇化和新型信息化。其中，新型工业化和新型城镇化间的协调至关重要，二者如果差距太大将影响经济发展和社会稳定。如果新型工业化太超前而新型城镇

① 自2013年9月27日到2023年10月21日，中国陆续在上海、广东、天津、福建、辽宁、浙江、河南、湖北、重庆、四川、陕西、海南、山东、江苏、广西、河北、云南、黑龙江、北京、湖南、安徽和新疆设立自由贸易试验区。

化滞后，则劳动力的供给不足，劳务工资上升，企业利润下降，政府税收下降，影响地区经济可持续发展。如果新型城镇化太超前而新型工业化滞后，则会导致进城务工人员增加，工作岗位不足，出现大量的低收入人群，严重影响社会稳定（比如南非等国家）。中国目前新型工业化适度超前，而新型城镇化不足，所以需要弥补新型城镇化短板。目前推动新型城镇化有两个策略方向，一是大力发展城市群，二是去中心化。目前一线城市群共有5个。以总量来排序，最大的两个城市群分别是长三角和粤港澳大湾区城市群，接着是京津冀、成渝和长江中游城市群。除了这五大城市群，在北方发展较好的有哈尔滨长春城市群、沈阳大连城市群、山东半岛城市群、郑州和亳州城市群。在南方则有福州—厦门—泉州的海峡西岸城市群。同时，城市群的成长也有限度，一个城市的人口极限大约在4000万左右，没有哪个城市能够真正拥有超过5000万人口。4000万人口的城市，它的水、土地、绿化等存量都将达到极限。在当下，生活成本过高，环境承载压力过大，使得超一线城市对人才的吸引力在下降。随着高铁的迅速发展，高铁枢纽逐步成为新的城市化中心，而对北上广深产生了一定的稀释作用，中国也就慢慢步入去中心化的时代。在推进新型城镇化的过程中，注重城乡协调发展也十分重要。若以城乡人均可支配收入之比作为城乡收入差距的衡量指标，2008年金融危机之前全国城乡收入差距非常大，比值达到了3.14，到2022年已经降到了2.45。浙江在城乡协调发展上表现突出，比值为1.9（见表2）。

表2 2022年全国及各省份城乡人均可支配收入之比

地区	城乡收入比	地区	城乡收入比	地区	城乡收入比	地区	城乡收入比
全国	2.45	黑龙江	1.89	河南	2.06	贵州	3.00
北京	2.42	上海	2.12	湖北	2.16	云南	2.78
天津	1.83	江苏	2.11	湖南	2.42	西藏	2.68
河北	2.13	浙江	1.90	广东	2.41	陕西	2.70
山西	2.42	安徽	2.31	广西	2.28	甘肃	3.09
内蒙古	2.36	福建	2.15	海南	2.10	青海	2.68
辽宁	2.21	江西	2.19	重庆	2.36	宁夏	2.45
吉林	1.96	山东	2.22	四川	2.32	新疆	2.32

资料来源：中经网。

第三，绿色作为普遍形态。从国际角度看，绿色环境保护是全球可以共同对话的议题。中国是第一个把保护生态环境写入宪法的国家，也是把“绿水青山就是金山银山”纳入党章的国家。中国积极参与了1997年的《联合国环境变化框架公约》、2012年的《京都协定》以及2016年的《巴黎协定》，并始终坚持环境保护共同承担、分别负担的原则。这一原则在具体落地上有三个关键点：一是碳排放的累积核算，二是环境保护与发展权的平衡，三是生产与消费端的责任分担。一方面，碳排放是一个长期积累的过程，不能只关注某个时间节点上的实时排放量，而要考虑其累积排放量并加以核算。进行核算则需要确定一个核算起点。如果以1871年德国统一为起点，美国应该承担全球碳排放量的29%，欧盟为25%，中国为9%，日本为4%。核算的起点不同，则各国相应应当承担的责任大小也就不同。另一方面，人口大国与人口小国的碳排放量是不同的，一个正在工业化的国家与一个已经完成工业化甚至开始去工业化的国家的碳排放量也是不同的。从表面上看，这是要求对碳排放量的限制要考虑人口规模、发展阶段等多种因素，实际上这涉及环境保护与发展权的排序问题。此外，生产端和消费端谁应该为碳排放量负责呢？生产端认为，如果消费端不消费就没有生产，需求创造供给，所以生产端不应为此买单。消费端认为，生产端的技术水平决定碳排放量，并且已经为购买的产品支付价格，为生产端的生产创造就业，所以应该由生产端来买单。实际上，双方都应该承担一部分，因而具体比例是多少便成了关键问题，需要有说服力的理由和合理的依据。

从国内角度看，中国要在2030年实现碳达峰，2060年实现碳中和。“双碳”目标面临着两个挑战。其一是提前达峰与经济发展的权衡。地方提前达峰的好处是政绩亮眼，坏处是可能限制经济的发展。其二是从碳达峰到碳中和只有30年时间。根据计算，一般发达国家完成这一过程需要50年的时间，所以对中国来说这个过程任重而道远。“双碳”经济的关键包括两个方面，第一是提高非化石能源占一次能源的消费比重，第二是对传统能源要“先立后破”。2022年，中国水电、核电、风电、太阳能发电等非化石能源消费量占能源消费总量的17.5%（见图4），与其他国家基本一致。未来的目标是在2030年将这一比例进一步提升到25%。此外，对于传统能源的更迭升级要坚持“先立后破”。“先立”一方面要求各省市因地制宜，根据自身特长和要素禀赋发展绿色能源，另一方面要求发展技术解决能源储存、调配与输送问题。以风电为例，中国风资源规模巨大而且集中分布在“三北”（西北、华北、东北）地区。但是“三北”地区市场规模小，难以就地消纳。同时，风电本身具有波动性和间歇性等特点，风电并网需要配套建设调峰电源。“三北”地区电源结构单一，基本没有调峰能力，而且远离负荷中心，跨区输电能力不足。因此，通过发展技术使过剩能源能够储存并卖到其他省份以获得收益便是“先立”的关键。

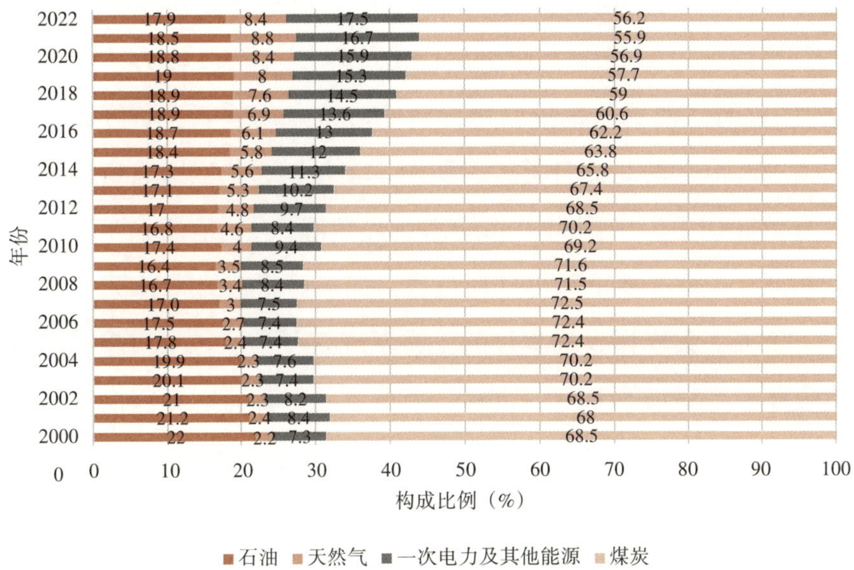

图4　2000—2022年中国能源消费结构

资料来源：中经网。

第四，开放作为必由之路。中国式现代化是走和平发展道路的现代化，这是党中央的方向性定调。中国能够继续走和平发展道路来实现现代化的决定性因素是中国现在还处于经贸全球化的时代。经贸全球化取决于生产地区化和贸易多边化。生产地区化是指产品由不同的国家生产，之后找到一个国家组装和包装。贸易多边化是指将生产的产品卖到世界各地。即使在一些国家推行贸易保护主义、贸易单边主义、贸易欺凌的今天，这两个特征也没有因此而发生根本性的变化，因而经贸全球化依然存在。只是如今的经贸全球化出现了价值链短链化的新现象。比如原来一个产品由50个国家生产，现在减少到由30个国家生产，这会导致利益的重新分配。目前，由于WTO的改革停滞不前，区域经贸合作逐渐取代WTO，如《中欧全面投资协定》(CAI)、《区域全面经济伙伴关系协定》(RCEP)、《全面与进步跨太平洋伙伴关系协定》(CPTPP)，以及《跨大西洋贸易与投资伙伴协定》(TTIP)等。当前，区域经贸合作格局已由"两翼并行"转为"三足鼎立"。所谓"两翼"是指以德国为中心节点的欧盟自贸区和以美国为中心节点的北美自贸区，所谓"三足"是指欧盟自贸区、北美自贸区加上以中国为中心的东亚经贸圈。"三足鼎立"不等于互相孤立，而是要重新再排列组合，谋求更紧密的经贸联系。

第五，共享作为根本目的。共享理念分为三步来实施，即脱贫攻坚、乡村振兴和共同富裕。就脱贫攻坚而言，中国的脱贫攻坚成就非凡，从2015年的贫困人口5575万到2021年底降到0。这得益于中国强大的治理能力，保证每项政策纵向到底，横向到边，通过五级书记挂帅、第一书记驻村的方式建档立卡，实施精准扶贫，采取了产业脱贫等有效途径，实现了经济社会的长足发展。脱贫攻坚取得全面胜利是万里长征的第一步。下一阶段工作的关键在于防止脱贫地区大规模返贫，所以乡村振兴非常关键。

乡村振兴必然要依靠产业振兴。目前，中国很多产业分布在沿海地区，这些产业大致可分为劳动密集型与资本密集型。从20世纪四五十年代开始，劳动密集型产业由美国转移到欧洲，五六十年代转移到日本，七八十年代转移到东亚，80年代后转移到中国。劳动密集型产业会不断地向劳动力更便宜的地方转移。随着中国劳动力比较优势的逐步丧失，劳动密集型企业从国内转移到海外是大势所趋。但是对于资本密集型产业而言，资本投入大于劳动投入，而资本投入对于产业链配套上下游的距离有严格要求，所以资本密集型产业不容易转移。换言之，资本密集型产业在相当一段时间内还无法转移到东亚或者非洲，因为那里的产业链配套是不成熟的。因此，沿海地区的资本密集型企业可以借助中国的全产业链优势继续留在国内，并依托新“三线”建设，向中西部省份转移。中西部地区又恰是脱贫攻坚的主导区域，因而可以通过沿海地区转移来的产业推动其乡村振兴。

贯彻共享理念的第三步在于实现共同富裕。共同富裕强调的是机会公平而非结果公平。党的二十大报告明确指出，强调机会公平，就是要给予每个人一个公平致富的机会。即政府提供平台，鼓励体力劳动者勤劳致富、脑力劳动者创新致富。

目前，中国仍处于效率优先、兼顾公平的过渡期。在这一阶段，我们要优化三次分配格局，通过“提低”“扩中”“调高”来提高劳动者的收入。“提低”，即提高低收入群体的收入。这一环节的重点和难点在于完善落后经济省份的养老保险制度。“扩中”，即扩大中等收入群体的比重。这一环节的目标是使全国的收入分布结构呈现两头小中间大的橄榄型。中等收入指三口之家的年均收入在10万到50万之间。目前，中等收入群体的比例在35%到40%左右。形成这种橄榄型结构的关键是提升居民可支配收入。一方面是提高居民总收入，另一方面是提高可支配收入占总收入的比重。换言之，要继续坚持减税降费以增加居民可支配收入。“调高”，即调节过高收入。在这一环节需要进行税制改革，鼓励勤劳致富，反对不劳而获、坐吃山空。以英国衰退的经验为鉴，英国作为19世纪的“日不落帝国”，之所以被美国赶上，重要的原因之一便是19世纪末20世纪初出现了大量的食利阶层，他们仅依靠父辈留下的财富，通过放贷维持生存，最终使得经济整体失去活力、创新力和持久力。因此，我们必须高度警惕财富代际传承的不可持续性。除此之外，通过税制改革，完善再次分配机制，也势在必行。征收遗产税是一个可行的手段。如果开征遗产税，公司会将交税的钱捐赠出去来抵税，这一方面能够促进行业和国家的发展，另一方面也能改善中国的捐赠体系。目前，在中国的捐赠体系中，个人捐赠很少，机构捐赠较多，总量不足而结构失衡，所以征收高的遗产税其实非常有利。

三、挖潜助推全国统一大市场，“双循环”促进更高水平开放

构建新发展格局最重要的是推动国内国际双循环相互促进，并且要以国内大循环为主体。而促进国内大循环的核心在于挖掘内驱潜力，发挥超大规模市场优势。中国超大规模市场优势可以从以下几方面加以说明。第一，从人口规模看，中国拥有14.1亿人口，约占全球总人口的18%。第二，从国内生产总值和人均收入看，国际货币基金组织（IMF）数据显示，2022年中国大陆GDP总量达18.1万亿美元，约占美国GDP的71.1%，全球GDP的18.1%。根据《我国国内市场规模和潜力测算及发展趋势展望》（尹伟华，肖宏伟，2021），预计未来5年中国GDP占世界GDP比重将持续上升，市场规模不断扩大，到2025年，中国GDP将约占全球GDP的1/5；未来，中国最终消费支出将保持增长，预计到2025年，中国最终消费支出占全球比重将达16.2%（见表3）。2023年，世界银行公布的高收入国家门槛为人均国民总收入（GNI）13845美元。2022年，中国人均GNI约为12850美元，接近高收入国家标准。第三，从国内贸易角度看，在2019年时全国社会消费品零售总额已突破40万亿元，2010—2017年期间增速

更是保持在10%以上（见图5）。以上数据都表明中国蕴藏强大的市场潜力。

表3　2021—2025年中国市场规模占世界市场规模比重预测表

年份	中国GDP占世界GDP比重		中国最终消费支出占世界最终消费支出比重	
	百分比（%）	增长值	百分比（%）	增长值
2021	17.7	0.6	13.4	0.6
2022	18.2	0.5	14	0.6
2023	18.8	0.6	14.8	0.8
2024	19.4	0.6	15.5	0.7
2025	20	0.6	16.2	0.7

资料来源：《我国国内市场规模和潜力测算及发展趋势展望》（尹伟华，肖宏伟，2021）。

图5　2010—2022年中国社会消费品零售总额及其增速

资料来源：中经网。

要充分发挥中国超大规模市场这一竞争优势，就要把国内大循环的工作重点放在加快构建全国统一大市场上。“统一”的起点是要素统一，包括构建人才、土地、资金、能源、数据等要素的统一大市场。统一的对立面是分割，因而统一的核心要义是要素的自由流动。以人才为例，统一的劳动力市场意味着突破束缚区域之间人才流动的制度限制，使劳动力能够在区域之间和产业之间自由流动，做到人尽其才，物尽其用，提高劳动生产率。统一的劳动力市场将是推动中国由人口大国走向人力资源强国的关键。2020年第七次全国人口普查数据显示，人口净流入规模（常住人口-户籍人口）排名靠前的5个城市为深圳、上海、广州、北京、东莞。排名前15的城市中超过一半其人口净流入占比超过45%。较高的人口净流入占比反映出目前主要城市的落户仍然相对严格，户籍开放程度较低（见表4）。过严的户籍限制将妨碍人口合理流动，人才资源无法实现最优配置。为此，应逐步考虑放松户籍限制，降低劳动力跨地区流动的制度性障碍，疏通以人为本的落户渠道，建立城乡统一的人才市场。

表4　中国人口净流入规模城市前15名排行表

排序	城市	常住人口（万人）	户籍人口（万人）	人口净流入（万人）	人口净流入占比（%）
1	深圳	1756.0	541.8	1214.2	69.1
2	上海	2487.1	1469.3	1017.8	40.9
3	广州	1867.7	953.7	914.0	48.9
4	北京	2189.3	1392.1	797.2	36.4
5	东莞	1046.7	251.1	795.6	76.0
6	成都	1579.9	811.0	768.9	48.7
7	佛山	949.9	461.3	488.6	51.4
8	杭州	1071.1	656.6	414.5	38.7
9	郑州	765.5	387.3	378.2	49.4

续表

排序	城市	常住人口（万人）	户籍人口（万人）	人口净流入（万人）	人口净流入占比（%）
10	西安	1195.7	821.3	374.4	31.3
11	武汉	1232.7	906.4	326.3	26.5
12	昆明	595.1	296.7	298.4	50.1
13	苏州	671.6	374.6	297.0	44.2
14	天津	1386.6	1105.0	281.6	20.3
15	中山	441.8	182.9	258.9	58.6

资料来源：国家统计局，《第七次全国人口普查数据》。

“统一”的目标是产品和服务的统一。产品和服务的统一要求做到“三同”，即同质、同线、同标。具体来说，出口企业在同一条生产线上，按照相同的标准生产出口和内销产品，从而使供应国内市场和供应国际市场的产品达到相同的质量水准。21世纪以来，中国出口产品质量不断提升，但是却一再出现国产商品出口较内销质量好的情况。比如，在美国买的中国衬衣的质量比在国内买的更好、价格更便宜。随着中国中等收入人群整体规模逐渐壮大，人们的消费需要与整体消费水平不断提高。若是不能实现出口与内销产品同质、同线、同标，将导致消费大量外流，内需疲软的结果。出现这种现象的原因在于国外的市场竞争更加激烈，所以企业以最便宜的价格卖最好的产品。而国内产品缺乏市场竞争，所以内销产品质量不佳。2022年1月，国务院办公厅印发《关于促进内外贸一体化发展的意见》，明确了内外贸一体化的发展目标，包括到2025年实现内外贸质量标准、认证认可等有效衔接，进一步提升市场主体内外贸一体化发展水平。这表明国内外商品与服务市场逐步接轨。

而要推动国内统一大市场的形成首先需要降低交易成本，包括显性成本和隐性成本。就降低显性成本而言，一个重要举措是取消省际冗余公路检查站。虽然自2020年1月起，全国29个联网省份的487个高速公路省界收费站已全部取消，但是目前在中国部分地区，还存在车辆跨城跨省通行在间隔不到一公里范围内需要经过分别属于两地的多个检查站的情况。这大大增加了货物运输与劳动者通勤的时间成本，导致企业的物流成本快速上升与劳动者的通勤压力加大。取消省际冗余公路检查站将显著节约物流时间成本，有效提升贸易效率。就降低隐性成本而言，则是要实施统一的市场准入制度。要做到坚持“两个毫不动摇”：“毫不动摇地巩固和发展公有制经济”，增强国有经济的竞争力、创造力、影响力、控制力；同时“毫不动摇地鼓励、支持、引导非公有制经济发展”，确保民营经济在要素资源的获得方面具有与国有经济平等的市场地位。

促进国际大循环的工作重点是优化对外开放的方式。推进国际大循环需要重点关注以下五个方面：出口目的地多元化、扩大进口供给、发展服务贸易、鼓励企业“走出去”“走进去”“走上去”、坚持高质量发展“一带一路”倡议。

一是要实现出口目的地多元化。如表5所示，美国、欧盟、东盟、日韩目前仍是中国主要出口伙伴，这些市场的宏观经济情况、产业结构变迁、地缘政治关系等都将对中国出口产生影响。近年来，中美关系复杂、中欧关系敏感，企业必须认识与把握这一本质变化，并做好相应调整，做到出口目的地多元化，不能把出口目标只瞄准欧美等成熟市场，应该深耕新型工业化国家、南南国家、金砖国家，以分散风险，发挥出口对中国经济的支撑作用。

表5　2022年中国前十大出口目的地

排名	目的地	出口金额（亿美元）	出口占比（%）	主要出口产品
1	美国	5815.6	16.3	电子产品、服装、玩具、家具
2	中国香港	3023.4	8.5	电子产品、食物、生活用品
3	日本	1731.0	4.9	电子产品、机械设备、化工产品
4	韩国	1640.8	4.6	电子产品、纺织品、机械设备
5	越南	1476.3	4.1	电机、机械设备、钢铁及钢铁制品、织物、塑料
6	印度	1187.7	3.3	机械设备、电子产品、化工产品
7	荷兰	1176.8	3.3	电子产品、机械设备、化工产品
8	德国	1162.1	3.3	机械设备、电子产品、化工产品
9	马来西亚	951.2	2.7	电机、机械设备、家具、塑料、钢铁制品、车辆及零件、矿物燃料及织物
10	新加坡	820.0	2.3	电子产品、机械设备、化工产品

资料来源：中国海关总署。

二是要扩大进口供给。扩大进口可以提升消费者福利。进口产品一般是国内没有或者国内虽有但存在差异的产品。进口新的产品种类一方面可以增加可供消费者选择的品种，另一方面可以通过“促进竞争效应”来促使国内企业降低相关消费品价格，削减价格加成，打破市场垄断，让消费者能够以更低的价格获取质量更高的消费品。再者，扩大进口供给可以促进企业全要素生产率提升和技术创新。图6展示了消费品、资本品、中间品三类产品在中国总进口中的比重。中国进口结构的一个重要特征是中间投入品的比重非常高，长期位于70%到80%之间。而世界平均比重是20%左右。进一步扩大低价格、高质量、多数量的中间品进口和资本品进口，将有利于制造业企业降低制造成本，提升产品利润，为企业扩大再生产和创造就业提供内生增长的可持续动力。同时，当企业的生产成本降低后，企业会有更充足的盈利空间，可以进行研发投入，进一步提高企业的技术水平。

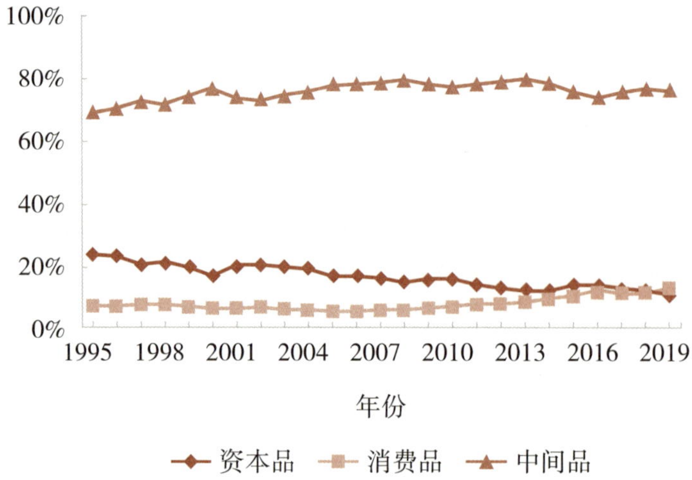

图6　1995—2019年中国进口消费品、资本品、中间品占总进口的比重

资料来源：联合国COMTRADE数据库。

三是要扩总量、调结构、树特色，发展服务贸易。中国服务贸易总量不足一方面是结构问题导致的，比如教育服务贸易逆差的原因在于国际学生流动数量不对称，出国留学的中国学生数量远超来华留学国外学生数量。另一方面的原因是服务贸易特色不足。2022年，中国中药外贸总额85.7亿美元，同比增长10.7%。其中，出口额为56.9亿美元，同比增长13.8%；进口额为28.8亿美元，同比增长5.1%。但与服务贸易整体发展规模相比仍处于初级发展阶段，作为我国国粹之一的中医药产业还没有发挥出足够的影响力。虽然近年来我国中医药服务贸易工作取得了长足进步，中医药已传播至196个国家和地区，中医药内容被纳入16个自由贸易协定。在全国已开展31个国家特色服务出口基地（中医药）、30个高质量中医药海外中心和92个中医药国际合作基地建设工作，但还需要更进一步发展，实施中医药强国战略。

四是要加大对外直接投资，鼓励中国企业"走出去""走进去""走上去"。目前，"走出去"已经成绩斐然，2022年中国对外直接投资流量达到1631.2亿美元，连续11年列全球前三，中国对外直接投资存量达2.75万亿美元，连续6年排名全球前三（见表6）。"走进去"则需要改进。中国企业"出海"为当地创造了大量的就业机会，但能否在国际"民心相通"也是决定中国企业能否长久做好对外直接投资、协调好国内国外两个市场关系的重要决定因素。只有真正"走进去"，以经贸往来为桥梁架起中国与东道国互相理解、充分合作的通道，才能让合作共赢的理念深入人心。"走出去"的企业要积极"走进去"，承担更多的社会责任，讲好民心相通故事，使人相交、情相亲、意相合。既要做得好，又要说得好，树立中国ESG企业形象。"走上去"则是为了获得更多的市场和更多的技术。中国企业正在转型升级，提高产品质量，向产业链上游攀登。中国对外直接投资也要服务于这一大趋势，中国企业在走出国门时不应局限于传统的低附加值的劳动密集型行业和原材料领域，而是应该充分利用数字经济和绿色经济方面的比较优势"走上去"，在绿色能源投资合作、绿色基础设施建设、数字经济合作、数字贸易规则制定等方面深耕细作。

表6 2012—2022年中国对外直接投资情况

年份	流量		存量	
	金额/亿美元	全球位次	金额/亿美元	全球位次
2012	878.0	3	5319.4	13
2013	1078.4	3	6604.8	11
2014	1231.2	3	8826.4	8
2015	1456.7	2	10978.6	8
2016	1961.5	2	13573.9	6
2017	1582.9	3	18090.4	2
2018	1430.4	2	19822.7	3
2019	1369.1	2	21988.8	3
2020	1537.1	1	25806.6	3
2021	1788.2	2	27851.5	3
2022	1631.2	2	27548.1	3

资料来源：《2022年度中国对外直接投资统计公报》（中华人民共和国商务部等，2023）。

五是要坚持高质量发展“一带一路”倡议。目前，落地“一带一路”倡议，重点要做好陆上丝绸之路向东、海上丝绸之路向北发展。就推进陆上丝绸之路建设而言，丝绸之路经济带贯穿中亚、东欧地区。阿富汗、乌克兰等国的地缘政治冲突频繁，深入投资合作存在较大风险，所以“西进”不太现实。在“南下”方面，由于自由贸易规则的差异，短期内中国加入CPTPP的难度较大，海上丝绸之路向南发展的阻力增大。同时“一带一路”面临着西方替代性计划的竞争压力。近年来，以美国为首的西方国家看到了亚非地区基建建设的经济效益和政治意义，宣扬“债务陷阱论”，推出“蓝点网络”计划、“重返更好世界”倡议和“全球联通欧洲”计划，限制中国“一带一路”倡议发展。

在这样的背景下，我们首先要推动陆上丝绸之路向东发展，加强远东合作，重点加强中蒙俄区域合作，建设中俄蒙经济走廊。中、俄、蒙三国地理距离相邻，经济结构互补。2010年至今，中国连续12年成为俄罗斯、蒙古国第一大贸易伙伴国。中国应抓住这个历史机遇，积极建设中蒙俄经济走廊，对接中国“一带一路”、蒙古国“草原之路”和俄罗斯“跨欧亚大通道”三大倡议。同时要推动海上丝绸之路向北发展，积极推进中日韩自贸区建设。我们应当抓住RCEP正式生效的历史机遇，推进中日韩三国在RCEP框架下的更深层次的经贸合作，从业务型开放升级为制度型开放。

陆上丝绸之路向东、海上丝绸之路向北，此双路交汇点在东北，因而建设东北海陆大通道弥足关键。具体而言，从空间布局来看，海陆大通道的立体面建设应该以打造“一核两翼”为重点。其中，“一核”是打造辽中南城市群，以沈阳和大连为核心，利用东北高效便利的交通网络推进辽中南城市群建设，短期内把沈阳打造为国家中心城市，中长期则着力发展为东北亚国际中心城市。“两翼”则分别为加强陆上丝绸之路沿线的中蒙俄边境贸易，强化东北与蒙俄和日韩的经贸往来联系，同时积极推进海上丝绸之路沿线的日韩自贸区建设。从基础设施来看，一方面，要重点加强机场、高铁、高速公路等基础设施联通，通过促进东北亚地区海陆联运，降低以往需要绕经马六甲海峡的高额贸易成本；另一方面，要系统布局东北地区新型电网和电力外送通道等现代能源基础设施体系，加快论证和建设俄罗斯方向的煤气管道、燃气管道、天然气管道，助力东北与其他区域发展战略更好对接。

综上，中国经济已然进入以高质量发展为特征的新发展阶段，未来要坚持问题导向和目标导向相结合的指导方针，全面理解五大新发展理念，持续依靠“双循环”为推手，全力构建新发展格局，坚持推进高质量发展，以促进中国式现代化的实现和中华民族伟大复兴。

来源：《中山大学学报》 2023年10月31日

中国式现代化的大湾区篇章

刚刚召开的全国两会指出，我们面临风高浪急的国际环境和艰巨繁重的国内改革发展稳定任务，但是在党中央和国务院的坚强领导下，过去五年，特别是过去一年，我们取得了极为不易的成绩。我们已经进入新的发展阶段。在新的发展阶段我们要全面、准确、完整地理解创新、协调、绿色、开放、共享的新发展理念，推动构建新发展格局，进一步实现中国式现代化。在这里，我想讲一讲中国式现代化在大湾区建设中的一些思考。

第一，规模巨大的现代化。规模巨大不仅仅是指人口规模，更重要的是经济规模。目前，粤港澳大湾区的经济规模是13万亿元，如果将其作为一个经济体看，应该是排在全球的第十位，经济规模比韩国还大。如何更好挖掘其内生潜力和市场优势，关键在于构建统一的大市场。而构建统一大市场的关键在于继续降低贸易壁垒和交易成本。

第二，物质文明和精神文明高度统一的现代化。我们现在的主要矛盾是人民日益增长的美好生活需要和不平衡不充分的发展之间的矛盾。我们的五大新发展理念，就是围绕如何解决不平衡和不充分这两个关键点展开的。其中，协调和共享回答的是平衡的问题，创新和绿色回答的是充分的问题。在创新方面，衡量创新最重要的指标就是研发强度，即研发投入占GDP的比例，目前大湾区的研发强度是3.7%，全国是2.55%，OECD是2.6%，大湾区是走在前面的。更为难得的是，一般创新投入看研发，创新成果是看专利，粤港澳大湾区国际专利申请数量占全国的一半以上。从发展的角度看，大湾区努力提升基础研究投入占研发投入的比例，即提高“R”占“R&D”的比例，这是未来发展的一个方向。在绿色方面，很重要的一点是努力降低单位国内生产总值（GDP）二氧化碳排放量，目前大湾区的这一指标是0.4吨/万元，人均碳排放量是5.5吨/人·年，还可以继续降低。从努力方向看，继续提高非化石能源占能源消费总量的比重，即提升水电、核电和可再生能源消费的比例，目前大湾区这一比例是30%，全国的水平是17.5%，未来要进一步降低煤炭消费的比例，提升非化石能源消费的比例。在协调方面，最重要的一点是大湾区产业同质性比较明显。大湾区东岸城市以机械和电子为主，西岸以家电为主，同质化严重，如何进行差异化发展是未来发展的重点。

第三，人与自然和谐发展的现代化。从全球的角度讲，人与自然和谐发展的现代化，包含共同分担和共同承担的含义。我们看二氧化碳的排放量，不能只看一年的，而应看从工业革命以来的，至少是从1871年以来的，美国占比约25%，中国占比约9%。

第四，共同富裕的现代化。大湾区人均GDP已经达到4万美元，虽然与浙江比有一定差距，但是也已经走在全国前列。未来共享发展方向，应该是怎样使大湾区更好溢出惠及粤东、粤西、粤北。我们更强调的是机会平等，而不是结果平等。我们鼓励勤劳致富。未来要努力做到两点：一是提低，即提高低收入群体的收入；二是扩中，即扩大中等收入群体收入，要通过积极的财政政策和稳健的货币政策来实现。

第五，和平发展的现代化。这是我们一直努力追求的现代化，也是我们发展现代化的保障和基础。对于大湾区而言，就是如何更好地融入全球经贸一体化中。最重要的是要进一步推进《区域全面经济伙伴关系协定》（RCEP）升级，并与《全面与进步跨太平洋伙伴关系协定》（CPTPP）里面的一些协定对标，同时借助RCEP红利来发展大湾区的产业。从开放角度具体来讲，一是扩大企业出口目的地，不能总把出口市场瞄准欧美成熟市场，要扩展到新兴的工业国家。二是要扩大进口。扩大进口不是权宜之计，而是我们的基本国策。它可以提升百姓的幸福感和获得感，同时可以以他山之石为己用，对产业升级有帮助，如可以进口日韩的核心零部件，整体提升行业的生产率。三是大力推进服务贸易特别是教育服务贸易发展。粤港澳大湾区有很多与港澳相连的大学或机构，对于吸引海外境外的同胞或外国人来华学习很有帮助。四是鼓励有能力的企业大力走出去、走进去和走上去。“走出去”就是去海外投资，目前我们已经是全球第一。最重要的是“走进去”，我们在海外已经做得很好，民心相通方面可以做更大努力，特别是要在产业方面真正做到民心相通。“走上去”，不只是在低端产业上发力，而且可以向更高端的资本密集型或者技术密集型产业发力。五是更好推进“一带一路”倡议，特别是做好海上丝绸之路方面的工作。RCEP最大的惠及区域是大湾区，因为大湾区是我国再开放的桥头堡和前沿。我们应该抓住这个政策的红利，继续推进海上丝绸之路建设。我们的目标是实现“一花独放不是春，百花齐放春满园”的美好愿景。

总而言之，我们相信，只要坚持五大新发展理念，坚持“创新成为第一动力、协调成为内生特点、绿色成为普遍形态、开放成为必由之路、共享成为根本目的”的发展，我们一定能够实现中国式现代化，实现中华民族伟大复兴。

来源：“全国港澳研究会”微信公众平台　2023年4月10日

中国式现代化的经济学内涵

党的十八大以来，以习近平同志为核心的党中央对经济形势进行科学研判，对发展理念和发展方式作出适时调整，围绕“实现什么样的发展、怎样实现发展”这一重大问题，提出了一系列治国理政新理念新思想新战略，形成了习近平经济思想。习近平经济思想体系严整、内涵丰富、博大精深，是习近平新时代中国特色社会主义思想的重要组成部分，是中国共产党不懈探索社会主义经济发展道路形成的宝贵思想结晶，是马克思主义政治经济学在当代中国、21世纪世界的最新理论成果，是我国经济高质量发展、全面建设社会主义现代化国家的科学指南。为在学习贯彻党的二十大精神中深入学习研究阐述宣传习近平经济思想，推动中国特色社会主义政治经济学的创新与发展，提炼总结我国经济发展实践的规律性成果，构筑习近平经济思想研究的高层次学术交流平台，中山大学岭南学院与经济研究杂志社于2023年4月8日在中山大学岭南学院举办习近平经济思想研讨会。本次研讨会共收到140余篇投稿论文，最终共有32篇文章入选，来自北京大学、中国社会科学院、中国人民大学、浙江大学、武汉大学、厦门大学、中央财经大学、中山大学等国内知名高校和科研院所的近百名学者参加了本次研讨会。

开幕式由中山大学岭南学院院长李善民教授主持，中山大学党委书记陈春声教授发表致辞。陈春声教授在致辞中指出，伟大的时代催生伟大的思想，伟大的思想引领伟大的实践，习近平经济思想作为习近平新时代中国特色社会主义思想的重要组成部分，是对马克思主义的继承和创造性发展。党的十八大以来，中山大学坚持以习近平新时代中国特色社会主义思想为指导，坚持中国特色社会主义发展道路，各项事业取得了跨越式的发展。中山大学经济学科有着优良的学术传统，岭南学院作为经济学科的重要建设单位，以中国特色经济理论创新为中心，以构建中国的经济学知识体系、讲好中国经济故事为目标，在人才培养、师资队伍建设、学科建设发展等各方面取得了优异的成绩。陈春声教授表示，本次研讨会作为高规格、高水平的学术交流平台，不仅是党的创新理论研究和创新成果的重要载体，更是共享新思想新观点的学术盛宴，相信研讨会将在党的创新理论研究阐释、推进党的理论创新、为党和政府建言献策等方面贡献更多高质量成果。

中国社会科学院经济研究所所长黄群慧研究员作了题为《习近平经济思想——中国式现代化经济理论指南》的报告。他将习近平经济思想十三个方面的主要内容梳理为六个层次，强调新发展理念在理论体系中的突出地位，指出实现体现新发展理念的高质量发展在全面建设社会主义现代化国家新征程中的重要意义，提出经济学界应当深入思考如何构建衡量满足新发展理念的高质量发展综合指标这一时代课题。

辽宁大学校长余淼杰教授作了题为《中国式现代化的经济学内涵》的演讲。他基于中国式现代化的五个方面特征展开论述，指出中国式现代化不仅是人口规模巨大的现代化，也是经济体量巨大的现代化。这一特点决定了中国的现代化进程与中国香港、新加坡等小型经济体只需要简单融入全球化分工即可实现现代化的路径有根本不同，需要更加依靠构建全国统一大市场以挖掘超大市场规模内需潜力。他认为，在实现中国式现代化的共同富裕过程中，应当强调机会公平而非结果公平，在效率与公平的取舍中仍要效率优先、兼顾公平，在发展中解决问题。

中国财政科学研究院党委书记、院长刘尚希研究员的演讲题目为《以人为本：高质量发展的要义》。他指出，党的理论继承了马克思主义以人为核心的鲜明立场，提出在新时代新征程上需要更加注重实现以人为本的高质量发展，认为潜在经济增长率和全要素生产率的提高都蕴含在人的发展和更高质量的人力资本之中。为此，现代财政的重心应转到人的发展和人力资本形成上来，通过财政提供的公共消费来支撑人力资本积累、推动机会公平，依靠人力资本的活跃性、创新性、创造性拓展未来发展空间，实现高质量发展。

习近平经济思想研究中心副主任罗蓉作了题为《习近平经济思想的理论框架和基本内容》的报告。她将习近平经济思想的基本内容总结为六个部分，构建起一个完整理论框架，指出习近平经济思想具有鲜明的科学性、人民性、时代性、实践性和开放性，体系完整、内涵丰富、博大精深，很多理论创新仍然有待开展体系化和学理化的研究。她呼吁学界继续共同推进对习近平经济思想的深入学习研讨，为推动中国特色社会主义政治经济学发展贡献力量。

中国人民大学教授、广东财经大学大湾区双循环发展研究院院长陈甬军作了题为《从共建"一带一路"十年看习近平经济思想的天下情怀》的报告。他指出，提出和推进共建"一带一路"高质量发展是习近平经济思想的重要内容之一，是坚持"胸怀天下”实践的一个典型案例。他回顾了共建“一带一路”十年来取得的发展与成效，从经济学理论视角分析了“一带一路”实现合作共赢的必要条件和充分条件，强调共建“一带一路”的理论基点“正确义利观”，是习近平新时代中国特色社会主义思想在外交领域和经济领域理论创新的重要体现。

北京大学新结构经济学研究院学术副院长王勇副教授报告了《关于构建我国经济学自主知识体系的初步思考》。他指出，着力构建中国特色哲学社会科学，在指导思想、学科体系、学术体系、话语体系等方面充分体现中国特色、中国风格、中国气派，是习近平总书记对理论界的殷切期望。他探讨了构建中国经济学自主知识体系的必要性和可行性，也指出了当前面临的主要挑战。他呼吁中国经济学人积极思考、大胆创新，以“功成不必在我，功成必定有我”的热情与信念投入自主知识体系的理论研究。

主旨演讲之外，本次研讨会安排了9个平行分论坛供参会的30多名学者进行学术交流和讨论，涵盖“中国式现代化、社会主义市场经济体制、共同富裕与有为政府作用、新发展格局与全国统一大市场、创新驱动发展战略、高质量发展与企业转型、数字技术与经济结构转型、房地产新发展模式”八大主题。

习近平经济思想是习近平新时代中国特色社会主义思想的重要组成部分，是运用马克思主义基本原理指导我国经济发展实践形成的重大理论成果，是新时代做好经济工作的行动指南，是党和国家十分宝贵的精神财富，必须长期坚持、不断丰富发展。本次研讨会是国内高等院校与科研机构组织与参与的以“习近平经济思想”为主题的高端学术会议。研讨会拓展了习近平经济思想研究阐释的深度和广度，发扬了理论联系实际的优良学风，通过发挥学科优势、学术优势、话语优势，帮助推动党的理论创新成果进一步深入人心。

来源：《经济研究》微信公众平台　2023年4月17日

奋进中国式现代化：和平发展、合作共赢才是人间正道

2023年3月31日，中国网记者采访了中国人民大学习近平新时代中国特色社会主义思想研究院副院长王义桅，全国人大代表、辽宁大学校长余淼杰，全国人大代表、外事委员会委员、北京大学国际关系学院教授李义虎及全国政协委员、金利来集团有限公司主席曾智明。

中国网：从"一穷二白"发展成为世界第二大经济体，中国共产党带领中国人民探索出了一条发展中国家、社会主义国家、文明古国的现代化道路。中国式现代化创造了人类文明新形态，我们用实践证明，"现代化"不等于"西方化"。这条道路虽然布满了荆棘与挑战，但它承载着人类社会对和平与发展的共同愿望，在世界局势动荡不安的当下，显得尤为可贵。

"中国共产党将致力于维护国际公平正义，促进世界和平稳定。中国式现代化不走殖民掠夺的老路，不走国强必霸的歪路，走的是和平发展的人间正道。"

——2023年3月15日，习近平在中国共产党与世界政党高层对话会上的主旨讲话

全国人大代表、外事委员会委员、北京大学国际关系学院教授李义虎：这样一条道路其实是对传统大国的崛起道路的一个否

定，也是对“国强必霸”逻辑的否定。中国文化崇尚和平，止战和谐，被称为东方和平主义。在我们的文化基因里面，我们就是推进和平，谋求发展，这是一条主线。

中国人民大学习近平新时代中国特色社会主义思想研究院副院长王义桅：现代化是不是意味着世俗化或者所谓的西方化？这是很多国家普遍关心的问题。中国是自给自足的，我们不需要去侵略、扩张和掠夺，我们中国是通过内敛式的方式实现现代化。

全国政协委员、金利来集团有限公司主席曾智明：中华民族从来都是走和平发展的道路，我们从来没有说，我们强大了就要去侵占哪一个地方。我们只是和平发展，这是中国人骨子里面那种一直希望说我好、你也好，传统的几千年的儒家思想。

中国网：和平离不开相互尊重，发展离不开合作共赢，中国式现代化在和平发展的基础上，推动构建人类命运共同体，将世界新机遇带到中国，更将中国新机遇带给世界。在中国与世界各国良性互动、互利共赢中，走和平发展道路的中国式现代化，正在阔步前进，引领新征程，与世界各国人民一起，共同开创人类更加美好的未来。

“我们坚定站在历史正确的一边、站在人类文明进步的一边，高举和平、发展、合作、共赢旗帜，在坚定维护世界和平与发展中谋求自身发展，又以自身发展更好维护世界和平与发展。”

——2022年10月16日，习近平在中国共产党第二十次全国代表大会上所作的报告

全国人大代表、外事委员会委员、北京大学国际关系学院教授李义虎：应该说和平与发展仍然是时代的主题，我们外交政策主张推动世界的多极化、国际关系民主化。我们现在是在弘扬和平、发展、公平、正义、民主、自由等这些全人类的共

同价值，我们希望和各国合作共赢、和平相处，来推动构建人类命运共同体。

全国人大代表、辽宁大学校长余淼杰：和平和发展的现代化，实现“百花齐放春满园”的状态，这是我们共同的目标，而不是某国优先。中国式现代化不只是给中国的，它是具有一定的启示和世界意义的。

中国人民大学习近平新时代中国特色社会主义思想研究院副院长王义桅：我们实现现代化的时候还要考虑到别人，那些没有实现现代化的国家还要活下来，而且还要活得更好。在疫情期间，习近平主席宣布减免了世界上77个国家到期的债务。中国式现代化源于中国，但也属于世界，它是可以和世界分享的，而且已经在分享，给世界带来了巨大福利。

中国网：新时代十年，习近平主席相继提出了一系列重大倡议和主张，包括构建人类命运共同体、共建“一带一路”、全人类共同价值等。2023年是“一带一路”倡议十周年，十年间，倡议拉动近万亿美元投资规模，形成3000多个合作项目，为共建国家创造42万个工作岗位，让将近4000万人摆脱贫困。中国是世界上唯一一个将“坚持和平发展道路”写入宪法的国家，这体现出我们走和平发展道路的决心和意志。在这份坚定信念的指引下，中国积极推动经济全球化，以更高水平的对外开放，将中国和平发展成果惠及世界。

“新的征程上，我们必须高举和平、发展、合作、共赢旗帜，奉行独立自主的和平外交政策，坚持走和平发展道路，推动建设新型国际关系，推动构建人类命运共同体，推动共建‘一带一路’高质量发展，以中国的新发展为世界提供新机遇。”

——2021年7月1日，习近平在庆祝中国共产党成立100周

年大会上的讲话

全国人大代表、辽宁大学校长余淼杰：目前来讲，全球经贸格局三足鼎立的态势非常清楚，以美国为核心的北美经贸自贸区、欧洲以德国为核心的欧盟区以及事实上以中国为核心的亚太经贸区三足鼎立。当然，除了三足鼎立覆盖的国家和地区之外，还有一些国家和地区怎么办呢？中国在积极引导和推进的“一带一路”倡议，覆盖了很多个发展中国家。现在积极表态加入或者已经加入“一带一路”倡议的，已经达到150多个国家和地区。所以，您可以看到中国也是有力地推进全球经贸一体化真正的、坚定的实施方。

中国人民大学习近平新时代中国特色社会主义思想研究院副院长王义桅：不光是中国式现代化，我们还要通过“一带一路”实现人类共同的现代化，不光是我们能实现共同富裕，我们还希望世界上的人们都能够共同富裕，这就是我们今天讲的“天下大同”思想。

全国人大代表、外事委员会委员、北京大学国际关系学院教授李义虎：中国在自己国力增长的基础之上，坚定地走和平发展的道路，我们以中国式现代化来全面推进中华民族伟大复兴，在国际上构建人类命运共同体，这样就使世界能够朝着一个更加良好的方向去发展、去演变。

中国网：和平与发展是世界各国人民的共同心声，在全面建设社会主义现代化国家的新征程上，中国将坚定不移走和平发展道路，为人类和平与发展的崇高事业作出更大的贡献。

来源：中国网　2023年3月31日　记者：佟　静

理解东北的高质量发展：内涵、挑战与对策

一、引言

东北地区作为中国重要的工业基地和农业基地，在汽车、石化、船舶、能源、航空和农业等领域一直扮演着重要角色，在夯实国家粮食安全、巩固产业安全基础、强化能源保障作用、筑牢生态安全屏障、提升国防安全保障能力等“五大安全”方面具有举足轻重的战略地位。随着中国开启全面建设社会主义现代化国家的新征程以及《东北全面振兴“十四五”实施方案》的发布，东北振兴步入新的历史阶段。2023年9月，习近平总书记在视察黑龙江时强调，“努力走出一条高质量发展、可持续振兴的新路子，奋力谱写东北全面振兴新篇章”，把高质量发展确定为东北全面振兴的新方向。这不仅反映了东北振兴在新阶段的新要求，而且赋予东北振兴在新阶段的新内容。在这一背景下，对东北地区高质量发展的内涵进行全面而系统的解读，对新形势下东北地区高质量发展面临的挑战与对策加以分析，具有重要的理论价值和现实意义。

二、东北地区高质量发展的内涵

如何理解"高质量发展"的深刻内涵？《习近平谈治国理政》第三卷中收录了2017年12月习近平总书记在中央经济工作会议上重要讲话的一部分。习近平总书记强调："从供给看，高质量发展应该实现产业体系比较完整，生产组织方式网络化智能化，创新力、需求捕捉力、品牌影响力、核心竞争力强，产品和服务质量高。从需求看，高质量发展应该不断满足人民群众个性化、多样化、不断升级的需求，这种需求又引领供给体系和结构的变化，供给变革又不断催生新的需求。从投入产出看，高质量发展应该不断提高劳动效率、资本效率、土地效率、资源效率、环境效率，不断提升科技进步贡献率，不断提高全要素生产率。从分配看，高质量发展应该实现投资有回报、企业有利润、员工有收入、政府有税收，并且充分反映各自按市场评价的贡献。从宏观经济循环看，高质量发展应该实现生产、流通、分配、消费循环通畅，国民经济重大比例关系和空间布局比较合理，经济发展比较平稳，不出现大的起落。"①

结合习近平总书记重要讲话精神，笔者以为东北地区高质量发展的内涵可以从产品质量提高、产品附加值明显增加、劳动生产率持续提升、全产业链特色明显、产业集聚优势突出以及产业分工比例协调六个方面进行诠释。

---

① 习近平．习近平谈治国理政（第三卷）[M]．北京：外文出版社，2020：238-239.

（一）产品质量提高

据余淼杰和张睿（2017）核算，若是依据单价、市场份额和边际成本来衡量工业产品的平均出口质量，并将东北地区2000年时的产品质量标准化为1，那么东北地区的产品平均出口质量到2013年时提升了37%，达到1.374（见图1）。若将辽宁2000年时的产品质量标准化为1，则辽宁的产品平均出口质量到2013年时提升了40%，达到了1.401（见图2）。而在同一时间段内，中国

图1 2000—2013年东北地区平均出口质量

资料来源：余淼杰和张睿（2017）。

图2 2000—2013年辽宁省平均出口质量

资料来源：余淼杰和张睿（2017）。

的产品平均出口质量则提升了30%。总体上看，东北地区的产品质量提升在全国处于领跑地位。

与此同时，东北地区涌现出一批中小企业，它们立足本地的资源禀赋和优势产业，坚持走“专精特新”的发展道路，逐渐崛起为“小巨人”企业。这些企业以技术创新为核心，持续致力于产品和服务的创新。通过在研发、生产和服务等方面的专业化和精细化经营，不断推动产品质量的全面提升。这些企业主打生产具有地域特色或独特功能的产品，以及拥有自主知识产权的高新技术产品，从而带动整个行业质量标准的提高。以辽宁孔雀表业（集团）有限公司为例，该公司凭借300多个种类的机芯产品和60多项专利技术，荣获国家级专精特新“小巨人”企业的殊荣。丹东奥龙射线仪器集团有限公司成功研制出液化天然气瓶专用数字成像检测系统、液化天然气瓶专用全自动智能式成像检测系统、储罐专用平板成像检测系统等高端设备，如今其产品占据国内射线市场份额的三分之一①。吉林作为新中国汽车工业的发源地，是新中国汽车工业“长子”——一汽公司的总部所在地。多年来，汽车工业的增加值占吉林省工业总产值的四分之一以上，利润更是占全省工业利润的一半以上，汽车销售量更是占据国内市场份额的10%以上，为吉林省的经济发展作出了巨大贡献。吉林在汽车产业上的长期耕耘为“小巨人”企业在汽车制造业领域的茁壮成长打下了厚实的产业基础，推动了中国的汽车制造质量全面提升（见表1）。

---

① 辛阳，刘佳华．厚植科创土壤培育创新企业［N］．人民日报，2023-05-24（010）．

表1　东北三省“小巨人”企业集聚数量前三位的行业大类

省份	第一行业大类	第二行业大类	第三行业大类
辽宁	专用设备制造业（29）	电气机械和器材制造业（26）	研究和试验发展（26）
吉林	汽车制造业（12）	专用设备制造业（7）	研究和试验发展（6）
黑龙江	专用设备制造业（7）	专业技术服务业（6）	通用设备制造业（6）

注：已删去缺失行业大类信息的企业样本。括号中为该行业大类中的“小巨人”企业数量。

资料来源：工信部公布的四批“小巨人”企业名单及工商注册数据。

在质量管理的道路上，品牌代表着卓越的质量，抓好品牌建设是谋求企业高质量发展的重要一环。在升级改造“老字号”、深度挖掘“原字号”、培育发展“新字号”这“三篇大文章”中，品牌建设是工作的重点。辽宁是东北三省品牌建设的典范。在农业领域，辽宁拥有8个被农业农村部认定的中国特色农产品优势区。截至2021年底，辽宁地区拥有89种国家地理标志保护产品，139件地理标志商标，98种农产品地理标志登记产品。盘锦大米等10个地理标志产品成功入选“中欧地理标志保护与合作协定清单”。在装备制造业领域，辽宁形成了一系列名牌产品，如X60植保无人直升机、静压植桩机、黄海牌大客车、CR-211型铁白粉、智能交互电液耦合系统、土压平衡盾构机等。此外，辽宁还培育了165家省级及以上的“老字号”企业，其中包括34家“中华老字号”企业。16家“老字号”企业荣获A级景区称号，同时有75家“老字号”企业的生产（服务）技艺被列为非物质文化遗产。这一系列的成就不仅彰显了辽宁在品牌建设方面的卓越表现，也为未来的高质量发展做好了铺垫。

（二）产品附加值明显增加

自2006年以来，中国对外贸易结构持续优化，曾一度占中国货物进出口总额“半壁江山”的加工贸易，目前比重已降到20.1%，而一般贸易的比重上升到63.7%。东北地区的加工贸易比重由2006年的34.9%逐步下降至2022年的14.6%（见图3），一般贸易比重则由49.6%上升至75.3%。辽宁的加工贸易比重由2006年的47.2%逐步下降至2022年的20.0%（见图4），一般贸易比重则由44.7%上升至68.9%。可以看到，无论是辽宁还是东北地区，其一般贸易的占比均高于全国平均水平。一般贸易比重的上升意味着东北地区出口产品附加值的增加，反映了东北地区经济结构的升级和转型。同时，东北地区在加工贸易产业内部也发生了深刻的变化，从过去的以服装、鞋帽等劳动密集型产业为主转变为以机器设备、电子仪器产品等资本密集型产业为主。这一转变不仅提高了生产效率，也进一步提升了东北地区产品的附加值。

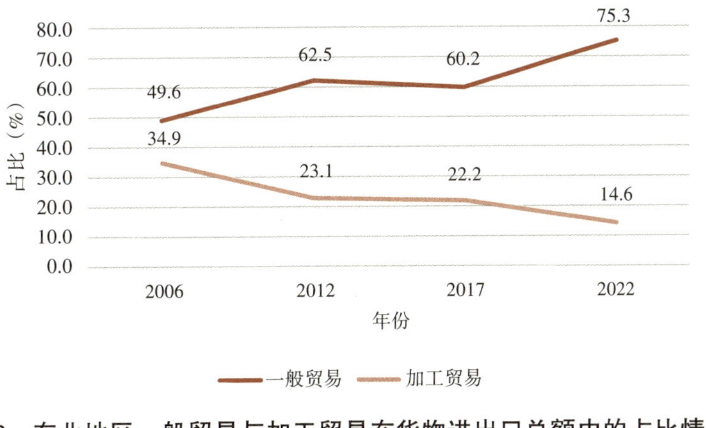

图3　东北地区一般贸易与加工贸易在货物进出口总额中的占比情况

资料来源：根据各地国民经济和社会发展统计公报数据汇总整理。

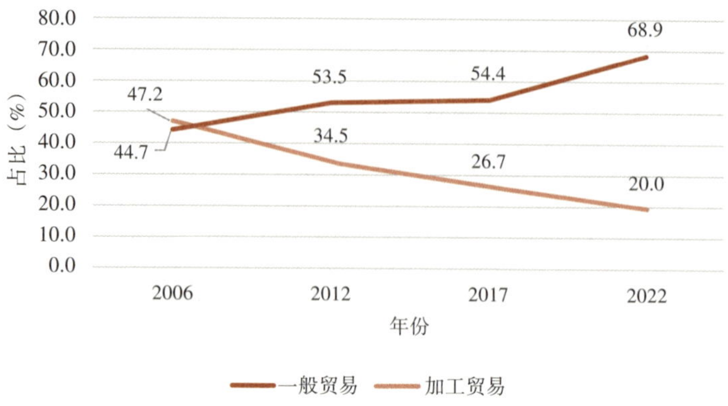

图4　辽宁省一般贸易与加工贸易在货物进出口总额中的占比情况

资料来源：根据各地国民经济和社会发展统计公报数据汇总整理。

随着科技的不断创新和产业结构的深度优化，东北地区在供应链和价值链中崭露头角，正逐渐从传统制造迈向高端制造和智能制造。在辽宁，产业智能化发展取得显著成果。一些企业如沈阳海尔、特变电工沈变公司等相继建成智能工厂，这些智能工厂带来了巨大的效益，包括提升了21.2%的生产效率、降低了15.6%的成本以及降低了21.2%的不良率。值得一提的是，鞍钢炼钢总厂启动的“5G+智慧炼钢”项目在2021年也取得了显著的生产效益提升。沈阳科网通信人工智能设备预测性维护、东软医疗高端医学影像设备研发等15个项目被评为“国家新模式应用试点示范”项目。此外，鲲鹏产业孵化基地、沈抚人工智能创新中心、华为沈阳云中心以及锦州云计算数据中心等创新载体正在辽宁布局，共有33个项目成功纳入省级工业互联网平台，为近3万家企业提供了相关服务。这些积极的发展迹象表明，辽宁乃至东北地区正在不断推进智能化和高端制造转型，通过技术创新和产业升级，为地方经济的高质量发展注入了新的活力。

（三）劳动生产率持续提升

近年来，包括辽宁在内的东北地区的劳动生产率持续提升。辽宁的劳动生产率自2016年的8.9万元/人上升至2021年的12.6万元/人，东北地区的劳动生产率自2016年的7.8万元/人上升至2021年的11.5万元/人（见图5）。劳动生产率的提升意味着能够更有效地利用资源，从而增加产出，推动社会总财富的增长。

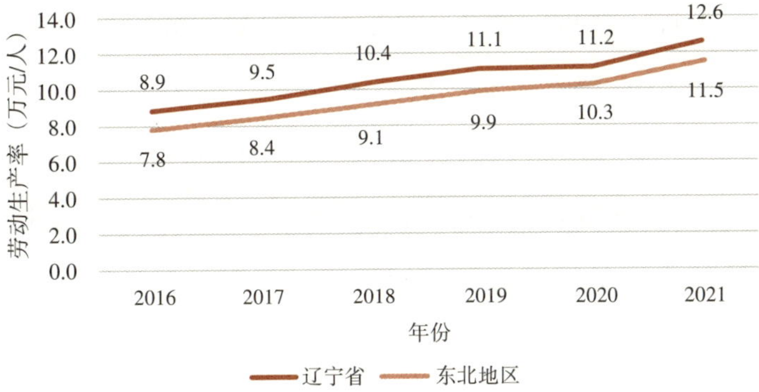

图5　2016—2021年辽宁及东北地区劳动生产率情况

资料来源：中经网统计数据库。

（四）全产业链特色明显

按照联合国产业分类，辽宁拥有41个产业大类中的40个、207个产业中类中的197个、666个产业小类中的500多个。东北地区则拥有全部的产业大类、产业中类和产业小类，产业体系非常完备，涵盖了全产业链（见表2）。东北的工业体系代表了中国工业的现状和发展趋势。完整产业链带来规模配套优势，可大大降低企业要素供给成本，提高生产效率，增强竞争力。因此，东北工业的振兴发展可以彰显中国工业体系的竞争优势，对于中国参与全球产业竞争具有战略意义。而辽宁作为传统工业大省，按照全国第四次经济普查公报，进入全国前5名的产业数量为9个，全国排名第5，仅次于广东、山东、江苏、浙江。较为完备的工业体系与优越的地理环境，使辽宁具备承接东部地区产业梯度转移的产业基础条件。辽西地区是京津冀制造业产业转移半径最短的承接区域之一；辽中南地区面朝大海，依托东北腹地，能够直接参与区域产业分工协作，承接东部地区产业转移和创新要素辐射；同时，辽宁与江苏、沈阳与北京、大连与上海的对口合作机制，能够促进地区间优势互补、深化南北互动合作[①]。

另一方面，若按照海关六位码进行计算，2020年中国出口的海关产品为6104种，东北三省为4054种，辽宁为3816种。中国进口的海关产品为5003种，东北三省为3780种，辽宁为3603种（见表3）。可以看到，无论辽宁还是整个东北地区，其进出口产品种类均涵盖了全国贸易产品种类的60%以上，产品种类非常丰富，有力地夯实了满足人民个性化、多样化、不断升级的需求的物质基础。

表2　辽宁、东北地区及中国的产业门类情况

单位：个

产业门类	辽宁	东北地区	全国
产业大类	40	41	41
产业中类	197	207	207
产业小类	519	666	666

资料来源：孙大卫，李越，孔爱群等．借“基”而为　乘“云”而上［N］．辽宁日报，2022-11-09（003）．

① 余森杰，曹健．东北地区民营经济发展问题探析［J］．国家现代化建设研究，2023，2（04）：75-85.

表3 2020年东北三省及中国进出口产品种类数

单位：种

地区	产品种类数（HS六位码）	
	出口	进口
辽宁	3816	3603
吉林	2196	1764
黑龙江	2796	1947
东北三省	4054	3780
全国	6104	5003

资料来源：中国海关数据库。

（五）产业集聚优势突出

东北地区许多工业城市都形成了独特的产业集群，这为其降低固定成本、获取正外部收益、实现规模报酬递增提供了坚实基础。辽宁省是其中的典型代表，各城市展示了多样化的“产业名片”。沈阳形成了航空装备产业集群。作为国内承担航空发动机研制生产任务最多的地区，沈阳延伸航空工业沈飞、黎明等头部公司的优势，建立起涵盖航空发动机整机、民用飞机大部件转包和零部件制造、通用航空及无人机整机，以及航空运营与服务为一体的全产业链航空体系。大连形成了船舶与海工装备产业集群。依托大连船舶重工、大连中远海运重工、大连中远海运川崎、渤海船舶重工等龙头企业，大连在大连湾、旅顺开发区、葫芦岛龙港一带形成了以船舶与海工装备制造业、海洋渔业、海洋交通运输业、滨海旅游业为主的海洋产业体系。2020年，辽宁海洋船舶工业实现增加值91.5亿元人民币，在全国排名第三位。盘锦形成了精细化工产业集群。盘锦的辽滨开发区依托区域内现有炼化、有机原料、特种橡胶、专用精细化学品等产业基础，构建基础石化原料深加工产业体系，目前已形成合成树脂、合成橡胶、合成纤维、功能助剂、新能源材料五大产业集群，涵盖通用塑料、特种工程塑料、合成橡胶等13个领域[①]。锦州形成了先进有色金属材料产业集群。集群内企业重点生产钛、锆、铬、铪、钼、锰等合金及粉末，金属铬、工业锆分别占国内产量的85%、90%以上，金属钼加工的企业数及产量在国内产业集中度最高，集群内高纯金属铬提纯、全流程海绵钛生产、氯化法钛白粉等技术达到国内先进水平。在农业方面，辽宁作为全国的粮食主产省和“北粮南运”重要节点，粮食产量稳定在460亿斤以上。粮油加工业初步形成了以中粮、益海嘉里、九三、禾丰、鼎翔、富虹等大中型企业为主的粮油产业集群[②]（见表4）。这些产业集群通过中心外溢作用，促使相近产业在同一地区集聚。这不仅有助于提高规模效益，还为东北地区实现高质量发展提供了根本保障。通过深度整合各产业链条，实现更紧密的产业协同，将进一步推动东北地区向高质量、高附加值的发展模式迈进。

表4　辽宁省22个重点产业集群

12个千亿级产业集群		10个战略性新兴产业集群	
精细化工产业集群	菱镁精深加工产业集群	新能源汽车产业集群	集成电路装备产业集群
船舶与海工装备产业集群	粮油产业集群	软件产业集群	先进医疗装备产业集群

① 王萍萍，刘立杉. 渤海之滨崛起千亿级绿色智慧化工园区［N］. 辽宁日报，2023-03-09（003）.

② 李越. 我省大力推动粮油产业集群建设［N］. 辽宁日报，2023-07-18（002）.

续表

12个千亿级产业集群		10个战略性新兴产业集群	
航空装备产业集群	畜禽产业集群	工业互联网产业集群	生物医药产业集群
轨道交通装备产业集群	先进有色金属材料产业集群	人工智能产业集群	节能环保产业集群
压缩机和制冷装备产业集群	电力装备产业集群	机器人及无人机产业集群	氢能产业集群
数控机床产业集群	高品质钢铁材料产业集群		

资料来源：《辽宁省深入推进结构调整“三篇大文章”三年行动方案（2022—2024年）》。（辽政办发〔2022〕22号）

（六）产业分工比例协调

近十年来，中国第一产业所占比重已由9.1%下降至7.3%，同全球其他国家尤其是发达国家基本一致。虽然辽宁的第一产业所占比重也逐步下降至9.0%，但仍高于全国平均水平。同时，值得注意的是，东北地区的第一产业所占比重始终维持在13%~14%的高位（见表5）。这与东北地区的国家粮食安全“压舱石”的重要战略定位是密不可分的。近年来，东北地区粮食综合生产能力不断提高，东北三省粮食产量连续多年占全国的1/5以上（见图6），商品粮量约占全国的1/4，粮食调出量约占全国的1/3。2023年，辽宁更是实现了粮食“二十连丰”的目标，粮食产量达到14538.1万吨。2022年，黑龙江粮食作物种植面积达到22024.8万亩，占全国的12.4%，同比增加197.9万亩；粮食总产量达1552.6亿斤，占全国的11.3%，连续13年位居全国第一。吉林粮食总产量达到816.16亿斤，粮食单产居全国13个粮食主产区第1位。东北三省农业机械化水平均达到65%以上，明显高于全国平均水平，其中，黑龙江省综合机械化率达87.7%，居全国前列。东北地区农业现代化建设正在加快推进。

表5 辽宁、东北及全国三次产业占比

单位：%

年份	第一产业			第二产业			第三产业		
	辽宁	东北	全国	辽宁	东北	全国	辽宁	东北	全国
2012	10.5	13.8	9.1	49.8	46.1	45.4	39.7	40.1	45.5
2017	8.8	13.3	7.5	38.4	35.3	39.9	52.8	51.5	52.7
2022	9.0	13.6	7.3	40.6	36.3	39.3	50.5	50.1	53.4

资料来源：中经网统计数据库。

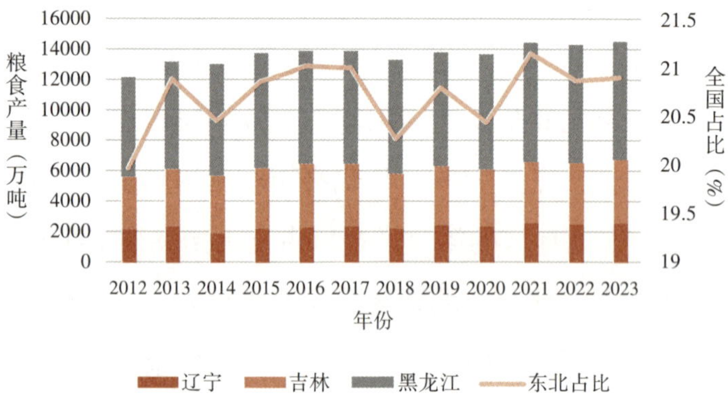

图6 2012—2023年东北地区粮食产量情况

资料来源：中经网统计数据库。

中国第二产业比重目前为39.3%，而发达国家第二产业比重较低，一般在15%以下。东北地区第二产业比重近年来下降至36.3%，低于全国平均水平。而辽宁第二产业比重基本处于高位，达到40.6%。辽宁作为“共和国长子”，是中国重要的工业基地，其装备制造、钢铁冶金、石油化工等优势产业具备国际竞争力，是维护国家产业安全的根本战略保障。2021年，辽宁省规模以上工业增加值同比增长4.6%。在支柱行业中，装备制造业、冶金工业、石化工业增加值同比分别增长8.1%、0.6%、3.2%，其中，汽车制造业增加值同比增长8.4%[①]，比全国平均水平高2.9个百分点。高技术产品生产发展势头良好，新能源汽车集成电路、金属切削机床等产品产量分别同比增长124%、42.8%、33.8%。2022年，辽宁省围绕具有国际影响力的先进装备制造业基地、世界级石化和精细化工产业基地、世界级冶金新材料产业基地3个万亿级产业基地建设，筛选了200个重大工业项目，总投资额达4302亿元。同时，辽宁矿产资源丰富，菱镁矿储量分别占全国和世界的85.6%和25%左右，硼矿、铁矿、金刚石储量居全国首位，滑石矿、玉石矿储量居全国第二位，石油储量居全国第四位，且矿产地集中，便于规模开发。

第二产业比重维持在较高水平，无论是对于辽宁、东北地区，还是对于中国而言，都是适应当前发展阶段的，是较为科学而合理的。其一是因为制造业是跨越“中等收入陷阱”、推进现代化建设的核心支撑。从历史上看，二战之后，韩国与巴西几乎同步开启工业化道路。其后，韩国始终坚持“制造立国”，制造业比重相对稳定，2020年韩国制造业比重在25%左右，人均GDP达到31489美元，成功迈入高收入国家行列；而巴西自20世纪80年代末开始走上“去工业化”道路，制造业比重持续下降，2020年已降至9.8%，人均GDP仅有6797美元，经济多年持续低

① 刘国斌，刘金玉.“一带一路”倡议下东北老工业基地全面振兴实现新突破：重要性、潜力优势、突破方向、难点及实现路径［J］.东北亚经济研究，2023，7（02）：23-33.

迷徘徊。两国发展实践充分说明了制造业的核心地位。东北地区作为“老工业基地”，肩负着履行“五大安全”的重大使命，更要警惕“脱实向虚”的危险。其二是因为制造业是人民就业增收的主要渠道。制造业就业需求具有多层次性。一方面，先进制造业对于高端创新人才有巨大吸引力，是汇聚高端创新人才的“蓄水池”，有利于孵化创新。另一方面，传统劳动密集型制造业仍是解决大量低技能劳动者就业的重要途径，是保障就业岗位和收入水平的重要渠道，不能因新兴产业发展而偏废。

中国的第三产业比重目前为53.4%，东北地区的第三产业比重近年来由40.1%上升至50.1%，辽宁的第三产业比重则由39.7%上升至50.5%，基本与全国平均水平持平。而发达国家第二产业比重一般达到70%~80%。近年来，东北地区数字经济蓬勃发展，有效地促进了生产性服务业与制造业的深度融合，推动了服务型制造业的发展。辽宁数字经济基础稳固，全省5G基站已突破5万个，5G网络实现县级行政区主城区全覆盖，有力地推进了工业互联网与钢铁、装备、消费品等行业的有机整合，促进了产业链条的延伸与升级，2022年完成了16个工业互联网标识解析二级节点建设运行，“星火·链网”超级节点也将为东北地区各行业提供稳定的区块链和标识解析服务。吉林中车长春轨道客车股份有限公司获批先进制造业和现代服务业融合发展试点。2022年，华为、百度人工智能产业基地在黑龙江开工建设。

从以上六个方面可以看出，东北地区已经展现出高质量发展的特征。

三、东北地区高质量发展的挑战

（一）城市群辐射能力不足

在区域经济一体化的大背景下，城市群建设成为推动区域高质量发展的核心引擎。然而，东北地区的城市群却存在总体经济规模偏小、中心城市对周边辐射带动不足、次级城市发展缓慢等问题。从城市群的整体规模来看，东北地区的城市群相对落后于国内其他主要城市群。2022年，东北地区的辽中南城市群和哈长城市群的经济总量分别为2.4万亿元和2.3万亿元，人均GDP分别为8.0万元/人和5.3万元/人，常住人口分别为0.3亿人和0.4亿人，不仅远远落后于长三角、珠三角和京津冀城市群，也与长江中游、成渝和关中平原等城市群存在明显差距（见表6）。从“十四五”规划与“十三五”规划对比来看，国家对东北地区城市群的定位预期出现变化，辽中南城市群由第二梯队降至第三梯队，被国家定位为“培育发展”类城市群（见表7）。从中心城市的经济总量来看，在哈长城市群和辽中南城市群中，哈尔滨、长春、沈阳、大连作为中心城市，与国内其他中心城市相比，经济总量较低。2022年，哈尔滨、长春、沈阳、大连的GDP分别为5490.1亿元、6744.56亿元、7695.8亿元和8430.9亿元，而长三角地区的上海和珠三角地区的广州的GDP分别高达44652.8亿元和28839亿元。从次级城市的经济发展来看，东北地区其他中小城市、节点城市、资源城市、边境城市等与哈尔滨、长春、沈阳、大连相比，其经济规模、产业形态还处于相当低的水平。2022年，沈阳生产总值为7695.8亿元，而本溪和营口的生产总值分别为930.8亿元和1431.6亿元，都不足沈阳的20%。较低的经济总量制约了其作为次级城市经济扩散的作用。东北的一些城市甚至还面临着城市萎缩的困境。

表6　2022年主要城市群发展情况

城市群	所在地区	GDP（万亿元）	常住人口（亿人）	人均GDP（万元/人）
京津冀	北京、天津、河北	10.0	1.1	9.1
长三角	上海、江苏、浙江、安徽	25.1	1.8	14.2
珠三角	广东	10.5	0.8	13.4
成渝	重庆、四川	8.6	1.2	7.4
长江中游	湖北、湖南、江西	13.5	1.7	7.9
关中平原	陕西、甘肃、山西	7.0	1.0	7.0
辽中南	辽宁	2.4	0.3	8.0
哈长	吉林、黑龙江	2.3	0.4	5.3

资料来源：国家统计局。

表7　19大城市群分类

分类	19大城市群				
优化提升	京津冀	长三角	珠三角	成渝	长江中游
发展壮大	山东半岛	粤闽浙	中原	关中平原	北部湾
培育发展	哈长	辽中南	山西中部	黔中	滇中
	呼包鄂榆	兰州西宁	宁夏沿黄	天山北坡	

资料来源：《中华人民共和国国民经济和社会发展第十四个五年规划和2035年远景目标纲要》。

另外，东北地区城市群的产业结构同质化程度较高，专业化水平相对较低，城市间比较优势不够突出，尚未形成良好的分工协作关系。作为东北老工业基地，辽中南城市群和哈长城市群都主要以传统工业领域，如装备制造业和石化工业为主导，这导致它们的工业结构相似性较大。2021年，辽宁的装备制造业增加值增长了8.1%，吉林增长了15.6%，黑龙江增长了13.3%。辽中南城市群整体呈现北部密集、南部疏散的特点。由于大连与其他城市的距离较远，它们彼此之间的经济联系不足，沿海和内陆腹地存在产业发展的断点。在哈长城市群中，城市各自长期以来的经济发展“惯性”，导致哈尔滨主导产业为装备、食品、医药等，而长春则以汽车制造为主导。这两个中心城市之间的产业关联并不十分紧密，缺少生产和经营领域的密切协作[①]。同时，在争取国家政策红利等方面二者也存在一定的竞争关系。

（二）民营经济发展缺乏活力

习近平总书记强调，民营经济是社会主义市场经济发展的重要成果，是推动社会主义市场经济发展的重要力量。党的二十大报告重申“毫不动摇鼓励、支持、引导非公有制经济发展”，要优化民营企业发展环境，依法保护民营企业产权和企业家权益，促进民营经济发展壮大。但是，东北地区的民营企业存量始终偏低。截至2022年10月，东北地区内，辽宁、吉林和黑龙江的民营企业分别为119.85万家、71.89万家和66.32万家，总计258.06万家。这一数字明显落后于长三角地区的江苏（401.87万家）、浙江（323.01万家）以及粤港澳大湾区的广东（691.67万家）。同时，与中部地区的河南（273.37万家）、京津冀地区的河北（230.94万家）等主要省份相比，东北地区的民营企业数量也存在明显差距。

① 孙浩进．东北地区城市群组协同发展：理论分析、计量检验与政策启示［J］．商业研究，2023，（04）：123-130．

东北民营企业抵御外界风险的能力也普遍较差，根本原因在于技术水平不高、创新能力偏低。东北地区的民营企业入围民营企业500强的数量很少（见表8），且主要集中在黑色金属冶炼和压延加工业。截至2023年6月，东北地区累计专精特新“小巨人”企业数为410家，在全国占比仅为4.42%（见表9）。甚至在东北地区的支柱产业——石化工业中，由于技术瓶颈的存在，大量民营企业“炼”有余而“化”不足、粗化工有余而精细化工不足、原材料有余而增值链不足。尽管东北地区具备资源密集的优势，但这一优势尚未被有效释放，产业基础支撑能力不足。教育

表8　2014—2022年中国民营企业500强东北三省入围情况

单位：家

地区	2014年	2015年	2016年	2017年	2018年	2019年	2020年	2021年	2022年
辽宁	9	6	7	6	6	11	8	4	3
吉林	1	1	1	2	2	1	2	2	3
黑龙江	4	3	1	2	1	1	1	1	2
东北	14	10	9	10	9	13	11	7	8

资料来源：历年全国工商联发布的“中国民营企业500强”榜单。

表9　东北三省省各批次“小巨人”企业数量

单位：家

地区	第一批次	第二批次	第三批次	第四批次
辽宁	9	66	137	75
吉林	2	15	21	24
黑龙江	2	18	22	19
东北三省	13	99	180	118

资料来源：工信部公布的四批“小巨人”企业名单及工商注册数据。

科研优势与主导产业难以相互契合，创新与转化存在脱节的情况，导致整体产业链上缺乏“填空白”“补短板”的“小巨人”企业。从总体上看，东北地区民营经济产业层次较低，整体竞争力较弱，有竞争力的行业龙头企业极少。

从营商环境来看，一些行业和领域仍存在“隐形门槛”。除了负面清单外，某些行业和领域尚未真正向民营企业敞开大门，缺乏充分竞争的市场机制。在军工向民用转型、国有企业混合所有制改革，以及民营企业为央企和地方企业提供产业链和供应链配套服务等方面，有实力的民营企业仍未得到足够的发展空间。这一现象阻碍了一些有潜力的民营企业在特定领域中的发展，导致一些潜在的合作和创新机会未能被充分挖掘。同时，东北地区整体上缺乏浓厚的“尊商重商从商”的社会氛围。例如，民营企业在招聘高层次人才上面临较大困难，大多数具有高学历和高层次背景的人才更愿意选择进入政府部门、大型国企或高水平科研机构工作，而非加入民营企业。这使得民营企业难以吸引和留住高层次的专业人才。在一些关键环节和领域，与国有企业相比，民营企业在获取生产资料和参与市场竞争方面尚未得到平等的待遇，包括融资渠道不畅、政策支持相对不足等。这种不平等的状况制约了民营企业的发展，并使其在市场竞争中处于相对劣势的位置。此外，在现代服务业领域，民营企业的数量相对较少，而且它们的专业化、标准化运营水平也相对较低。一些服务业民营企业存在着缺乏规范化、标准化意识的情况，导致企业的经营服务水平相对较低，管理方式相对粗放。在服务业快速发展的时代，这一现象会对服务业民营企业的竞争力和可持续发展产生负面影响。

四、东北地区高质量发展的对策

（一）坚持双核驱动发展格局，推动城市群产业链协同

以辽宁省为代表的“双核心驱动”模式为东北三省的城市发展提供了合适的范本。副核心城市与核心城市协同发展，既可分担核心城市的发展压力，又能有效提升城市群的引领带动能力。在坚持城市群“双核心驱动”的发展格局下，推动双核心城市与次级城市间协作共赢是重中之重。

首先，可构建大中小城市错落有致的梯次结构。中心城市首位度过高，会抑制次级城市的经济发展，最终阻碍城市群的高质量发展。因此，应当避免中心城市在规模上过度的绝对优势。在制定城市群发展战略时，应当充分考虑大中小城市之间的协调分布。给予次级城市一定的特殊政策，助力形成合理的城市梯次，使次级城市和中心城市相辅相成。例如，可以提高次级城市干部配置级别，任命省委成员或副省长担任次级城市的主要领导；在产业园区布局、高校与科研机构布局等方面给予次级城市一定的倾向性政策；在金融管制和税收方面给予次级城市更多的优惠空间等。

其次，可通过“链长制”塑造产业分工格局。针对辽中南城市群和哈长城市群内每一个主导产业的产业链，都成立一个“链长领导小组”，以推动各城市围绕产业链展开紧密的分工协作，提升城市间的产业关联水平。链长由副省级领导或各市主要领导挂帅，利用党政领导的综合协调优势，在更高层面上保障各个产业链的有序发展和完整稳定。副链长则由该产业链内的龙头企业负责人担任。“链长领导小组”下设办公室，负责“链长制”日

常运转工作，包括但不限于：确定产业链重点发展方向、谋划产业链空间布局、编制产业链招商名录、监督产业链招商推进情况、调研产业链上下游企业经营情况、剖析产业链薄弱环节等。链长、副链长，以及产业链相关部门和重点企业要保持定期沟通，针对产业链发展中的问题，提交相关会议决策研究解决。

（二）拓展民营经济发展空间，支持企业专精特新发展

为促进民营经济蓬勃发展，必须持续拓宽其发展空间。除禁止私有资本进入的特殊领域外，所有领域应全面向民营企业有序开放。要鼓励民营企业充分参与市场竞争，保障其在资源获取、要素价格等方面与其他市场主体享有平等待遇。在地方政府采购方面，有必要优先考虑本地具备实力的民营企业供应商，适度提高对这些企业的采购比例，以更好地支持和激励本地经济的发展。要进一步促进国企与民营企业的深度合作，积极鼓励并支持民营资本在法律框架内参与国有企业混合所有制改革；强调在技术研发、产业链延伸、原料供给、产业配套等方面与驻省央企、地方国企加强务实合作。同时，可建设各级公共服务平台，系统梳理并发布项目合作、融资、人才、技术成果等各类供需信息。通过开展产需对接活动，推动不同产业链之间的协同发展，促使产品、技术、人力资源等生产要素更加紧密地连接。通过这些举措，为民营企业提供更加便捷的合作平台，加速推动产业链上下游之间的紧密对接。

同时，应加强培育和支持领军型龙头企业，开展“专精特新”企业专项扶持行动，建立细分的企业培育库，根据企业类型分别实施个性化和共性化的培育措施；鼓励并支持“专精特新”民营企业参与国家、行业和地方标准的制定。通过让民营企业在重点产品领域发挥引领作用，提升其在产业链中的地位，增强

“专精特新”民营企业的影响力和话语权。此外，还应深入推进标准化工作，加速标准的升级迭代和应用转化，以提高民营企业在市场中整体的竞争力。

来源：《辽宁大学学报（哲学社会科学版）》

作者：余淼杰　杨伯烨

第二篇

经济增长与高质量发展

新质生产力是实现“三新一高”的重要推手

预计2024年，“新质生产力”将是中国经济发展的关键词。理解新质生产力要从两个方面入手。第一，为什么要大力发展新质生产力？第二，如何大力发展新质生产力？

对于第一个问题，当前我们正面临百年未有之大变局，国际环境发生深刻变化，国内也面临艰巨繁复的改革发展任务，在这样的背景下，中国经济增长模式已由高速增长转向高质量发展。过去粗放式的增长模式主要是依赖包括资金、土地、人力、能源等基本生产要素的低成本来实现的。而当前人工成本上升，资本流通随着逆全球化势力抬头，也不像过去那么通畅，资本成本也在上升，种种生产要素成本提高使得我们必须转变粗放式经济增长模式。而高质量发展的核心是集约式增长，其内涵是提高全要素生产率，从而实现新质生产力的提高。

进一步看，在新发展阶段中，高质量发展体现在四个方面：生产、流通、消费和分配。其中的“牛鼻子”就是生产。从微观的层面看，生产的高质量发展就是要实现产品附加值的提升、产品质量的提高、企业全要素生产率的提升，乃至整个行业形成全产业链、三大产业合理协调发展的生产体系。其中，最关键的是企业全要素生产率的提升，也是新质生产力提升的核心。全要素生产率，是指当控制了资本、劳动、土地、能源乃至数据等投入后，产品产量依然能够提升的部分，其中提升的来源就在于技术的进步。全要素生产率的进步就是技术的进步，而新质生产力的核心又在于全要素生产率的提升，换言之，新质生产力的提升就在于技术进步与科技创新。

第二个问题，如何发展新质生产力？首先，必须认识到，创新是五大新发展理念的首要理念，是必须完整理解并坚决贯彻的一个新发展理念。创新要从科技创新和技术进步两个方面去理解，科技创新和技术进步是有所区别并共同发展的。一方面，对原始的创新创造，要提高研发投入、提高基础研发占比。2022年，中国基础研究经费占R&D经费比重为6.57%，这一比率应当进一步提升，到“十四五”结束时应提升到7%甚至接近10%的水平。另一方面，要大力发展应用研究。一般来看，基础研究主要靠有组织的科研机构的集体攻坚，而运用型的技术改进则可以靠小企业百舸争流，靠小企业密集的技术进步。对此要做好产学研用的结合，只有实现产学研用的结合，才能实现新产业、新模式、新动能的发展，才能进一步实现科技原始创新和技术进步的同频共振、同步发展。

其次，创新、创造的最主要的行业载体应该是具有代表性的新兴产业、未来产业。比如新材料、航空航天、低空经济、机器人、生物医疗设备、新能源汽车、集成电路装备、人工智能、元宇宙、深海开发、增材制造、柔性电子、氢能储能、细胞治疗、生物育种等产业。同时，要做好“三篇大文章”，对原材料行业进行产品的技术创造、革新、更新换代，拉长初级产品产业的附加值链条，实现“延链拓值”。此外，还要更好地利用数字经济的载体。这要求我们保证数字技术达到一定的先进水平，只有数字技术形成产业化，从蓝图变成产品，再从产品变成产业，才能大力发展产业的数字化，打造具有国际竞争力的数字产业集群。

再次，在发展新质生产力的过程中，还需要深刻认识新质生产力并不是简单追求GDP增长，而是要实现人与自然的共同和谐。因此，必须大力发展绿色生产力，做好“先立后破”，发展新型绿色产业，做好风光火核储一体化的推进，逐步降低传统能源的比重。在具体落地上，要加快绿色创新和先进绿色技术的推广应用，比如碳捕捉的技术；同时，落地绿色制造产业，比如中国在新能源汽车制造业上已经取得了一些成绩。总之，应通过加快发展绿色服务业、绿色能源、低碳供应链等，构建绿色循环经济体系。

最后，要做好各种经济政策工具箱的应用，把宏观政策、货币政策、产业政策、能源政策、民生政策等结合起来，从宏观的、一体化的角度，促进实现新质生产力的更好培育与发展。

总而言之，新质生产力代表着先进生产力的方向，也是中国经济发展的重要方向，是实现“三新一高”的重要推手。坚持大力发展新质生产力，将助力实现中国经济的高质量发展。

来源：中新经纬APP　2024年2月6日　责任编辑：张芷蕊

发挥引导作用激发投资活力

2023年4月召开的中央政治局会议提出，要发挥好政府投资和政策激励的引导作用，有效带动激发民间投资。稳投资是扩大国内需求、稳定经济大盘的重要支撑。2023年以来，各地将着力扩大有效投资摆在突出位置，保持重大项目投资力度的同时，稳定民企与外商投资信心，激发民间投资活力，形成恢复和扩大需求的强大动力。

01　政府基金发挥杠杆作用

来到安徽省肥西县，只见这里塔吊林立，工程车辆来来往往，一栋栋新厂房正在拔地而起。派能科技10GWh锂电池研发制造基地、河北金力隔膜研发生产华东总部基地、均胜汽车安全系统合肥产业基地、天安智谷智能制造基地等18个10亿元以上产业类项目的现场正建设得热火朝天。

数据显示，2023年一季度肥西县固定资产投资同比增长36.8%。其中，工业投资增长55.9%，工业技改投资增长63.7%。“大项目开工多凸显了民营企业的投资信心。”肥西县产城投资控股（集团）有限公司董事长丁学东表示，肥西县政府2022年设立了总额100亿元的政府投资母基金，吸引了很多项目落户。通过将招商项目与专项基金联动，肥西县2022年招引签约项目15个，总投资金额403.9亿元。其中，招引派能科技、河北金力、赛乐医药等6个重大项目，落地金额达250亿元，资金撬动倍数达25倍。

除了为大项目落地提供股权融资支持外，肥西县政府投资基金也支持带动本地企业完善产业链条。合肥艾创微电子科技有限公司董事长助理郑满莹告诉记者，肥西县产城投资控股（集团）有限公司的3000万元股权投资，让公司下决心在肥西县投资建设模拟芯片测试平台。艾创微是安徽一家模拟芯片设计企业，其作为一家轻资产公司，以前除了设计外，大部分业务都是委外协作。“有了测试平台就能提升企业的响应速度，更好服务客户。”郑满莹说。

在安徽省芜湖市南陵县，深圳正威铜基新能源材料科技产业园百亿元项目和中科微至智能物流装备制造产业园项目的现场建设正如火如荼地进行。“2021年，南陵县政府投资引导母基金——惠尔基金成立，首期规模8亿元，截至目前，累计投资总额超过3亿元。在政府母基金投资撬动下，吸引了一批优质企业落户。”南陵惠尔投资基金有限公司董事长徐雷告诉记者。

昆山同日工业自动化有限公司是专业服务于厂内智慧物流个性化、标准化系统解决方案的企业。近年来，公司一直在寻找合适的研发与生产基地。“南陵县政府通过惠尔母基金给我们投资了1900万元，还为我们介绍客户。这让我们下决心在南陵投资建设智能制造系统集成装备研发制造产业基地。”安徽同日智能科技有限公司总经理可现六告诉记者，目前同日厂内智能制造系统集成装备研发制造产业基地正在建设中，该项目总投资3亿元，主要开展智能装车机器人、堆垛机、智能仓储系统产品制造以及工业软件系统集成等产品的研发制造，项目达产后预计可实现年产值5亿元。

安徽省政府基金除了给招引企业股权融资支持外，也通过建设标准化厂房和配套办公楼、公寓楼等“筑巢引凤”。在肥西县“长三角G60科创走廊合肥药谷科技产业园”建设工地，10栋标准化厂房已交付。“整个产业园计划于2024年年初整体竣工交付。同时药谷二期计划下半年开工建设，药谷三期也在谋划中。”丁学东告诉记者，该产业园作为肥西县生物医药产业招商专班牵头单位，通过载体建设等多种方式，2022年实现了12个大健康产业项目签约落地，总投资约117.1亿元。

02　政策服务带动市场活力

2023年5月24日，在辽宁省葫芦岛市连山区打渔山园区振兴大街76号，辽宁产业技术研究院国华能源联合创新中心大楼正加紧建设。该中心属于科技创新、公共服务平台项目，也是辽宁省支持民间投资参与科技创新项目之一。葫芦岛国华能源装备集团有限公司副总工程师魏金玲介绍，待创新中心建成后，将为企业自身和周边地区企业提供产品研发、实验、检测等工作，促进科研成果的转化。

科技创新项目建设离不开资金的支持。该中心项目总投资5000万元，总建筑面积约6400平方米。由于是辽宁省支持民间投资参与科技创新项目之一，项目获得了专项资金946万元。

葫芦岛国华能源装备集团有限公司副总经理姜春晖告诉记者，现在辽宁的营商环境正在改善，他们对扎根辽宁投资更有信心了。“葫芦岛市对民间投资给予了资金、技术指导、政策解读等方面的支持，出台了不少优惠政策，提振了经营主体信心，激发了民间投资活力。”姜春晖说。

葫芦岛国华能源装备集团项目是当地发挥政府投资和政策激励引导作用的缩影。近年来，葫芦岛市大力改善营商环境，积极鼓励支持民营企业发展，已为葫芦岛晟野环保科技有限公司、煜湾（葫芦岛）食品科技有限公司等民营企业争取各级专项资金超亿元。

“我们积极为民营企业争取辽西融入京津冀协同发展战略先导区专项资金、污染治理和节能减排专项资金和资源型地区转型发展、东北振兴等多领域专项资金，支持民营企业在葫芦岛投资建设。”葫芦岛市发展和改革委员会副主任刘双元表示，下一步将继续围绕辽西融入京津冀协同发展战略先导区、城乡冷链物流等领域积极启动项目谋划推进，推动建昌县方瑀冷链物流有限公司、葫芦岛市伍洋物流有限公司等民营企业持续扩大有效投资。

辽宁大学校长余淼杰表示，各地应更好发挥政策激励的引导作用，有效带动激发民间投资，扩大有效投资，以政策激励撬动经营主体活力，持续提振经营主体信心，帮助民营企业恢复元气，形成恢复和扩大需求的强大动力。

03　间投资信心恢复

2023年5月26日，第七届中国民营企业合作大会在武汉召开。来自1100多家国内民营企业的共1700余位参会代表齐聚武汉，谈合作、谋对策，传递出民营企业对共赢发展的期待。

大会集中签约项目103个，签约总额1080.98亿元。超过一半的签约项目围绕湖北五大优势产业来布局，具有技术含量高、带动能力强、发展前景好的特点。签约项目中，工业项目37个，金额400.93亿元；服务业项目65个，金额674.45亿元。这些项目涉及新一代信息技术、汽车制造和服务、大健康和生物技术、高端装备和先进基础材料、商贸物流、文化旅游、人工智能、氢能等产业。

据了解，武汉已连续两年获评全国营商环境评价标杆城市。截至目前，武汉经营主体总量达190万户，10家企业入选2022年中国民营企业500强。民营高新技术企业数量占全市约90%，民营企业专利授权量占全市的46%。湖北省市场监督管理局党组成员、副局长王勤介绍，湖北省民营经济主体由2018年底的474.56万户增加到2023年4月底的754.43万户。全省民营经济主体占全省经营主体总量的97.31%。其中，民营企业190.71万户，数量实现了翻番。

近年来，湖北省一系列举措瞄准民营企业发展的痛点难点，一系列惠企举措陆续落地，给民营企业发展吃下“定心丸”。专注于“北斗+”时空智能领域软硬件，武汉依迅北斗时空技术股份有限公司已经成长为重点专精特新“小巨人”企业。该公司2023年一季度营收同比增长60%，预计2023年同比增长200%以上。“市场需求越来越大，对研发也提出了更高要求。”武汉依迅北斗时空技术股份有限公司副总经理陈红透露，公司连续多年研发投入占比达12%以上，近3年来，因高新技术企业、研发费用加计扣除等各项政策享受企业所得税、增值税税收优惠达千万元。

随着企业预期和信心逐渐恢复，民营经济乘势而上。2023年一季度，九州通医药集团股份有限公司实现营业收入420.93亿元，同比增长19.75%。“我国具有超大的市场容量和体量，民营企业发展前景广阔，我们对未来的发展信心满满。”九州通医药集团股份有限公司董事长刘长云表示。

来源：《经济日报》　2023年6月10日

以政策激励撬动经营主体活力

国家统计局数据显示，2023年前5个月，民间项目投资（不含房地产开发投资）同比增长9.4%，增速比前4个月加快0.3个百分点，比全部投资高5.4个百分点，民间项目投资增速加快。

习近平总书记强调："要引导民营企业和民营企业家正确理解党中央方针政策，增强信心、轻装上阵、大胆发展，实现民营经济健康发展、高质量发展。""要激发民间资本投资活力，鼓励和吸引更多民间资本参与国家重大工程、重点产业链供应链项目建设，为构建新发展格局、推动高质量发展作出更大贡献。"

民间投资是推动经济发展、稳定整体投资、扩大社会就业的重要力量。2023年上半年，各部门、各地方贯彻党中央、国务院决策部署，坚定不移落实"两个毫不动摇"，出台一系列促进民间投资的政策措施，不断激发民间投资更大活力。

鼓足干劲，稳中求进。各部门、各地方将着力营造公平竞争的市场环境，完善投资准入、新技术新业务安全评估等政策，健全透明、可预期的常态化监管制度，降低企业合规经营成本，促进各行各业良性发展。

市场复苏，民间投资活力涌现

“我们将继续完成投资1亿元以上。”普莱柯（南京）生物工程有限公司总经理卢士福说，公司在动物疫苗产业化方面将持续加大投入。

“2023年4月，方太高端厨电智造创新产业园一期项目开工建设，年内计划投资4亿元。”方太集团副总裁兼首席品牌运营官孙利明说。

“我们持续加大投入，基地建成后将致力于可再生能源制氢、用氢关键技术开发。”江苏省南通市如东县中天华氢有限公司总经理黄彬介绍，“我们敢投资、愿投资，既是响应‘双碳’目标，更是对市场满怀信心，希望能助力氢能产业高质量发展。”

“新一轮科技革命和产业革命深度演进，为民间制造业投资提供了更加广阔的空间。”中国宏观经济研究院投资研究所研究员刘立峰说，“当前消费恢复向好，高水平对外开放不断扩大，新能源产业、数字经济等相关制造业发展潜力巨大，为民间投资增长提供有力支撑。”

消费恢复向好——

2023年以来，国内需求稳步扩大，消费带动作用增强，前5个月，社会消费品零售总额同比增长9.3%，比一季度明显加快。随着消费场景拓展，居民外出购物增加，市场销售继续扩大，服务性消费较快增长，5月餐饮收入增长35.1%。

“2023年以来行业投资信心明显加强，头部品牌都在加速布局新店，3月我们开了洛阳首店。”喜茶河南洛阳市南昌路王府井店经理张艺祥说。

当前，线上消费需求释放带动作用明显，平台经济还将持续赋能实体经济发展，通过优化发展消费互联网平台进一步激发内需潜力。

高水平对外开放不断扩大——

我国深化重点领域和关键环节改革，积极推进高标准市场体系建设，加快建设全国统一大市场，稳步扩大制度型开放，加快打造市场化、法治化、国际化营商环境，大力稳定传统贸易伙伴贸易，成效不断显现。2023年上半年，我国民营企业进出口10.59万亿元，同比增长8.9%，占进出口总值的52.7%，同比提升3.3个百分点。

“我们的产品远销海外市场。”浙江华丰电动工具有限公司总经理王立群2023年率领团队前往德国参加了法兰克福展，带回来不少订单。“公司正在考虑增加生产线。”

下一步，各部门还将围绕服务构建新发展格局，以制度型开放为重点，聚焦投资、贸易、金融、创新等对外交流合作的重点领域深化体制机制改革，完善配套政策措施，积极主动把我国对外开放提高到新水平。相关企业正在加快提升国际竞争力，走上国际大舞台努力打拼，带动更多中国制造、中国服务走出国门。

市场预期增强——

2023年以来，经济发展动能持续向好，带动企业家对经济发展预期回暖。2023年第二季度中国人民银行企业家问卷调查结果显示，经营景气指数为49.6%，比上季上升0.4个百分点；盈利指数为53.2%，比上季上升5.4个百分点。

“2022年，我们启动建设总投资2亿元的高能级创新平台P3实验室项目，2023年将完成后续投资1亿元。”普莱柯生物工程股份有限公司副总经理宋永军说，“基于对产业发展空间的预判和对市场的信心，公司加快推动科研成果转化。”

我国经济长期向好的基本面没有变，广大企业家仍保持着对市场的敏锐感知和敢拼敢闯的干劲，将继续弘扬优秀企业家精神，不断谱写企业发展新篇章。

政策发力，增强投资内生动力

“我专程赶到广州参会，想多了解一些相关政策。政府为企业搭台，我们要抓住机遇发展！”广东韶关东阳光科技研发有限公司相关负责人李洪伟说。2023年6月26日，广东省面向民间资本推介示范项目和应用场景会议上企业家云集。此次推介的示范项目共计101个、总投资2394亿元；推介的应用场景共有56个，总投资估算110亿元。

激发民间投资活力，需发挥好政府投资的撬动作用。2022年10月，国家发展改革委印发《关于进一步完善政策环境加大力度支持民间投资发展的意见》，从发挥重大项目牵引和政府投资撬动作用等6个方面提出了21条具体政策措施。2023年以来，多地出台举措发挥政府投资和政策激励的引导作用，向民间资本发出“邀请函”，有效带动激发民间投资。

项目清单透明，民间资本“敢投”。

2023年3月，江苏省盐城市推出65个鼓励民间资本投资的重大项目，涉及新一代信息技术、新材料、大健康等多个领域。“项目清单清晰透明，部分项目已完成方案设计、立项、环评等前期工作，这样相对成熟的项目，我们企业更敢投资。”江苏德龙镍业有限公司相关负责人说。

2023年以来，多地拿出项目清单，贵州宣布拟推进实施

2500个重点民间投资项目，计划完成投资3683.1亿元；北京公布第一批向民间资本公开推介项目共计149个，总投资1308亿元；四川向民间资本公开推介重点领域项目129个，涉及总投资1371.94亿元……政府搭台为民间投资提供更多空间。

营商环境改善，民间资本“愿投”。

“通过政企交流，提供一对一服务，市场监管部门助力公司申请专利130余项，增强了竞争力。2023年将新增投资1.5亿元建成新厂区。”山东天庆科技发展有限公司董事长王福平说。山东省德州市庆云县持续改善营商环境，打造政企交流平台“企业家周末下午茶”受到企业好评。

好的营商环境能产生强大的“磁吸力”。相关部门正在建立健全与企业的常态化沟通交流机制，及时了解企业困难和诉求，完善相关政策和措施，推动经济发展。山东发布深化营商环境创新提升行动实施方案，天津亮出2023年优化营商环境责任清单，重庆推出108项举措优化营商环境……多地从企业实际需求出发，持续优化营商环境，为提振民间投资信心提供有力支撑。

体制机制创新，民间资本“能投”。

一些鼓励民间投资的项目对企业资质、资金要求较高，很多民企自身难以全部满足要求。“南京将在招投标中对民间投资一视同仁，支持民营企业通过联合体等方式参与市内重大工程建设。”江苏省南京市发改委相关负责人介绍。

为进一步放宽民间投资市场准入，解决“不能投”的问题，2023年4月，《江苏省发展改革委关于进一步完善政策环境加大力度支持民间投资发展的实施意见》发布，明确在风险可控、权责明晰的前提下，鼓励多家企业组成联合体共同投资、建设、运营大体量基础设施项目。

激励引导，持续提振投资信心

据国家市场监督管理总局发布的数据，截至2023年5月底，我国登记在册的民营企业达到5092.76万户，较2012年底增长3.7倍，民营企业在企业中的占比由79.4%提升至92.4%，在国民经济发展中的地位和作用进一步提升。其中，平台经济在时代发展大潮中应运而生，为扩大需求提供了新空间，为创新发展提供了新引擎，为就业创业提供了新渠道，为公共服务提供了新支撑，在发展全局中的地位和作用日益突显。

民间投资是经济活力的“晴雨表”，稳投资就要稳民间投资。当前，受全球经济形势等影响，部分民营企业效益下降、现金流紧张、再投资能力不足。如何进一步激发民间投资活力，持续推动民间资本高质量发展？

2023年4月28日召开的中共中央政治局会议指出，“要坚持‘两个毫不动摇’，破除影响各类所有制企业公平竞争、共同发展的法律法规障碍和隐性壁垒，持续提振经营主体信心，帮助企业恢复元气。”“要发挥好政府投资和政策激励的引导作用，有效带动激发民间投资。”

提振民间投资信心，关键在于让民间资本形成稳定且良好的预期。国务院发展研究中心企业研究所研究员马淑萍建议，建立更加公平的营商环境，重点解决市场竞争不公平和法治环境不完善的问题，加强准入制度改革，打破隐形壁垒，规范政策的制定和执行，形成稳定可预期的制度环境。

从实践看，重大项目建设在各地加力领跑，政府投资有力发挥“四两拨千斤”的带动作用，可以有效拉动民间投资增长。

辽宁大学校长余淼杰表示，各地应更好发挥政策激励的引导作用，强化用地、用能、资金等要素保障，以政策激励撬动经营主体活力。特别要强化企业科技创新主体地位，促进创新要素向企业集聚，不断提高科技成果转化和产业化水平。

刘立峰建议，进一步引导金融机构增加民营企业信贷投放，保障民营企业信贷资源。进一步完善融资担保服务功能，建立政府和社会主体合作的融资担保公司，对符合条件的民间投资项目提供融资增信支持。

提信心、强保障、解难题，多措并举让民间资本“敢投”“愿投”“能投”，持续激发民间投资活力，促进民营经济发展壮大，推动平台经济规范健康持续发展，为高质量发展提供更大支撑、贡献更大力量。

来源：《人民日报》　2023年7月16日

2023年下半年中国经济增长一看出口，二看内需

2023年7月，国家统计局发布2023年上半年宏观经济数据，消费、投资、出口等经济指标纷纷“亮相”。从数据看，2023年上半年，国民经济整体恢复向好，高质量发展呈现强劲态势，经济发展亮点频现。

2023年上半年国内生产总值（GDP）同比增长5.5%。2023年国务院政府工作报告中提出，2023年GDP增长预期目标为5%左右。在外部环境复杂严峻和全球经济复苏乏力的背景下，5.5%的经济增长不仅给中国下半年经济继续健康发展、顺利实现全年经济发展目标带来信心，也为全球经济复苏注入“强心剂”。

分产业看，2023年上半年，第一产业同比增长3.7%，对经济增长的贡献率为3.7%；第二产业同比增长4.3%，对经济增长的贡献率为30.1%；第三产业同比增长6.4%，对经济增长的贡献率为66.1%。三大产业中，第三产业的增速最快，其原因在于当前的经济有了“烟火气”。2023年以来，经济社会全面恢复常态化运行，在国民经济平稳复苏和消费持续恢复的带动下，运输业、旅游业、酒店餐饮业等行业发展态势较好，有力推动经济增长。第二产业增速约为4.3%，或受到全球外需疲软的拖累。外需疲软的拖累体现为进口价格较高，从而导致原材料成本上升，这对全

球经济都产生了一定的负面影响。但是，由于中国拥有全产业链优势，相对来说受影响较小。

此外，值得关注的是，在全球贸易整体低迷情况下，2023年上半年，中国货物进出口贸易总额达到20.1万亿元，创历史同期新高，同比增长2.1%。根据当前中国进出口贸易发展态势，笔者预计2023年下半年进出口贸易总额将达到25万亿元左右，全年进出口贸易总额可能达到45万亿元左右，全年贸易顺差有望达到6万亿元。从结构上看，2023年上半年出口约11.5万亿元，增长3.7%；进口约8.6万亿元，下降0.1%。进出口相抵，贸易顺差约2.8万亿元。由于人民币贬值拉动出口的滞后效应和季节性因素，2023年下半年出口总额可能比上半年上升得更快。

出口、投资与消费是拉动经济增长的“三驾马车”。从国家统计局公布的数据看，2023年上半年，全国固定资产投资（不含农户）同比增长3.8%，投资结构继续优化，重点领域投资继续加强，处于一个正常“发力”的水平；消费恢复态势向好，最终消费支出拉动经济增长4.2个百分点。笔者认为，2023年下半年经济增长，一看出口，二看内需。从拉动内需的角度上看，最重要的是提升居民的收入水平，建议继续推进减税降费，可以考虑提高个人所得税的起征点，达到“放水养鱼”的目的。其次，当前中国的财政政策仍有空间，建议继续采用积极的财政政策。

综合来看，2023年以来中国经济呈现恢复向好态势，为2023年下半年经济运行打下较好的基础。当前外部环境仍然复杂，经济发展仍面临压力和挑战。下阶段，仍需各项政策协同发力，提振市场信心，促进经济平稳运行。行业方面，需继续推进新能源、集成电路等新产业的发展，促进创新动能持续增强。政策方面，建议采用积极的财政政策与稳健的货币政策相配套，推动2023年下半年经济增长。此外，需加快推进构建全国统一大市场，真正实现交易成本、贸易成本的降低，发挥中国超大规模的市场优势和内需潜力。这也要求进一步优化营商环境，不断完善与改良负面清单制度。

来源：中国网、中新经纬、学习强国　2023年7月19日

北京发展制造业应重点与数字经济融合，实现向“智造业”转型

中关村顺义园通顺路18号，汽车制造流水线上的冲压、焊装、涂装、总装工艺车间鳞次栉比。晨辉洒下来，给每一间厂房都镀上一层金色。

这个位置在老版地图上是北京现代一工厂，现在换成了理想汽车北京绿色智能工厂。从写满辉煌历史的合资车厂更迭为占尽风头的造车新势力智能工厂，只用了两年的时间。

“这座工厂，我太熟悉了。”18年前，16岁的张超初出校门，被分配到北京现代一工厂，跟着各班组的老师傅在生产线上轮转学习，渐渐成长为业务骨干。

那时的北京现代风头正劲。作为中国加入WTO后获批的首个汽车中外合资项目，北京现代在它的第一座工厂里创造了索纳塔、伊兰特的销量奇迹。但随着车市竞争加剧，北京现代逐渐掉队。到了2019年，由于销量不佳、设备老化、转型滞后等多重原因，北京现代一工厂停产，数十万平方米的厂房闲置。

与北京现代产能闲置形成鲜明对比的，是以特斯拉、蔚来、理想、小鹏等为代表的造车新势力快速崛起。从燃油车到新能源，从电控系统到智能网联化，百年汽车业迎来疾风骤雨般的颠覆性变革。北京汽车制造业也来到了抉择关口：必须盘整存量资

源，向新能源、智能化转型！

2021年，急于扩大产能的理想汽车决定在中关村顺义园布局生产线，将北京现代一工厂改造升级为一座年产10万辆的绿色智能制造基地。

腾笼换鸟的大调整，是在全市汽车总产能不增的前提下优化结构，提升新能源汽车生产比重，制造工艺也更加注重数字化、智能化、绿色化。

2023年2月，张超又回到了通顺路18号上班，但换了身份，成为理想汽车北京工厂底盘工段班长。回到“最初的起点”，他惊喜地看到，车间引入大量机器人和AI设备替代人工质检，大幅提高了检测精度和效率，减少车辆返修概率。身处车辆下线的最后一道关卡，张超深刻感受到了智能技术应用带给行业的颠覆性变化。

与理想汽车生产基地相距20千米的北京奔驰顺义工厂，同样经历了脱胎换骨的再造。这里曾是北京汽车集团有限公司自主品牌生产基地，对标奔驰德国数字化示范工厂——56号工厂进行全面改建，已成为北京智能制造的新样本。

生产线上，700多台焊装机器人灵巧地为奔驰全新电动车打造高强度和轻量化的全铝覆盖车身，忙碌的AGV智能小车承担起车间物流运输的重任，先进的数字化体系让一线工人和高管通过移动设备就能随时查看车辆生产状态和相关数据。

数字化车间、智能工厂、先进制造业标杆园区……以汽车业为重要突破口，顺义区陆续完成了65个传统制造业项目的转型升级，高端制造产业集群效应凸显。顺义区经济和信息化局副局长张晓晖介绍，针对区内园区和企业转型升级的迫切需求，顺义引进博世工业4.0创新中心等智能制造服务商，为企业找痛点、下

“药方”，累计完成了对75家企业的上门“问诊”，给出切实可行的智造转型建议千余条。

更多工业4.0时代的“未来工厂”在京落地。位于中关村昌平园的福田康明斯发动机工厂，每天有600台发动机下线，却少见工人穿梭忙碌；昌平区南口镇的三一重工产业园里，桩机工厂成为全球重工行业首座“灯塔工厂”，一台旋挖钻机的生产周期已从30天压缩到7天；亦庄小米产业园的“黑灯工厂”，全自动化生产线可年产百万台高端手机，比传统工厂效率提升60%，车间里的智能装备超九成属于自主研发。

超大城市寸土寸金的劣势，逼迫北京不断转向更高附加值、更低资源消耗的高精尖产业；创新资源高度集聚的优势，又恰恰激发出传统“制造”升级“智造”的乘数效应。

根据最新规划，在累计实施近100个智能制造应用示范项目的基础上，到2025年，北京将再打造10家世界顶级“智慧工厂”和100家智能工厂或数字化车间，基本实现规模以上企业智能化转型升级全覆盖，全市智能制造产业集群规模突破1万亿元。

圆桌论坛

北京需要什么样的制造业？

减量发展的北京，是否还需要制造业？需要什么样的制造业？这是产业界和广大市民都高度关注的话题。

“当前新一轮科技革命和产业变革正加速演进，高端制造业也在浪潮中蓬勃发展，北京一定要在这几年抓住这个战略关键期。”中国人民大学首都发展与战略研究院常务副院长张杰表示，从国际多个超大规模城市经济体的经验来看，想要达到人均GDP

突破5万美元的水平，单靠第三产业难以有效支撑，制造业增加值在GDP中的占比往往要达到20%以上，东京、首尔等首都城市也都形成了高端制造业的聚集发展。

“北京不仅需要制造业，而且应该做好构建新型制造业体系的表率和样板！”北京市社会科学院社会学所副所长、研究员李晓壮分析，北京应发挥科技创新中心的优势，不仅要做投入的研发中心，也要做研发成果转化的中心，更要做符合产业布局促进成果产业化的新型制造中心，以实现更多高科技成果产业化、场景化、体验化。要因地制宜地筛选生物医药、人工智能等新型制造业核心支撑领域，形成具有北京特色、首都特点的新型制造业体系方略，促进新时代首都高质量发展。

曾任北京大学国家发展研究院副院长、现任辽宁大学校长的经济学家余淼杰认为，北京发展制造业应重点与数字经济融合，实现向“智造业”转型；要围绕国家提出的新一代信息技术产业、高档数控机床和机器人、航空航天装备等“中国制造2025”十大产业相关领域，以及科技部提出的“科技创新2030–重大项目”等进行布局。

传统制造业转型，往往会在资金投入上面临较大压力，政府该如何出手助一臂之力？顺义区经济和信息化局副局长张晓晖介绍，园区和政府层面，可提供智能制造转型的补贴，并集合基金、融资租赁、担保等机构，形成金融合力，解决企业转型升级中的融资难题。

来源：《北京日报》 2023年8月11日 记者：赵语涵 曹 政

美国对中国的科技打压是没有办法取得成功的

第八届东方经济论坛于2023年9月10日隆重开幕。辽宁大学校长、中国知名经济学家余淼杰在论坛期间接受本社记者采访并指出，中国在科技方面的赶超指日可待。中国在创新方面一定会成为一个创新大国，也将会成为一个创新强国。换言之，美国对中国的科技打压是没有办法取得成功的。

余淼杰就美方近期再次打压华为公司的行为置评时向本社记者表示，“我一直注意到美国对中国在科技方面的打压，我认为这毫无疑问不符合国际规则”。

据余淼杰介绍，中国一直在强调自立自强，强调科技创新。

余淼杰说：“中国在科技方面的赶超也是指日可待的。我们也可以看到近期华为的芯片已取得了很大的突破。我想，假以时日，中国在创新方面一定会成为一个创新大国，也将会成为一个创新强国。换言之，美国对中国的科技打压是没有办法取得成功的。”

余淼杰认为，中方一直强调对科技的自主创新，比如在之前的《中国制造2025》和现在的中国科研攻关2030项目都是自立自主创新。

余淼杰指出：“我想，假以时日，中国的自主创新是没有问题的。举一个例子来讲，我们现在研发占GDP的比例（研发强度）已经达到2.66%的水平，超过经济合作与发展组织（OECD）2.6%的平均水平。而到‘十四五’规划结束时该水平将达到3%。从这个指标上来看，中国将毫无疑问成为一个创新大国，也将会成为一个创新强国。”

2023年9月6日，彭博社报道称，在此前对中国半导体行业实施制裁的背景下，美国拟调查中国华为Mate 60智能手机处理器的芯片来源。该芯片由中芯国际制造，与华为一样，中芯国际也被美国列入黑名单，并被限制获取美方技术。彭博社援引独家调查资料报道称，该芯片仅落后美国先进技术“数年”。

2019年以来，美国不断实施制裁，试图打压华为公司。因新型芯片供应受阻以及美方技术封锁，该公司的智能手机生产销售业务受到严重打击。

来源：俄罗斯国家通讯社塔斯社　2023年9月10日

推动民企、国企生产要素价格均等化

中央政治局会议在部署2023年下半年经济工作时指出，要加大宏观政策调控力度，着力扩大内需、提振信心、防范风险。

随后，国家发改委、住建部等政府部门先后在货币政策、财政政策、扩大内需与地产政策等方面出台了相关政策，尤其是国家发改委将在内部设立民营经济发展局的消息备受关注。

下一步，如何真正让促进民营经济发展的各项政策落地？如何分析下半年经济走势？对此，《21世纪经济报道》专访了第十四届全国人大代表、辽宁大学校长、商务部经贸政策咨询委员余淼杰。

2023年全国两会期间，余淼杰建议推动民营企业、国有企业生产要素价格获得均等化。访谈中，他强调，要从制度和法律上把对国企民企平等对待的要求落实下来，从政策和舆论上鼓励支持民营经济和民营企业发展壮大。

谈到当前外贸的复杂形势，余淼杰认为，人民币贬值对外贸的促进作用会相对滞后，2023年下半年外贸对经济的拉动作用会上升，全年我国外贸顺差有望达到6万亿元人民币。

推动民企、国企生产要素价格均等化

《21世纪经济报道》： 2023年上半年经济数据出台后，社会各界对于促进经济政策有了更多期待。近期，民营经济、房地产等各方面调控政策也密集出台。你最关注的是什么？

余淼杰： 尽管目前中国经济仍然面临很多挑战，但2023年上半年5.5%的经济增速，反映的还是一个整体向上的积极态势。

当然，不能否认目前随着全球经济疲软，外需的需求萎缩，加上三年疫情的冲击，的确面临供给不足、预期减弱的客观现实。

我最关注两方面政策：一方面是做大做强国有经济，增强国有经济的创造力、影响力和竞争力；另一方面是发展民营经济，促进民营经济的健康发展。这对促进国民经济整体健康发展，有着至关重要的影响。

《21世纪经济报道》： 民营经济发展面临的现实困境在哪些方面？

余淼杰： 总体来讲，民营经济当下面临困境的现实原因还是全球外需疲软。主要的困境在两个方面：一方面是市场准入。现在一些领域还不允许民营企业进入。另一方面是要素价值。虽然一直强调对民营企业要一视同仁，但在获取各种要素资源，包括土地、资金、人才、能源、数据等各个方面，还需要进一步改善民营经济所处的环境。

《21世纪经济报道》： 你认为促进民营经济发展，应该从哪些方面入手？

余淼杰： 第一点是放宽民营经济的市场准入，真正做到一视同仁。除了真正关系国计民生的产业需要国有企业专门运营之外，其他领域都应该允许民营企业进入。

第二点则更为重要，即怎样真正落实各种要素价格平等获取的目标。以银行贷款为例，银行的目标肯定是利润最大化，民营企业的经营风险肯定会比国有企业的高一些。从这一角度看，银行面临的风险比较高，要求比较高的贷款利率也是无可厚非的。但这客观上就会对民营经济的发展造成不利影响。建议考虑采取PPP公私合营的方式来解决这个问题。也就是说，一个大型项目，采取政府和社会资本合作的模式，即政府、国企、民企三方合作，各自按比例出资，通过国企、民企、政府三方混合投资，或者国企、民企混合投资，降低风险，就能确保国企、民企生产要素价格获得的均等化。

在用地方面，各级政府在招商引资过程中偏重于国有企业承担的重点工程和大项目，承接中小企业动力不足。

《21世纪经济报道》：国家发改委等部门近日出台《关于实施促进民营经济发展近期若干举措的通知》，每条举措都明确责任单位，促进民营经济发展，还将设立民营经济发展局。对此你怎么看？

余淼杰：我注意到通知里有几条比较重要。首先，通知提到要通过改革负面清单，来确保民营企业能得到充分的市场准入，这点影响重大。

其次，优化涉企服务也很重要。一个地方是否真正适合民营企业的发展，最关键是看这个地方的营商环境。所以，优化营商环境是重中之重。特别是在民营经济发展比较落后的地方。优化营商环境的重点在于降低交易成本。交易成本其实分为两类：一类是显性成本，包括各种劳动力要素；另一类是隐性成本。一些地方，尽管显性成本比较低，但隐性成本较高，就导致其总体成本更高。

切实降低交易成本就是要让各项交易阳光化。推进政府阳光平台的建设非常重要，例如政务公开透明等。通过阳光化降低寻租成本，这样才有利于建设真正“亲清”的政商环境。

此外，值得注意的是，要大力推进内外贸市场一体化，或者说要促进内外贸产品的公平发展，真正做到“三个同”，即同一个生产线、同等质量、同一个标准。这对促进民营经济的健康发展也有较大帮助。

外贸调结构的重点在于转向新兴国家

《21世纪经济报道》：当前，外贸形势复杂严峻，你对2023年下半年的外贸形势有何判断？

余淼杰：现在社会上有一些对外贸总体形势过于消极的判断。我还是坚持2023年年初的判断，2023年全年中国的外贸可以达到43万亿~45万亿元人民币，外贸顺差有望达到6万亿元人民币。

具体分析，我们2023年上半年外贸顺差已经达到2.8万亿元人民币，下半年出口的形势会比上半年更好。一方面是因为2023年上半年人民币的贬值对出口产生的促进作用，有一定的时间滞后性，一般来看会滞后半年。也就是说，2023年三四月人民币贬值，到八九月才会对出口产生明显影响。换言之，2023年9月之后，人民币贬值对中国出口贸易的拉动作用将会上升。

这并不意味着中国外贸没有挑战，相反，我们更应该加快推进深层次的结构性改革，推动中国外贸的发展。

《21世纪经济报道》：商务部多次表示落实外贸稳规模优结构，你认为有哪些结构需要重点优化，有哪些有针对性的建议？

余淼杰：调结构的重点，首先是我们应该转变观念，看到一些新机会。我这几年一直在呼吁企业应该加大对新兴工业国家以及金砖国家的出口，特别是俄罗斯、巴西、南非，以及最新扩容的金砖国家沙特阿拉伯。

同时，我们也在加快推进"一带一路"建设，推进中东、西亚、北非方面的经贸合作，从沙特阿拉伯及俄罗斯进口更多的原材料。

其次，我们应大力促进服务贸易的发展，2023年9月召开的2023年中国国际服务贸易交易会就是一个契机。我国的服务贸易总体发展态势积极向上，但的确还存在一些问题需要改革，扩总量、调结构应当紧密结合起来。当前服务贸易的贸易逆差相对较大，尤其在留学领域。减少逆差就要发展有中国特色的产业。

调结构就是要重新布局全球经贸格局，比如陆上丝绸之路应该重点向东，加大和远东尤其俄罗斯的经贸联系。海上丝绸之路的重点除了向南继续发展，推进中东、西亚、北非的经贸合作之外，还应该向北推进，促进中日韩之间的经贸合作。还要抓住金砖国家扩容的机会，这不只是在经贸方面促进合作，也是促进人民币国际化的一个重要抓手。

《21世纪经济报道》：商务部将2023年定为消费提振年，各地虽然也发了消费券，但效果并不理想。在当前中国经济背景下，怎样才能真正扭转消费不振的现状？

余淼杰：2023年发消费券确实对经济的提升作用不大，首先发消费券肯定比发现金好，因为人们一般不会拿发的现金去消费，更可能储蓄或者投资。但消费券是要配套使用的，使用时也要从自己口袋里掏出一部分钱。归根结底，如果老百姓的持久性收入没有提升，哪怕发了消费券，也没人去用。

怎么提振消费，本质上还是要保障老百姓的持久性收入。一方面要通过保市场主体来保就业，尤其是保中小微企业就业。中小微企业在疫情中受到冲击很大，要强调对实体经济和民营经济的扶持。

另一方面，对于受疫情冲击最大的行业，比如交通运输、旅游餐饮等，政策也应该相对有所倾斜。从银行角度分析，以前中国的金融结构是大银行投资大企业，中小银行投资中小企业，在疫情影响下，无论银行规模大小都应该去支持中小企业。

提高可支配收入占总收入的比重，让老百姓手里能花的钱变多，一个最重要的方法是减税降费。但是，如果政府不断减税降费，叠加投入新基建和大项目，财政赤字会更严重，所以必须采取更积极的财政政策。

来源：《21世纪经济报道》　2023年9月15日

为建设世界一流企业建言献策

由首都经贸大学、清华大学社会科学学院社会与金融研究中心、上海交通大学人文学院、亚洲数字经济科学院等发起的首届全球上市公司30人智库论坛在北京银行大厦举行。本次论坛的主题是“全球上市公司治理与面向2035的世界一流企业”。

上海市人民政府原常务副市长、中国国际金融30人论坛顾问、全球上市公司30人智库论坛联席召集人屠光绍提出，应重点关注上市公司国际竞争力的提升问题，因为上市公司是代表先进生产力的重要群体，对中国国际竞争力的提升发挥着重要作用。2023年9月福布斯发布的中国企业跨国经营50强的数据显示，中国企业在产品、品牌、科技含量、产业链输出等方面取得进步，但仍需继续提高整体质量和能力。要把提高上市公司国际竞争力与资本市场发展结合起来，通过健全资本市场功能来促进上市公司国际竞争力的提升。

辽宁大学校长余淼杰认为，中国企业应加大创新力度，发扬工匠精神，创造更多应用场景，加快企业数字化转型以提高企业效率和竞争力。整体来说，中国企业还需提高经济效益和生产效率，加大科技和管理创新，才能达到世界一流水平。此外，国有企业和民营企业应互补优势、共同发展。

首都经济贸易大学党委书记王文举认为，上市公司是实体经济的基本盘，也是资本市场的基石，上市公司数字化转型存在技术、数据安全、虚假数字化等风险挑战。提高上市公司质量，应对数字经济与ESG时代新挑战，是当前一个重要课题，需要上市公司自身努力，也需要完善监管与政策支持。

厦门大学副校长方颖认为，在逆全球化背景下，产品、技术、资本出海都面临限制，要研究产能出海的新动能。要加强研究企业走出去的动机、对国内外的影响，以及应对国外风险的能力。中国企业出海要传播中国发展的正面价值，树立负责任的跨国公司形象。要加强培养服务企业全球化的各方面人才，如法律、税收等领域。新的理论支持将有助于中国企业实现高质量发展，成为面向2035世界一流企业。

南开大学讲席教授、中国公司治理研究院院长李维安认为，当前，世界一流企业公司治理正呈现五大新趋势。一是从独立性向多样性发展，注重董事会独立性和多元成员。二是从常态治理走向应急治理，强调抗风险能力。三是从社会责任向绿色治理演变，将ESG内涵阐释为环境和社会融入治理的范畴。四是从传统治理迈向数字化治理，利用新技术优化信息传播。五是从经营价值创造提升至治理价值创造，注重通过治理提升公司整体价值水平。贯穿以上五点，新的公司治理趋势强调结构多元化、抗风险能力提升与价值整体提升，这为建立世界一流企业提供了重要参考。

全球上市公司30人智库秘书长王玉荣认为，中国上市公司的全球竞争力是中国式现代化的重要支撑力量，是科创中国的“核心力量”。全球上市公司的数量与一个国家的综合国力高度相关。全球上市公司的比较研究，有助于中国上市公司的面向2035、2050创新及史诗般的全球化远征。百年未有之大变局的今天，全球企业家之间的交流、全球智库之间的交流是把文章写在大地上的重要实践之一。

来源：上海证券报·中国证券网　2023年9月20日

记者：王子霖

强力推进改革攻坚
打造更优营商环境

2023年9月，习近平总书记考察浙江时指出，浙江要在深化改革、扩大开放上续写新篇，要以重点领域改革为牵引，全面推进各领域体制机制创新。浙江一直是改革开放先行省份，特别是2003年“八八战略”提出以后，浙江坚持“一张蓝图绘到底”，持续提升体制机制优势和环境优势，在贯彻新发展理念、构建新发展格局、推动高质量发展上取得了长足进步。

具体来说，在创新发展上，浙江坚持“创新是第一动力”，2022年研发经费投入达2416.8亿元，投入强度达3.11%；战略科技力量体系初步形成，人才集聚效应明显提升。

在协调发展上，浙江较早探索用信息化推动工业化，在新型工业化、新型城镇化、农业现代化等领域，均走在了全国前列。同时，浙江深入实施“山海协作工程”“千万工程”等，持续缩小城乡、地区居民收入差距，成为全国发展最为均衡的省份之一。2022年，浙江城乡居民收入倍差已缩小至1.90，地区居民收入最高最低倍差缩小到1.58。

在绿色发展上，浙江是“绿水青山就是金山银山”理念的发源地，较早探索绿色低碳可持续发展道路，不断拓宽“绿水青山”向“金山银山”的转换通道，如发布全国首部省级GEP核算标准等，不断优化资源要素配置，用全国1%的土地面积，创造了全国6.4%的国内生产总值。

在开放发展上，浙江是名副其实的开放大省，积极落实长三角一体化、长江经济带高质量发展等国家战略，深度参与共建“一带一路”。目前，浙江已率先实现跨境电商综试区省域全覆盖，国家级境外经贸合作区数量位居全国第一，浙江自贸区在探索油气全产业链开放发展上成果不断，宁波舟山港货物吞吐量连续14年位居全球第一。

在共享发展上，浙江在做大“蛋糕”的基础上，积极探索分好“蛋糕”，推进“扩中提低”、公共服务均衡可及、公共设施普惠共享，率先实现了高水平全面小康，如今又被赋予高质量发展建设共同富裕示范区的历史使命。

浙江能取得亮眼成绩，既得益于浙江人民敢为人先、勇于创新、开放包容的精神，也离不开营商环境的强大虹吸力。从省市县乡全面开展机关效能建设到实施全国首部“扩权强县”省级政府规章，从“四张清单一张网”改革、“最多跑一次”改革到将数字化改革作为全面深化改革的总抓手，再到如今大力实施的营商环境优化提升“一号改革工程”，浙江在历史发展的不同阶段，始终坚持需求导向、问题导向，把有为政府、有效市场建设作为体制机制改革的重中之重，千方百计激活广大市场主体的活力。据全国工商联发布的“万家民营企业评营商环境”报告，浙江营商环境满意度连续3年居全国第一。

当然，优化营商环境始终是进行时，永远在路上。浙江如何进一步优化营商环境、打造国内国际具有影响力的营商环境高地，为全国提供更多可复制可推广的经验样本？笔者认为可抓住以下几个重点：

第一，实现不同市场主体的公平准入。2022年4月，中共中央、国务院发布《关于加快建设全国统一大市场的意见》，提出要实行统一的市场准入制度、维护统一的公平竞争制度。浙江是民营经济大省，且新产业、新业态、新模式蓬勃发展，要进一步促进民营经济健康发展高质量发展，真正把民营企业和民营企业家当成自己人，保证市场公平准入极为重要。

浙江要打造稳定公平透明可预期的发展环境，持续破除市场准入“壁垒”，确保所有市场经营主体权利平等、机会平等、规则平等、待遇平等。一方面，在企业准入上，维护好市场准入负面清单制度的统一性、严肃性、权威性，逐步减少负面清单的种类和数量。探索推进外商投资准入前国民待遇加负面清单管理制度，持续提升利用外资水平，促进内外资企业公平竞争。另一方面，树立全生命周期服务理念，针对企业在设立、取得、扩大等阶段的需求，如获得经营场所、公共服务、信息服务等，帮助企业尽可能地降本增效。

需要特别指出的是，除了保证企业能够公平进入市场以外，建议浙江进一步创新拓展各类市场主体可参与的领域。比如，鼓励和引导民营企业深度参与产业链供应链核心环节，提升供给能力，在浙江范围内培育一批有市场竞争力的中小企业特色产业集群。在具体落实过程中，要帮助专精特新“小巨人”企业迅速开展预审、实现快速确权和维权，帮助它们迅速成长。促进企业质量管理体系认证升级，增强企业的技术创新能力。积极对标国际标准，开展计量服务，加强企业先进测量能力建设。扩大基础设施领域不动产投资信托基金（REITs）的发行规模，推动符合条件的民间投资项目发行REITs，充分发挥浙江民间投资的雄厚实力。

第二，进一步优化要素支持。浙江应进一步破除妨碍各种生产要素市场化配置和商品服务流通的体制机制障碍，降低企业制度性交易成本。一是进一步做大做强数字经济。在数字时代，数据已经成为继土地、劳动力、资本、技术之后的第五大生产要素，而数字经济发达也是浙江的显著优势。浙江要以数字经济创新提质“一号发展工程”等重大战略举措为抓手，大力发展数字经济核心产业，推进国内外数字贸易，做好数据服务。二是全方位优化招才引才育才环境，做到聚天下英才而用之。三是加快完善金融服务，特别是保证民营企业以相同的条件获得与国有企业一样的信贷支持，并享受金融机构的其他优质服务。四是对标高标准国际经贸规则，以制度性开放更好利用国内国际两个市场、两种资源。比如，对标世界银行刚发布的营商环境评价指标，在落实合同的执行力度、办理破产的速度及规范程度等方面作进一步的探索。

第三，进一步加强法治保障。法治是最好的营商环境，在这方面，浙江已有较好的基础，制定出台了《浙江省产品质量监督条例》《浙江省民营企业发展促进条例》《浙江省促进中小微企业发展条例》等一系列地方性法规。建议浙江进一步把营商环境优化纳入法治化轨道，作为一种“硬指标”“硬条件”“硬要求”，提振企业信心、稳定企业预期。出台更多固化改革成果的特色性立法、聚焦新兴领域的前瞻性立法，加快推进《浙江省优化营商环境条例》落地落实，清除、废除有违平等保护各类所有制经济原则的规章规制，加强对民营经济发展的支持以及保护，做到有法可依、有法必依、执法必严、违法必究。切实推进对各类行政机构，如市场监管局、生态环境局、应急管理局等行政法规和部门规章中罚款事项的专项清理，有效有序优化非税收入占总收入的比重。

第四，构建亲清政商关系，优化涉企服务。所谓“亲”，就是坦荡真诚地与民营企业接触交往，特别是在民营企业遇到困难和问题的情况下积极作为、靠前服务，对非公有制经济人士多关注、多谈心、多引导，帮助解决实际困难。所谓“清”，就是同民营企业和民营企业家的关系要清白。在涉企服务上，做到有呼必应、无事不扰，更好服务企业发展，推进政务服务规范化、便捷化和增值化。特别是在增值化方面，要通过举一反三、以点带面，实现从优化政策到优化服务、赋能服务的迭代升级，保证企业轻装上阵、安心创业、放手发展。打造全链条、全天候、全过程的政务服务新生态，为企业提供更广范围、更深层次的政策、人才、金融、科创、法律、税收等集成服务。同时，出台更多激励政策和扶持机制，引导企业在创造就业、拓展消费市场中大显身手，实现经济效益和社会效益的双赢。

第五，聚力营造一个暖心爽心的人文环境。要激扬勇敢立潮头、永远立潮头的精气神，大力弘扬企业家精神，传承好“四千”精神，鼓励浙江企业再展敢为人先、勇争一流、坚韧不拔之品格，闯出气势、闯出空间、闯出机遇。在全社会倡导勤劳致富、创新致富，营造尊商、爱商、亲商、安商的氛围。

浙江已经在营商环境建设上取得了长足的进展，走在了全国的前列。相信其通过进一步发挥优势特长、补足短板弱项，一定能够构建起全球一流的营商环境，助力谱写中国式现代化浙江新篇章。

来源：《浙江日报》潮新闻客户端　2023年10月30日

那个读完《中国科学报》令钱学森“久久不能平静”的问题还在吗？

今天（2023年10月31日）是“两弹一星”元勋钱学森逝世14周年纪念日。钱学森先生离开我们14年了，但他留下的“钱学森之问”依然在科学家、教育家的反思与讨论中常被提及。

近期，网上流传着一封钱学森的亲笔信。落款为“钱学森”的写信人在信中提到，1995年元旦刚过，他读完《中国科学报》的一组系列文章，“心情久久不能平静”，对中国科学界创新能力不足的问题深感担忧。

有学者将这封信视为探究“钱学森之问”本质的源头。这封信究竟是否属实？其来龙去脉如何？对当下有何启示？《中国科学报》对此进行了求证和采访。

确有其事

“这的确是钱学森的亲笔信。”上海交通大学钱学森图书馆副研究馆员吕成冬在考证原始材料、比对相关文献后认为，1995年1月2日，钱学森的确给王寿云等6位学者写过这样一封信。

钱学森在信中写道：

元旦刚过，我就给诸位写这封信，这是因为我读了《中国科学报》去年12月26日4版上几篇纪念毛泽东主席诞辰101周年的“毛泽东与科学”研讨会的文章，心情久久不能平静。毛主席要我们创新，我们做到了吗？

……

但是今天呢？我国科学技术人员有重要创新吗？诸位比我知道得更多。我认为我们太迷信洋人了，胆子太小了！

我们这个小集体，如果不创新，我们将成为无能之辈！我们要敢干！

吕成冬介绍，钱学森晚年每天的“必修课”之一就是通过阅读主流报纸获取最新知识和前沿信息，其中自然就包括《中国科学报》。1994年12月26日，《中国科学报》在头版头条报道了中国管理科学研究院等单位主办的第二届“毛泽东与科学”研讨会，并在第4版刊载了会上的部分发言稿。

读完这组文章后，钱学森“久久不能平静”。1995年1月2日，他给6位学者写了一封信，并附上剪报复印件。这6位学者分别是王寿云、于景元、戴汝为、汪成为、钱学敏、涂元季，是钱学森晚年时期在研究系统科学过程中组织起来的学术团队的成员，他们来自数学、力学、哲学、物理等不同专业领域，在钱学森的组织和指导下开展了一系列跨学科领域的学术研究。

按照《晴耕科研，雨读金庸：从武侠世界看学术人生》一书作者徐鑫的指引，记者在《钱学森现代军事科学思想》一书中找到了这封信的图片插页（第176~177页）。该书作者为原军事科学院副院长糜振玉。

“可以看出，《中国科学报》那组系列文章刊发后，钱学森先生看得很认真，他还特意在报纸上的一些地方用红笔做了标注。”吕成冬说。

一脉相承

“这组文章有一个特定的历史背景。”中国科学报社原常务副总编李士告诉记者。

1993年，毛泽东同志诞辰100周年时，中国管理科学研究院时任院长田夫、毛泽东的女婿孔令华，以及李士都感觉“社会上对毛主席科学思想的梳理，特别是关于自然科学方面论述的梳理，有点单薄”。于是，三人有了一个共同的想法——希望通过组织研讨会的方式，学习和弘扬毛泽东的科学思想。

这一年，中国管理科学研究院与中国科学报社联合组织了一场小型研讨会。会后，意犹未尽的参会者又形成了一个共识——在毛主席诞辰101周年前夕举办第二届“毛泽东与科学”研讨会。

经过为期一年的筹备，第二届“毛泽东与科学”研讨会如期在人民大会堂湖南厅召开，会场座无虚席，来自科技、教育、管理和新闻界的上百位院士专家围坐在一起，共同讨论毛泽东的科学思想对当下的启示。

李士回忆，当时，毛泽东的秘书林克介绍了毛泽东的一些科学思想和对科技事业发展的论述。其中，“创新”与“创新人才培养”成为大家讨论较多的话题。

《中国科学报》于1994年12月26日在头版头条刊发了有关此次会议的消息，并在第4版刊发了孔令华、林克、田夫、李士的发言稿。没过多久，李士便收到了一封钱学森寄来的信。

李士回忆，钱学森在信中大致提到了两点：一是《中国科学报》关于学习和弘扬毛主席科学思想的报道，以及关于创新精神培育和创新人才培养的报道非常好；二是希望《中国科学报》加强对科技创新问题和创新人才后续问题的报道。

北京大学政府管理学院教授路风此前在一篇探究“钱学森之问”源头的文章中，援引了钱学森写给6位学者的这封信。他分析认为，这封信写于中国依靠“引进来”实现技术进步或“以市场换技术”的高潮期，钱学森认为中国能够创新而且必须创新，不能对外国科学技术亦步亦趋。

“为什么中国的一些大学不能按照培养创新型人才的模式去办学？其实，钱学森在这封亲笔信中已经给出答案：‘我认为我们太迷信洋人了，胆子太小了！’换句话说，原因在于中国的一些大学变成了跟随型大学，不敢原创、不愿坐冷板凳，甚至不敢进取，只是跟随外国大学的研究和理论立课题。”路风表示。

徐鑫则在其著作中，直截了当地把钱学森写给6位学者的信列为“钱学森之问”的源头。他认为，1995年钱学森写的这封信与10年后他在病榻上提出的“杰出人才培养之问”一脉相承，体现了钱学森对这一问题持久而深入的思考。

如何破解

“把科技的命脉掌握在自己手中，国家才能真正强大起来。培养创新人才，中国的大学必须蹚出自己的路来！”中国科学院院士、武汉大学校长张平文说。他在接受《中国科学报》采访时表示，钱学森写给6位学者的信以及后来的“钱学森之问”，对于今天的高等教育改革依然具有很强的现实意义。

张平文表示，科技自立自强最重要的就是要有领军人才、拔尖创新人才，要注重基础学科人才培养。他认为，培养基础学科拔尖创新人才，目前最困难、最急迫的任务就是营造更加优越的学术环境——基础研究具有耗时长、风险高的特点，基础学科要靠“养”，需要长期培育、坚持方可见成效。

张平文呼吁，我国应在政策上对基础学科人才更加包容和信任，建立长周期考核、多元化考核的机制，营造更为宽松的环境，允许研究人员有更长时间、更大空间去探索。

辽宁大学校长余淼杰在接受采访时表示，从历史的眼光看，当年令钱学森“久久不能平静”的创新能力不足、盲目迷信外国的问题，已经有了非常清晰的破解方向，那就是习近平总书记强调的“加快建设科技强国，实现高水平科技自立自强”。

余淼杰分析指出，党的十八大以来，我国科技创新实力实现大幅跃升，但在基础研究、应用研究、成果转化等方面仍有一系列待解决的“卡脖子”问题。

他认为，要解决这些问题，中国的大学和科研机构需要持续深化改革，做好“加减乘除”。做“加法”就是开展有组织的科研，倾斜资源、加大投入、集中力量突破重大关键技术壁垒；做“减法”就是进一步减轻科研人员负担，把他们从繁重的事务性工作中解脱出来；做“乘法”就是大力弘扬钱学森等老一辈科学家的创新精神，引导广大科研工作者攻坚克难、勇攀高峰、敢为人先、科技报国；做“除法”就是继续改革科研考核评价体系，大刀阔斧“破五唯”。通过“加减乘除”，激发科研人员的能动性和创造力，营造自立自强自信的科研氛围。

“虽然‘钱学森之问’已经提出很多年，钱学森给6位学者写亲笔信的时代背景也与今天大不相同，但他提出的创新能力问题、人才培养问题，在当下仍然具有很强的现实意义，它集中反映出我国教育中的某些弊端，应该引起深刻反思。”中国教育学会副会长周洪宇说。

从人才成长的链条和环节来看，周洪宇认为，好奇心和想象力是在家庭教育、学校教育中特别容易被忽视的。他认为，破解“钱学森之问”，在基础教育阶段，重点是要用心培养和呵护孩子的好奇心与想象力，因为它们才是未来创造力的源泉。

中共中央党校（国家行政学院）研究员胡敏表示，第二次科技革命以来，世界上大多数尖端科学技术被以美国为代表的西方发达国家掌握。中国科学家一度处于学习和“跟跑”阶段，在一些领域重引进、轻消化，“引进—落后—再引进”的恶性循环不时出现，但近些年情况发生了很大变化。

胡敏分析认为，党的十八大以来，习近平总书记对科技自立自强提出了一系列经典论断。从“不能总是用别人的昨天来装扮自己的明天。不能总是指望依赖他人的科技成果来提高自己的科技水平，更不能做其他国家的技术附庸，永远跟在别人的后面亦步亦趋”，到“关键核心技术是要不来、买不来、讨不来的”，习近平总书记关于科技创新的系列重要论述体现了中国共产党人的理智和清醒，这种理智和清醒应该成为中国科学界、教育界的基本共识。

随着中国科学家在越来越多领域实现从“跟跑”到“并跑”再到“领跑”，中国的科学家、教育家必将更加自信从容。

“当然，自立自强自信并非故步自封，关起门来搞创新。”胡敏认为，“高水平开放合作是实现高水平科技自立自强的重要途径，而高水平科技自立自强是高水平开放合作的前提和基础，两者相互依存、相互促进，是一个辩证统一的关系。把这个关系处理好，那个令钱学森先生‘久久不能平静’的问题就有望得到解决”。

来源：《中国科学报》　2023年10月31日

第三篇

开放与合作

非常有必要强化我国与中东、非洲等地区的经贸往来

4月16日，第二届珠江国际贸易论坛“中国–非洲西亚经贸合作新机遇”论坛在第133届广交会期间举行。论坛聚焦中国–非洲西亚区域经贸合作，全方位、多层次、高质量讨论地区经贸合作发展前景，加快探索与相关国家在能源、科技、产业等领域的互利合作，以实际行动实现多方共赢。

当天，辽宁大学校长余淼杰在“中国–非洲西亚经贸合作新机遇”论坛上发表主旨演讲，并在会后接受媒体记者采访。余淼杰对中国外贸形势表示乐观，他表示，“发展经济最重要的是人来人往，今年广交会开幕两天的客流量累计超过66万人次，说明其他国家和地区对中国经济复苏十分重视，企业应该增强信心”。

随着“一带一路”倡议的走稳走深走实，中国与非洲西亚间的经贸合作也变得更加具有吸引力。为何大力推进中国与非洲西亚间的经贸合作？中国与非洲西亚间的经贸合作应该如何推进？

在余淼杰看来，大力推进与亚非拉地区间的经贸合作，不仅符合该地区人民的需求，也符合中国经济发展的需求。“‘一带一路’倡议就是要大力推进中国与亚非拉国家之间的经贸合作。”

关于如何推进两地贸易，余淼杰提出了六点建议：

一是大力推进产品出口。日益复杂的国际环境使我国的市场

规模、合作深度受到挑战。因此，我们应当充分挖掘新兴市场，尤其是新兴工业国家与地区的市场，比如中东、非洲、阿拉伯地区的国家。同时，向这些国家与地区出口符合当地文化特点和生活习惯的产品，特别要做到产品的多元化、定制化、差异化。

二是大力促进进口。我国强大的工业能力以及丰厚的资源与亚非拉地区存在巨大的互补空间。我国在推进“双碳”工作中要先立后破，最终降低化石能源进口的比重。

三是推进教育、旅游等方面的服务贸易。支持亚非拉地区的人民来到中国接受高等教育和其他方面的相关培训。同时，两地都拥有丰富、优质的旅游资源，推进双方的旅游服务贸易也是推进服务贸易的方向之一。

四是大力鼓励企业“走出去”。中国是全球第一大投资国，2022年对外投资达135亿美元。在亚非拉地区投资，符合双边的共同利益。一方面，中国企业“走进去”可以为当地创造大量就业机会，提高当地技术；另一方面，中国的劳动密集型产业也可以降低物流成本，利用非洲自由法案使我国制造业产品顺利进入欧美市场。

五是推进中国与非洲、西亚地区的国家签订自贸协议，降低制造业产品关税，开展能源、数字经济等多方面的产业合作，促进两地经贸的进一步发展，争取早日建成高标准自贸协议。

六是推进人民币地区化和国际化。随着经贸数额、金额的不断扩大，我国在国际交往中应该更多地采用人民币，不仅要将人民币作为记账的符号，也要将其作为支付手段。同时，鼓励贸易伙伴多采用人民币作为储值货币，从而保持双方国际金融、地区金融的稳定，促进双方开展更进一步的经贸往来合作。

来源：《21世纪经济报道》　2023年4月17日　记者：魏　彤

广交会的变与不变

2023年4月15日，第133届广交会在广州琶洲展馆举行。作为有史以来规模最大的一届广交会，中国参展企业推出了多种科技产品、智能制造产品，全力以赴抢抓外贸订单。

不以山海为远，不以风雨为惧。阔别三年，万商云集的景象再度在千年商都广州上演。

创办六十余载，作为中国外贸的晴雨表和风向标，广交会迎来了历史上规模最大的一届。展览总面积达150万平方米，线下参展企业约3.5万家，新参展企业超9000家，第一期进场人数累计超过126万人次……这座联通中国与世界的贸易桥梁，有哪些变与不变？记者进行了采访。

“发展经济最重要的是人来人往。规模盛大的广交会呈现供需两旺的态势，一方面展示了中国经济复苏的强劲势头，另一方面也印证了世界各国对于中国经济发展的坚定信心，这是始终不变的。”第十四届全国人大代表、辽宁省第十四届人大常委会委员、辽宁大学校长余淼杰对中国外贸形势表示乐观，预计全年进出口总额将达到48万亿元，贸易顺差6万亿元。

“对外开放是我们经济社会发展的重要法宝，也是不变的基本国策。”余淼杰认为，广交会的历史既一部对外开放史，也是各国企业共享中国发展机遇、实现互利共赢的历史。无数中国商品通过广交会走出去，让世界认识中国这座“世界工厂”，世界各国也通过广交会走进来，了解中国这个“世界市场”。

正是因为坚持对外开放基本国策，打开国门搞建设，我们才实现了从封闭半封闭到全方位开放的伟大历史转折，成为世界第二大经济体、制造业第一大国。习近平主席多次强调，“中国开放的大门不会关闭，只会越开越大”。这是开放的宣示，也是热情的邀请，中国经济值得期待！

“每一届广交会交易的规模、内容、结构可能会变，但始终不变的是中国对外开放的理念。我们的目标是追求一个百花齐放春满园的美好愿景，通过高水平的开放，促进我国与世界各国的合作共赢，构建人类命运共同体。”余淼杰说。

来源：《中国纪检监察报》　2023年4月20日

构建新发展格局与共建“一带一路”新方向

在2023海丝博览会主题论坛期间，辽宁大学校长、商务部经贸政策咨询委员会委员余淼杰在由中山大学区域开放与合作研究院承办的平行论坛“开放合作30人论坛”上，以“构建新发展格局与共建‘一带一路’新方向”为题发表主旨演讲。

他提出，在加快构建新发展格局下，要想更大规模、更宽领域、更深层次推进中国高水平对外开放，就必须构建海陆大通道，陆上丝绸之路向东发展，海上丝绸之路向北发展。同时，构建中蒙俄自贸区以及中日韩自贸区，通过实施辽宁自由贸易试验区提升战略，不断推进海陆大通道落地。

围绕上述内容，余淼杰具体提出了以下三方面建议。

第一，新发展格局下共建“一带一路”新方向。为加快构建新发展格局，陆上丝绸之路发展的重心应该向东。换言之，现在要加强和中亚国家的经贸合作。当前中亚国家乃至东欧国家间的经贸合作主要集中在贸易方面，而非投资，因为投资面临太多地缘政治问题。因此，陆上丝绸之路的重点是进一步扩大中国和俄罗斯之间的经贸合作。而海上丝绸之路在RCEP实施后应该向北发展，即继续推进中、日、韩三国之间的经贸合作。因为从国家层面看，日本和韩国已经成为我国主要的经贸合作伙伴。

第二，积极构建东北海陆大通道。东北海陆大通道要按照“一核两翼”的思路进行规划：“一核”即以沈大为中心，通过沈大城市群发展带动辽中南城市群发展，推进工业化和城镇化。“两翼”一是指构建中蒙俄自贸区，其经贸合作重点在于中俄间的合作；二是指构建中日韩自贸区，推进中、日、韩三国的经贸合作。东北海陆大通道上升为国家战略，将助力东北地区全面振兴，尤其是中日韩自贸区能够带动辽宁地区经济发展。

第三，实施自贸试验区提升战略。东北的自贸试验区要对标RCEP和CPTPP等高标准国际经贸规则体系，加快制度型开放探索，在知识产权、数字经济、环境保护等方面“先行先试”，加快形成一批可复制、可推广的政策经验，全面提升东北营商环境水平，由此带动东北海陆大通道战略落地。

来源：《21世纪经济报道》　2023年6月8日

跨国公司CEO访华“地图”

商务部与工信部接待外宾较多。商务部部长王文涛仅2023年3月这一个月就会见了不少于12位跨国公司CEO，如苹果公司CEO库克、高通公司总裁兼CEO安蒙、荷兰阿斯麦公司全球总裁温宁克等。

自2023年1月我国出入境疫情防控措施优化之后，已有上百位跨国公司高管访问中国。这一方面说明中国的国际商务往来正常化，另一方面说明国际领先企业依然重视中国大市场的商机，希望在合作中谋求利益最大化。

2023年6月5日，国家金融监督管理总局党委书记、局长李云泽会见了美国花旗集团首席执行官范洁恩（Jane Fraser）女士一行。此后，范洁恩分别与时任中国人民银行副行长、国家外汇管理局局长潘功胜，中国农业银行董事长谷澍和中国人民对外友好协会会长林松添会面。

范洁恩是首位执掌华尔街主要银行的女性领导。她表示，对中国经济和金融发展抱有充分信心。美国花旗集团作为在华具有120年历史的国际金融机构，将持续扩大在华业务。

2023年开春以来，不少跨国公司高管“迫切”登上飞往中国的班机。

据南方周末记者统计，自从2023年1月初中国出入境疫情防控措施优化之后，已有上百位跨国公司高管访问中国。

近期颇受关注的是特斯拉创始人、CEO马斯克的中国之旅。从飞机落地到起飞离开的48小时，这位“明星”企业家的一举一动备受瞩目。除了参观特斯拉工厂外，他还与多位中国政府官员进行了会面。

在美国商界人士频频访华之际，有媒体传出英伟达创始人、CEO黄仁勋也将于2023年6月初访华的消息。

黄仁勋是否有到访中国大陆的计划？英伟达中国市场部工作人员向南方周末记者表示，暂时无法透露高管行程计划，目前Jenson（黄仁勋）已返回美国。

2023年6月1日，彭博社报道，法国奢侈品巨头路易酩轩集团（LVMH）董事长兼CEO贝尔纳·阿尔诺计划6月访华。

库克、基辛格与马斯克

在来访中国的跨国企业中，最早一批是2022年11月搭乘德国总理朔尔茨包机的德国企业。进入2023年4月，先后有跟随法国总统马克龙前来的法国企业代表团和跟随巴西总统卢拉而来的巴西企业代表团访华。5月，俄罗斯总理米舒斯京也携商界代表访华。

与上述政府带队的企业代表团不同，美国跨国公司主要是以参加商务会议或举办商业活动为理由单独到访中国。

2023年3月末，两年一次的中国发展高层论坛和博鳌亚洲论坛恢复线下活动，吸引了近百位国家政要、跨国公司高管赴华。中国发展高层论坛既是中方向西方企业介绍中国政策和走向的窗口，也是西方企业对华投资的交流会。

对外经济贸易大学国际经济研究院院长桑百川认为，西方企业对华投资都会高度关注中国经济政策走向，往往和民众生活、消费结构升级密切相关的领域会蕴含巨大商机。同时，中国产业政策也在发生变化，高技术制造业、高技术服务业等鼓励投资的重点产业会是外商投资的热点。当前，外商投资已从低端产业迈向中高端产业。

苹果公司CEO库克已有四年未到中国。在中国发展高层论坛举办的前一天，库克现身北京三里屯的苹果零售店内。2020年，库克曾在自己的微博中介绍，开业于2008年的北京三里屯苹果店是苹果公司在中国的第一家零售店，有着特殊的地位。

库克的访华行程共有五天。在公开的行程中可以看到，除了紧凑的会议安排外，他还特地与中国的软件开发者见面。他先后参观了上海游戏公司米哈游，会见了Nomo Cam应用程序创始人和中国2D解谜游戏《雨纪》创始人。

此外，库克还与苹果消费者“亲密接触”；在京剧演员王珮瑜工作室与小演员互动，并在微博展示学生使用iPad把传统京剧艺术表演与高科技相结合；与中国残疾运动员王家超交流Apple Watch辅助触控功能帮助健身。

2023年4月12日，英特尔CEO基辛格出席2023年英特尔可持续发展高峰论坛，这是他首次以新身份访问中国，上一次访华还是作为英特尔CTO出席2008年上海英特尔信息技术峰会。在论坛上，基辛格表示，“中国是全球最大市场之一”。

2023年5月31日，摩根大通CEO戴蒙也在时隔四年后再次来到中国，参加第十九届摩根大通全球中国峰会。这是自2019年以来首次恢复线下的摩根大通全球中国峰会。

该峰会自2005年起每年召开，此前多次在北京举办，

2023年首次选择在上海举行。此次峰会吸引到全球不同国家超过26000名参会者，有大量美国企业人士现身会场，如辉瑞、星巴克、FM Global等公司的主要负责人。也有部分跨国公司CEO没有会议议程，“独自”前来。

2023年开春以来，泰佩思琦集团历史上首位女CEO访华，她会见了员工、客户并与合作伙伴参观了旗下门店。3月，荷兰照明企业昕诺飞CEO洪岸礼开启疫情后首次访华之旅。他走访了客户、员工和合作伙伴，并深入工厂与市场。

化妆品两大国际巨头雅诗兰黛集团和欧莱雅集团的CEO则分别在3月末到访中国，并宣布加码投资中国市场。

全国人大代表、辽宁大学校长余淼杰告诉南方周末记者，2023年全国两会，中国定下经济增速5%这一指标，但国际货币基金组织以及西方诸多高端智库判断中国经济发展势头持续向好、稳中有进，尤其是在全球经济普遍低迷的背景下，跨国公司对中国2023年经济发展抱有较高信心。

商务部与工信部接待外宾较多

大多数跨国公司高管到达中国的行程都是与政府官员、合作伙伴和客户会面。

2023年2月23日，商务部新闻发言人束珏婷在新闻发布会上介绍，目前已有数十家跨国公司总部与商务部对接近期来华商务考察的相关安排。

余淼杰介绍，跨国公司通过与中国政府官员接触，可以直观了解中国对待外商来华的新政策和中国对外开放的态度，增强跨国公司投资中国的信心。

3月后，商务部部长王文涛每月都在接待来自不同国家的跨国企业高管，其中工商界人士不少于20人，仅3月就会见了不少于12位跨国公司CEO，如苹果公司CEO库克、高通公司总裁兼CEO安蒙、荷兰光刻机巨头阿斯麦公司全球总裁温宁克等。

2023年上半年，国家发改委、工信部、国家市场监督管理总局、国务院国资委等都有披露部领导会见外企高管的消息。其中，商务部与工信部接待外宾任务较多，部分企业还与地方主政官员会面。

苹果公司CEO库克在华期间，国家发展和改革委员会主任郑栅洁、商务部部长王文涛、上海市委书记陈吉宁等领导先后与其会面。

英特尔公司CEO基辛格在华期间也与多名中国政府官员会面，包括商务部部长王文涛、工信部部长金壮龙等。他们的交流议题包括先进制造业发展、中美经贸关系、维护全球半导体产业链及英特尔在华发展等方面。

特斯拉公司CEO马斯克到达中国第二天，分别与工信部部长金壮龙、商务部部长王文涛、中国国际贸易促进会会长任鸿斌进行了会面，返程前还在上海与上海市委书记陈吉宁会面。此外，马斯克还与宁德时代创始人曾毓群在北京一家顶级会所见了面。他们的交流内容未公开，但有业内人士猜测或涉及上海储能超级工厂的储能电芯供应、未来在北美合作建电池厂以及动力电池供应等事宜。

也有一部分跨国公司CEO只安排了与中国地方政府官员的会面。

例如，三星电子会长李在镕3月的访华之旅就很“低调”，出席中国发展高层论坛时只是对等候多时的韩国媒体介绍了一句北京的天气，没有回答任何问题。论坛前一天，李在镕走访参观三星在天津投产的生产线。天津市委书记陈敏尔会见了他。

摩根大通CEO戴蒙在抵达上海的当天下午就与上海市委书记陈吉宁会面，主要议题在于推动更多国际金融机构到上海投资展业，在科创金融和绿色金融方面加大服务力度。

由于大多数跨国公司将上海和北京设为访华站点，因此这两个地方也成为跨国公司CEO到访最多之处。

桑百川介绍，对于跨国公司而言，与投资国政府官员接洽，一定程度上是为了展示态度，表示出加强投资贸易及合作的意愿，以期获得有力支持和更多的发展机会。

不能放弃的中国市场

库克在中国发展高层论坛中提出，苹果公司与中国的关系是双方都乐见其成的共生关系。

苹果公司2022财年第四财季及全年财报显示，大中华区一直是苹果公司业务最重要的地区之一，年营收为742亿美元，占比18.82%，仅次于美洲、欧洲。

麦肯锡全球研究院于2023年4月11日发布报告《跨国公司的中国要务：新机遇、新风险、新布局》。报告指出，中国依然为跨国公司提供重要机遇。中国有着庞大的市场规模，占据全球GDP的18%，而且持续城镇化和中产阶层壮大、消费群体进一步扩容会增加其势能。

麦肯锡全球研究院院长华强森表示："一些跨国公司已经开始重新评估他们与中国市场的关系。在把握好市场机遇的同时，要管理好各方面的风险，跨国公司需要重新规划在华战略。"

多家跨国公司的CEO在访华期间明确亮出“反对脱钩”的态度。“切断对华联系不切实际，将让德国大部分产业面临风险。”德国汽车巨头梅赛德斯-奔驰集团董事会主席、首席执行官康林松向德国媒体表示。

前述麦肯锡报告指出，在汽车、奢侈品和工业设备等行业，中国市场已经占到全球总收入的25%~40%。

余淼杰分析，对于跨国公司而言，中国在汽车制造、消费、医疗、科技等多个领域既是较大的消费市场又是制造市场，尤其在科技产业上，中国具有广泛的应用实践场景与能力，这也是中国相较于其他国家更具有经济韧性的体现。

“希望中美能真正接触。”摩根大通CEO戴蒙在接受彭博社采访时表态，无论中美政治形势好坏，摩根大通都会在中国开展业务。

商务部研究院学位委员会委员白明在接受南方周末记者采访时表示，对于能够从中国获取大量市场机会的产业，美方从未提过“脱钩”，但对于涉及美国核心利益的产业，中国依然会面临着严苛的限制。对于能够形成关键竞争的领域，中国短期内必将面临压力，但长期来看会是更大的动力。“一旦中国能解决对方技术封锁，对方的代价相当于将中国市场拱手相让。”白明说。

在半导体领域，不少跨国公司CEO也来到中国，如英特尔、高通、AMD、阿斯麦等企业。

在基辛格访华期间，英特尔对外宣布公司将在2023年晚些时候推出适用于不同市场的GPU Max 1450，这款芯片会降低I/O带宽水平，这类似于2022年英伟达推出的GPU A800，但符合美国出口管制规定。

“对华芯片战将对美国科技造成‘巨大损害’。”英伟达创始人、CEO黄仁勋在2023年5月24日接受《金融时报》采访时表示，公司因此“束手束脚”。同时，中国企业开始制造自己的芯片，与英伟达的游戏、图形和人工智能处理器展开竞争。

根据英伟达2023财年财报（2022年2月至2023年1月），中国市场的营收仍占英伟达全球市场份额的47%。

白明分析，对于这些芯片企业而言，无法对华销售高端芯片不意味着他们放弃中国市场，挤占已有的中低端市场是他们仍选择来到中国的另一目的。

桑百川对南方周末记者表示，美国跨国公司主要还是从商业利益角度考虑与中国的经济合作。

从数据来看，外资投资热情未退。美国商务部数据显示，2022年中美货物贸易总额达到6906亿美元，创历史新高。

“‘政冷经热’的现象充分说明美国商界人士和政界鸽派人士已经意识到中国市场的重要性。”余淼杰表示，从符合自身利益的角度来看，加强中美经贸合作，有利于他们本国的经济发展。

来源：《南方周末》　2023年6月11日

比尔·盖茨访华有助于改善中美经贸关系

微软创始人比尔·盖茨于近日访华引起广泛关注。比尔·盖茨这次访华对中美两国的经贸关系和全球治理的共建合作都是一个积极的推进。

关注减贫、健康与粮食安全

比尔·盖茨主要关注三件事情：一是脱贫减贫；二是全球健康的不平等；三是全球的粮食安全。正如比尔·盖茨自己所讲："中国在减少贫困和改善全民健康方面取得了巨大的成就。我希望看到中国在帮助全球，尤其是非洲国家应对这些挑战方面发挥更大的作用。中国在这三方面积累了大量的创造性的经验，值得许多发展中国家借鉴和学习。"

比尔·盖茨这次是想把中国的经验介绍到非洲等贫困地区。这说明中国在脱贫攻坚上取得的伟大成就是有目共睹的。2015年中国农村贫困人口为5575万人，而现在已经降为0。中国在短短的几年时间内，取得了这个人类发展史上从未取得的成就，当然是值得很多国家学习和借鉴的。而中国的脱贫攻坚之所以能够取得这样的成就，最主要的原因就是有一个有为政府和有效市场，特别是有为政府。更加具体地讲，因为有一个强有力的政府，使得我们各项政策能够纵向到底、横向到边。因此，有一个强有力的政府、一个为人民服务的政党，是保证脱贫攻坚取得胜利的一个制度性的根本原因。当然，在具体的落地上，通过产业的发展来脱贫、通过精准扶持来助力脱贫攻坚，这些也都是可圈可点的经验，也值得发展中国家学习。

从健康的角度来讲，新中国成立70多年来，中国的健康事业取得了前所未有的历史性突破。新中国成立之初中国人口的平均寿命是35岁，而到2021年已经达到78.2岁，这个水平已经与美国相当。中国之所以能取得这样一个飞跃，一个非常重要的原因就是制度的优越性。此外，还有一个重要原因就是中国基本医疗保险的覆盖非常到位，特别是城乡医疗保险，对医疗卫生健康都有一个很好的覆盖，这也是非常值得发展中国家学习的。

粮食安全方面，中国在经济高速发展中，始终坚持“中国人的饭碗任何时候都要牢牢端在自己的手上”，确保18亿亩耕地红线，同时通过发展农业现代化等方式提高农业生产效率，包括农药的科学精准化。中国用只占全球7%的可耕地养活了14亿人，这是一个巨大的成就，也是值得其他国家学习的。

对中美贸易支持作用明显

比尔·盖茨的这次访华对于中美经贸的支持作用是非常明显的。

中美双方的关系处在一个关键的节点，比尔·盖茨的来访体现了其对中美关系的信心，特别是对经贸关系的信心。他的来访肯定有助于中美经贸关系的进一步改善。脱钩是不现实的，也不符合两国，特别是不符合美国工商界的根本利益。中国是全球最大的生产市场，同时是全球第二大消费市场，所以美国经济的发展离不开中国。

中美两国在产业结构上具有互补性，美国不仅需要中国劳动密集型产品，也需要中国资本密集型产品。这是因为中国不仅在纺织鞋帽等劳力民营产品上具有优势，在汽车机械制造等领域也与美国产品有着差异化特征。中国出口的产品对美国消费者来说是迫切的需求。因此，中美贸易的良性发展是符合两国工商界的核心利益的。

比尔·盖茨访华可以视为美国经贸界对中国制造业市场的肯定，有利于推动两国政府再次通过进一步的谈话，推动双方经贸关系的良性发展。

来源：中新经纬　2023年6月18日

中国经济下半年能够保持6%的经济增速

2003年年中已至，回望上半年中国进出口形势，稳外贸压力增大，中国外贸依旧面临国外需求减少、西方经济衰退的溢出效应等情况，面临相对严峻的挑战。

即将步入下半年，中国外贸的整体趋势如何？内陆大省河南如何面对外贸挑战和机遇？

顶端新闻记者专访全国人大代表、辽宁大学校长、国家级人才项目特聘教授、商务部经贸政策咨询委员会委员余淼杰，对话中国外贸的未来发展。

“中国经济下半年能够保持6%的经济增速”

《顶端新闻·河南商报》：对于后半年整体的经济形势，您的整体判断是怎样的？

余淼杰：从总体的形势来看，我认为中国经济下半年能够保持6%的经济增速，甚至是6.2%。全国两会期间，政府工作报告中对今年经济增速的预期目标是5%左右。之所以把这个目标定在5%，而不是更高，主要是考虑到我国刚从疫情中恢复过来，经济的基础还不是特别的稳健，所以制定一个相对稳健的目标，有利于保证经济“质”的有效提升以及“量”的合理增长，两方面都能达成。

事实上，中国经济经过这半年的发展，在稳中求进方面未来还要更上一层楼。在整个全球经济较为低迷的形势之下，我国经济依旧是稳中求进。近期，国际货币基金组织等重要的智库、国际机构都调高了对中国经济的预判，认为中国经济全年的经济增速，特别是下半年的经济增速，保持在6%是没有任何问题的。我也赞同这样的判断，目前来看，中国外贸将会成为拉动经济增长的一个强劲火车头。

“用集装箱空箱判断中国外贸是不准确的”

《顶端新闻·河南商报》： 今年前4个月，我国外贸进出口总额13.32万亿元，同比增长5.8%。从数据上看，我国产业链韧性和竞争力有目共睹。但目前来看，中国面临的外贸环境的压力比较大，政府工作报告将“更大力度吸引和利用外资”列为今年政府工作八项重点建议之一，将“进出口促稳提质，国际收支基本平衡”作为今年发展的主要目标之一，后半年中国为实现上述目标，还需突破哪些难点？

余淼杰： 今年前4个月我国外贸进出口数据是不是意味着今年下半年外贸形势压力比较大，或者说我们的外贸比较差呢？我并不这么判断，我认为今年总体外贸形势跟去年一样，是比较好的。

我们不能够因为看到之前集装箱数量减少，有空箱的情况，就断定这是中国外贸不好的一个表现，其实这是不准确的。

之所以之前出现空箱的情况，因为之前受到疫情的影响，我们很多集装箱都是单向的。比如，一个货物过去，集装箱没有回来，另外一个货物又过去的话，又得再订箱子。但现在是双向的，因此集装箱的数量就会翻倍。当然，贸易的增长不可能马上翻倍，因此就出现了集装箱有空箱的情况。但这并不代表外贸的减少，单从这一方面来判断是不科学的。

我依然认为，今年中国外贸总额达到48万亿元人民币，贸易顺差总体达到6万亿元人民币左右是没有问题的。

从进出口总额方面来讲，东盟将依然成为我国最主要的贸易伙伴，排序应该还是东盟、欧盟以及美国。如果从单个国家看的话，美国还是我们最主要的出口目的国。当然，我们也在逐步提高对发展中国家，特别是新兴工业国家的出口市场的总量以及份额。

"东盟将依然是我国最主要的贸易伙伴"

《顶端新闻 · 河南商报》：今后一段时间，哪些国家（地区）的市场、哪些产品将成为中国外贸的重要增长点？

余淼杰：如果将进出口合在一起看的话，东盟是我们最重要的贸易增长点，因为对东盟来讲，我们已经成为东盟最大的贸易出口国和进口国。

从进出口总额来看，随着RCEP进一步的落地和执行，东盟与中国的贸易紧密度将会进一步增强，一般贸易比重也会相应提升。加工贸易的话，体现为我们占有市场的份额、附加值在不断的加深。

举一个例子，比如iPhone。十年前我们认为我们的附加值很低，只有5%左右，现在来讲，我们在iPhone上的附加值已经能达到20%~25%，这是一个巨大的进步。

这也体现出，在百年未有之大变局中，在产业链、价值链发生深刻变化、深刻变革的大的背景下，中国经济、中国外贸逆势而上，结构、总量、质量都取得了很好的进展。

“面对全球供应链危机，要提升价值链的附加值”

《顶端新闻·河南商报》：疫情给全球许多产业带来前所未有的“供应链危机”，在全球贸易格局正在变化的背景下，“供应链重组”“供应链安全”等成为贸易热词。在这种环境下，中国应该如何面对“供应链危机”？

余淼杰：当我们讲到危机的时候，其实包括两个方面，“危”中有“机”。关键在这个变化中怎么样抓住机遇，提升我们价值链的附加值。

第一，要构建一个完整的产业链的体系。这个我们已经有了。

第二，要有效形成产业集聚。可以降低某个产业供应链的固定成本，实现规模经济递增，并实现技术正向外溢输出。

第三，要创造更多的工业实现场景。很多工业的制造品，从蓝图设计到落地，包括中间最关键的工序的实现，以及工业场景的设计和技术的改进方面，都要再进一步加强。

我们要深刻地认识供应链出现的“短链化”：原来有很多个国家共同参与，但现在参与的国家比较少。换言之，它释放出来的供应链的环节，以及供应链所包含的经济的蛋糕将由新接手的国家瓜分。因此，努力提升供应链的附加值是重中之重。

“河南要努力争取自由贸易空港”

《顶端新闻 · 河南商报》：近年来，河南的“空中丝绸之路”，以及以电（电动汽车）、光（光伏产品）、锂（锂电池）为代表的“新三样”也在不断发展。在当前的外贸局势下，拥有区位优势的河南还有哪些外贸发展机遇？

余淼杰：我认为，河南这些年经济的发展取得了很明显的进步。在推进新型产业化、新型工业化、新型城镇化乃至新型信息化的融合方面，取得了很多重要的突破，这是值得肯定、值得其他地方学习的。

河南的外贸发展机遇，我认为应该着力于两个方面。

一是继续打造“空中丝绸之路”，推进“陆上丝绸之路”以及中欧班列。

二是要努力争取自由贸易空港。需要注意的是，这里讲的是空港，不是河港，也不是海港。特别是对郑州这样的一个内陆城市来讲，争取成为自由贸易空港，就可以大力发展高端的服务业。这样的话，就可以进一步推动河南产业升级，以及推进河南产业附加值的提升。

来源：《顶端新闻 · 河南商报》　2023年6月26日

记者：金艾琳

深改委会议释放重磅信号
开放的中国给世界吃下“定心丸”

2023年7月11日，中央全面深化改革委员会第二次会议召开，会议审议通过了《关于建设更高水平开放型经济新体制促进构建新发展格局的意见》。

会议强调，建设更高水平开放型经济新体制是我们主动作为以开放促改革、促发展的战略举措，要围绕服务构建新发展格局，以制度型开放为重点，聚焦投资、贸易、金融、创新等对外交流合作的重点领域深化体制机制改革，完善配套政策措施，积极主动把我国对外开放提高到新水平。

坚定投资者信心　给国际社会吃下“定心丸”

中国现代国际关系研究院研究员、金砖暨G20中心主任徐飞彪表示，该意见是当前复杂国际局势下关乎我国高质量发展、推进中国式现代化的重要举措，影响深远。同时，这也是向世界发出的强有力的清晰信号：一是中国将进一步推进改革开放，打造高水平的开放型经济，这有利于国内国际投资者坚定信心；二是中国将一如既往地开放市场、共享市场，担当国际责任，维护自由开放的国际秩序。在当前世界经济日益碎片化、集团化的环境下，中国的承诺将给国际社会吃下“定心丸”。

徐飞彪表示，构建新发展格局，离不开国内大循环和国际大循环两个方面，这两者相互促进。构建更高水平开放型经济新体制，即在前期开放的基础上，加大制度型开放，促进商品、服务、资金、人才、科技、信息等双向流动。这有利于国内外优势互补，有利于国内国外资源的有效利用，有利于提升经济生产力，促进经济增长。同时，扩大开放还有利于促进市场竞争，有利于促进改革，促进国内大循环。

中国国际经济交流中心首席研究员张燕生指出，建设更高水平开放型经济新体制是以制度型开放为重点，然后聚焦各个领域来深化体制机制的改革，把对外开放提到一个更高的水平。在当前的新形势下，我国需要面对很多新情况、新要求、新问题、新挑战。适应当前的国际新形势，推动更高水平开放型经济新体制后续落地是关键。

推进制度型开放　全面优化营商环境

2023年7月11日召开的中央全面深化改革委员会第二次会议指出，当前，我国发展面临复杂严峻的国际形势。要完善开放型经济新体制的顶层设计，深化贸易投资领域体制机制改革，扩大市场准入，全面优化营商环境，完善服务保障体系，充分发挥我国综合优势，以国内大循环吸引全球资源要素，提升贸易投资合作质量和水平。

徐飞彪表示，开放包括内外两方面。一类关注对外，指降低或消除关税、配额及各种非关税壁垒，促进通关便利化等。另一类重点是指制度型开放，即那些影响市场准入和市场竞争的制度规定。“要推进高水平开放，这两方面都很重要。目前，经过数十年改革开放，我国在前者已经做得很好，加入WTO以来，我国平均进口关税水平约7%，远低于发展中国家10%左右的水平。现在的重点是制度型的开放，即聚焦‘关境内’改革，消除影响商品和经济要素流动以及自由竞争的‘堵点’‘壁垒’，打通内外经济循环。这需要我们推进更深更大力度的改革，切实改善营商环境。”

具体到对外交流合作的重点领域，徐飞彪认为，在投资方面，主要是进一步压缩“负面清单”，除特殊的行业外，让绝大多数行业逐步消除投资壁垒，进一步消除不合理的投资管制。贸易方面，除了促进商品和贸易的自由流动外，当前关键是促进经济要素的自由流动，包括资本、人才、科技、信息等。在金融方面，要在确保风险管控的基础上，逐步开放资本市场，促进金融行业监管及标准的国际化，允许更多外国金融机构入驻中国，促进竞争。在创新方面，重点是促进引才用才等规范化、标准化和透明化，减少非市场干预，创造良好环境，促进创新资源的跨境流动。

在张燕生看来，优化营商环境需要“三步走”：第一步是“放管服”，改善营商环境便利化的效率和水平，让企业最多跑一次，通过信息网络便利地处理公务。第二步是补短板，重点解决四个短板，一是融资难、融资贵，二是纳税等公共服务的便利化，三是跨境贸易的便利化和自由化，四是企业的准入难和退出难。第三步是实现和国际高标准规则接轨。

开放要“门外门里”同步进行　深化重点领域深化体制机制改革

中央全面深化改革委员会第二次会议还指出，要坚持底线思维、极限思维，抓紧健全国家安全保障体制机制，着力提升开放监管能力和水平。要把构建更高水平开放型经济新体制同高质量共建“一带一路”等紧密衔接起来，积极参与全球治理体系改革和建设。

商务部研究院学位委员会委员、研究员白明表示，国际形势渐趋复杂严峻，所以对安全的重视程度要比以往更高。开放不能建立在国家安全没有保障的基础上，所以既要开放，利用国外的一系列优质要素，也不能放弃自主研发；要平衡收益与风险，而且要加强对风险的识别能力、化解能力、应对能力。

“开放不是自拉自唱，初期的开放就是打开国门，打开国门就有机会。但是未来的开放，除了打开国门，还要‘门外门里’同步进行。门内优化营商环境，门外要拓展开放空间，参与全球经济治理。特别是在‘一带一路’倡议下，要通过政策与其他国家的开放对接，如此中国开放的空间才能扩大。”白明称。

全国人大代表、辽宁大学校长余淼杰认为，建设更高水平开放型经济新体制，核心在于体制机制的创新，从要素型开放向制度型开放转变。实现更大规模、更宽领域、更深层次的对外开放，需要从多方面发力。

就出口而言，余淼杰指出，要努力实现出口目的地多元化。在当前的国际形势下，要深挖新兴工业国家与发展中国家市场，逐步扩大发展中国家出口目的地的份额，从而降低未来欧美等传统出口市场份额下降的不确定性。就进口而言，需要扩大规模。扩大进口规模一方面可以提升老百姓的幸福感、获得感，另一方面可以提升企业绩效。如果进口中间品，随着中间品关税下降，更大规模、更高质量的进口中间品可以跟国内中间品形成良好互补；如果进口最终产品，短期会导致国内部分企业面临较大竞争压力，但长期来看，可以通过优胜劣汰促进整个行业生产率的提升。

中央全面深化改革委员会第二次会议提出，要聚焦投资、贸易、金融、创新等对外交流合作的重点领域深化体制机制改革。在余淼杰看来，在对外投资方面，要让中国企业不仅“走出去”，还要“走进去”。重点是加强企业的社会责任感，真正承担更多社会责任，融入当地，做到民心相通。在服务贸易方面，通过扩总量、调结构、树特色，不断扩大我国服务贸易规模。在运输、旅游、教育等领域“补短板”，缩小逆差，通过中医药等各类特色产业贸易来树立特色和优势。在金融领域，做好进出口银行对贸易的支持工作，在贸易融资方面进行倾斜式的帮扶。在科技创新方面，涉及高科技产品出口的，建议加强金融扶持的力度，对于企业创新给予贷款融资支持，并加强对基础型研发的投入。

来源：央广网　2023年7月14日　记者：杨柳青

下半年出口将有更好表现，要发挥好积极财政政策的作用

日前，国家统计局公布的数据显示，2023年上半年国内生产总值为593034亿元，按不变价格计算，同比增长5.5%，比一季度加快1.0个百分点。2023年以来，世界经济复苏乏力，主要经济体为抑制高通胀，收紧货币政策，加剧了全球需求的收缩，对我国进出口增长构成一定压力。国家统计局新闻发言人付凌晖表示，在稳外贸各项措施作用下，上半年我国进出口规模突破20万亿，货物进出口总额达到20.1万亿元，创历史同期新高。

如何看待上半年的经济指标表现？如何应对全球需求收缩下的外贸新形势？围绕上述问题，21世纪经济报道对第十四届全国人大代表、辽宁大学校长、商务部经贸政策咨询委员会委员余淼杰进行了专访。

全年有望实现5.6%~5.7%增长

《21世纪经济报道》：您如何看待上半年GDP同比增长5.5%？

余淼杰：这项指标的表现还是比较好的。今年全国两会期间，政府工作报告对今年的经济增速提出了一个比较稳健的目标——5%，主要原因是考虑到我国刚从疫情冲击中恢复，经济基

本面还不是特别稳健，要在行稳致远中促进“量”的合理增长和“质”的有效提升。而事实上，这个目标其实是低于经济增速潜力的。今年以来，联合国、世界银行、国际货币基金组织（IMF）、经济与合作发展组织（OECD）等国际组织都上调了中国经济增长预期，而且它们的预期值都比较高。在最新一期报告中，世界银行将中国2023年经济增速预期上调至5.6%。所以，上半年我国经济实现5.5%的增长，本身也说明了中国经济的韧性和潜力。

从经济结构来看，三大产业中第三产业的增长“一马当先”，增长6.4%，第一产业增长3.7%，第二产业增长4.3%。这项数据跟我们此前的总体判断是一致的，疫情之后城市的“烟火气”逐渐恢复，许多地方的夜经济也在蓬勃发展。所以上半年的经济运行态势中，最重要的特点之一是第三产业引领经济增长。

《21世纪经济报道》：对于全年实现5%增长目标，您对下半年经济有哪些预期和建议？

余淼杰：我个人认为下半年经济保证5.5%的增速可能性比较大。之所以作出这个判断，主要是因为如果没有其他“灰犀牛”“黑天鹅”事件的话，下半年的经济发展一般都会比上半年好，特别就今年而言有两个主要影响因素。第一个是出口的季节性因素。通常上半年进口拉动更多，比如我们的春节等节假日会带动进口洋货的需求；而下半年则有海外方面比较重要的节日，比如圣诞节、感恩节、万圣节等，对中国制造的消费品将形成巨大需求，因此中国下半年出口形势会比上半年好。

第二个因素，由于这些西方重要节日对中国消费品需求的相对增加，也会带动制造业的增长，这意味着下半年第二产业的发展会更好，因为第二产业包括建筑业和制造业。此外，由于我们一直在坚持推进农业现代化，所以下半年第一产业估计也是保持当前的增速。对于第三产业，我判断下半年形势也会比上半年好，因为上半年服务业的反弹性上升趋势已经很明显了。同时，经过几年疫情影响，大家都有迫切的出游愿望，下半年又适逢暑期和黄金周，这会迅速地拉动文旅和交通行业的增长。这是具体的季节性表现。但从另一个角度来说，拉动第三产业的发展需要有恒久性的收入增长的支持。去年居民收入增长不明显，但如果经过这段时间的调整之后，老百姓的口袋逐步“鼓”起来，那么服务业的发展就能真正成为有源之水了。

综上所述，我认为下半年第二产业、第三产业的表现都会更好。换言之就是上半年经济增速都可以实现5.5%，下半年实现5.5%也没有问题。我甚至认为，下半年会呈现5.7%~5.8%的增速，全年可以达到5.6%~5.7%的增速。这是我的判断。

下半年出口将有更好表现

《21世纪经济报道》：上半年，我国货物进出口总额201016亿元，同比增长2.1%。您如何看待当前我国的外贸形势特点？其中，6月份进出口总额为34883亿元，同比下降6.0%，出现这一情况的原因是什么？

余淼杰：我的总体判断是，下半年的货物进出口总额肯定比20万亿元要高，理由刚才已经讲到，特别是人民币贬值对出口的提升作用，所以我认为今年全年进出口总额应该是45万亿元左右。第二个判断，我依然认为今年的贸易顺差能够达到6万亿元左右。今年上半年贸易顺差已经达到2.8万亿元，下半年出口表现肯定比进口更好，因此全年实现6万亿元顺差没有问题。

在上半年货物进出口总额的20万亿元中，其实出口的表现好于进口。为什么说出口的表现好于进口呢？第一，现在许多发达经济体正面临制造业空心化的问题，导致这些国家出口能力不高。也就是说从总量供给来看，海外对中国的出口能力是不高的。第二，原材料价格上涨，导致成本更高，我们的进口相对会受到一定影响。

即便在这样一个背景之下，中国整体出口规模还在上升。6月份的进出口虽然同比并没有上升，但是我们要注意6月出口额是高于前六个月平均水平的，环比来看比前几个月都有增加，因此这是一个趋势。再加上贬值对出口的促进作用，下半年的出口形势一定会比上半年好。

同时我们也要看到，现在进口面临一个什么挑战呢？原材料价格上升对全球制造业都有负面影响。但是，中国拥有全产业链的优势，因此进口来源地相对比较多。也正因如此，原材料价格上升虽然会增加中国部分制造业生产压力，但相对其他经济体而言，负面影响相对较小。

《21世纪经济报道》：6月全球制造业PMI降至47.8%，显示全球需求降温。面对外需疲弱，您认为应如何应对？下半年稳外贸的重心是什么？

余淼杰：外需疲软主要是因为受到美国这几年经济政策的影响。客观来说，如果不是因为这段时间美联储对货币政策的应用在优化调整中，那么今年也许美国已经陷入潜在的经济危机中。去年我们就曾判断今年在美国发生经济危机的可能性是存在的。但现在来看，美国复苏的能力相对较强，目前没有出现经济危机，这对全球经济复苏而言是好事情。从另外一个角度来看，一年多以来美国的激进加息也的确导致了外需疲软，这在客观上增加了中国出口的压力。但是我认为，外需疲软不光对中国出口形成冲击，也是许多国家和地区所共有的问题。这也是造成目前中国经济发展总需求不足背后的原因。总需求不足的问题，其实不见得只是中国国内的原因，而更多的是国际的、全球性的因素在共振。

当前仍有财政赤字增长空间

《21世纪经济报道》：怎么去破解总需求不足的矛盾？您认为应该采取哪些关键性的措施？

余淼杰：中国毫无疑问还是要坚持构建以国内大循环为主体、国内国际双循环相互促进的新发展格局，通过充分挖掘我国超大规模的市场优势和内需潜力来激发和扩大需求。采取多渠道多方式增加居民收入，培育以持续的收入增长来拉动内需扩大的基础，依然是今后经济工作的重点和优先点。

从我们前面讨论的外贸方面来看，重点是做好面向共建“一带一路”国家和地区的贸易发展，特别是对接来自其他发展中国家的进出口贸易的增长，这也是确保中国外贸具有强劲的活力和韧性的支撑。换言之，共建“一带一路”国家和地区以及东盟应该是我们当前稳外贸的重点优先区域，之后才是欧美市场。

对于如何拉动出口，我有六个方面的建议：一是出口目的地的多元化；二是进口规模的扩大化；三是服务贸易扩总量、调结构、树特色；四是中国企业强调不仅要“走出去”，还要“走进去”，再“走上去”，要承担更多的社会责任，通过强化对外直接投资提升产业的附加值；五是在“一带一路”方向上，扩大中俄在远东地区的合作，陆上丝绸之路要重点向东发展；六是海上丝绸之路应该向北做好中日韩自贸区工作的推进，同时做好加入CPTPP的各项准备。

《21世纪经济报道》：您对下半年货币政策和财政政策有哪些期待？

余淼杰：基本上还是要坚持积极的财政政策和稳健的货币政策相结合。具体而言，稳健的货币政策一定要坚持金融“活水”流向实体经济，因为当前实体经济复苏的动能还是相对比较弱，需要进一步增强。因此我认为，下半年经济政策应该适当延续过去几年在疫情冲击期间所采取的政策组合拳。稳健的货币政策不搞“大水漫灌”，主要是推动大中小银行一起帮扶中小企业，因为中小企业是创造就业机会最主要的来源。至于积极的财政政策，其实我们还有适当空间可以通过增加财政赤字来拉动和保证经济增长。所以，一方面要通过做好减税降费，保证居民可支配收入的增长，另一方面采用积极财政确保能够创造出新的就业和新的经济增长点。

来源：《21世纪经济报道》　2023年7月20日

全球开放、多边主义、合作发展

Host: The Hongqiao International Forum releases a world openness report every year. This year's forum focuses on the idea of opening up and sets its agenda accordingly. So how is the 2023 CIIE and Hongqiao Forum going to bring new ideas to the world? Let's talk to our panelists. For more on the discussion of the 100-day countdown to the China International Import Expo, we are joined in our studio by Professor Li Ling from the National School of Development at Peking University, and Professor Yu Miaojie, Deputy to the National People's Congress and President of Liaoning University. We are also glad to be joined online from Geneva by Richard Kozul-Wright, Director of the Globalization and Development Strategies Division at UNCTAD. Ladies and gentlemen, what a pleasure to see all of you. Thank you so much for joining us. I'm really looking forward to the upcoming China International Import Expo and the Hongqiao Forum, which are always great platforms for idea exchange. So, how do you view the important messages likely to be delivered there? Looking at the horizon 100 days earlier, Professor Li, would you like to help us understand more?

(**主持人：**虹桥国际论坛每年都会发布一份世界开放报告。

今年的论坛聚焦开放理念，并据此设置议程。那么，2023年中国国际进口博览会和虹桥论坛将如何给世界带来新思想？让我们与嘉宾们一起讨论。关于中国国际进口博览会100天倒计时的更多讨论，我们邀请到了北京大学国家发展研究院的李玲教授，以及全国人大代表、辽宁大学校长余淼杰教授来到我们的演播室。同时，我们也很高兴地通过线上连线方式与日内瓦的联合国贸易和发展会议（UNCTAD）全球化和发展战略司司长柯睿智进行交流。女士们、先生们，很高兴见到你们所有人。非常感谢你们的加入。我真的很期待即将到来的中国国际进口博览会及虹桥论坛，它们一直都是思想交流的绝佳平台。你们如何看待可能从那里传递出的重要信息？在距离开幕还有100天的时间里，李教授，您能否帮我们了解一下更多的情况?）

Li Ling：Sure，I think the important message is the openness and cooperation.

（李玲：当然，我认为重要的信息是开放和合作。）

Host：Great keywords，I guess. What about for you，professor?

（主持人：我想这是很棒的关键词。你呢，教授?）

Yu Miaojie：I think so. I mean openness will be the most important. And cooperation is also another key ideas.

（余淼杰：我也这么认为。我的意思是开放将是最重要的。合作也是另一个关键理念。）

Host：This might sound abstract. However，when it comes to issues，every one of these words matters a lot，isn't it，Richard? I think it would always be wonderful to let all of us to share your stories of openness and your stories of cooperation.

（主持人：这听起来可能有些抽象。然而，当涉及具体问题时，这些词中的每一个都非常重要，不是吗，理查德？我认为让我们所有人分享你们关于开放和合作的故事总是很棒的。）

Richard：I'm for developing countries because we obviously represent developing countries in UNCTAD. There's a always a fear among developing countries that the big players in the global system will only play by their rules, and not by a common set of rules. And it's very important that we take this kind of multilateral perspective on the trading system.

（**柯睿智**：我支持发展中国家，因为我们在联合国贸易和发展会议中代表它们。在发展中国家中，总是存在着一种担忧，那就是全球体系中的大国只会按照自己的规则行事，而不是遵守一套共同的规则。因此，采取多边视角看待贸易体系是非常重要的。）

Yu Miaojie：So I agree with this idea. Basically, we see the international trade will be one of the most important driving forces for economic growth. For example, as my colleague mentioned about the WTO, we observe that once a country is deeply integrated into international trade, its economy will be better and better. Take China's case, for example, 40 or 50 years ago, China was a very small economy in terms of openness. But nowadays, China is already the second-largest economy in the world and the largest trading nation. For example, last year, our annual trade volume registered $6 trillion, accounting for more than 12%. Coming to my personal story, I have this feeling as well. When I was young, I was grew up in a small village in Guangdong province. Thanks to the opening up, Guangdong has now become a very large province, so large that, I would say, if you consider the economy, it would be one of the largest in the world. I'm very proud of this.

(余淼杰：我同意这个观点。国际贸易是经济增长重要的驱动力之一。正如我的同事刚才谈论到的WTO，我们观察到，一旦一个国家深度融入国际贸易，其经济通常会变得越来越好。以中国为例，40或50年前，中国在开放程度上是一个非常小的经济体。但如今，中国已经成为世界第二大经济体和最大的贸易国。例如，去年，我们的年贸易额达到了6万亿美元，占比超过12%。说到我的个人故事，我也有同样的感受。我小时候在广东省的一个小村庄长大。由于开放政策，如今的广东已经成为一个非常大的省份。我甚至会说，如果考虑经济规模，它将是世界上最大的经济体之一。对此我感到非常自豪。)

Host: Indeed. Professor Li, what about yours?

(主持人：确实。李教授，你的观点是怎样的？)

Li Ling: Yeah, my perspective is that I would say, for my hometown, the import-export expo in China is an innovation. So I think China created this unique import-export expo to show our openness and cooperation. And it works. You can see that over these past five years, with each year of the import-export expo, we have more and more friends joining in, better trading, more cooperation, and more openness.

(李玲：我的观点是，对于我的家乡来说，中国的进出口博览会是一项创新。我认为由中国独创的进出口博览会展示了我们的开放性和合作性，且很有效果。你可以看到，在过去的五年里，随着每一年进出口博览会的举办，我们有越来越多的朋友加入，贸易越来越多，合作更多，开放性也更强。）

Host： We are not just commenting about China, but also the world, as the Hongqiao Forum releases usually a world openness report every time. Mr. Kozul Wright, tell me more about your thoughts about relating to the results of the openness index. What does it really show us at this moment?

（**主持人：** 我们不仅在评论中国，也在评论整个世界，因为虹桥论坛通常每次都会发布一份世界开放报告。柯睿智先生，请告诉我更多关于您对开放指数结果的看法。这个指数此刻向我们展示了什么？）

Richard： I think the report does some things that other discussions of openness often fail to do. It recognizes that openness is not just an economic concept, as it includes notions of social and cultural openness. It presents a very rich notion of openness, which is very important. Within the concept of economic openness, which particularly interests us here in Geneva, there is an important recognition. Often, particularly among Western economists, there is a tendency to think of it as a kind of bipolar option: either you're open or you're closed. But the world is not so simple. There are different levels of openness that need to be recognized. For developing countries, the level of openness depends upon their domestic capacities, and some countries are more prepared to open up to the global economy than others. The report uses the concept of 'warranted openness' to describe these different levels.

（**柯睿智：** 我认为这份报告做了一些其他开放性讨论未能做到的事情。它认识到开放不仅是一个经济概念，还包括社会开放和文化开放的观念。它呈现了一个非常丰富的开放概念，这非常重要。在我们日内瓦特别感兴趣的经济开放概念中，有一个重要的认识，特别是西方经济学家有一种倾向，认为这是一种两极选择：要么开放，要么封闭。但世界并非如此简单。必须承认，世界上还存在不同层次的开放水平。对于发展中国家来说，开放程度取决于它们的国内能力，一些国家比其他国家更愿意面向全球经济开放。这份报告使用了“合理开放”的概念来描述这些不同的层次。）

Yu Miaojie： The Openness Index is very timely，useful，and helpful. Particularly，it covers a wide variety of contents. For example，it includes exports，but also，as Professor Li just mentioned，imports as well. It covers both export-import，not only in commercial trade but also in service trade. And it looks at not only inward FDI but also outward FDI，for example，how countries invest in other countries. Besides that，it also covers regional cooperation，for example，the RCEP，CPTPP，and so on. So，the key message from this index is that we are still in the era of globalization.

（**余淼杰：** 开放指数非常及时、有用且有益，特别是它涵盖了多种多样的内容。正如李教授刚才提到的，它既包括出口，也包括进口。它涵盖了进出口活动，不仅在商品贸易中，也在服务贸易中。它既涉及外国对内直接投资，也涉及对外直接投资。例如，国家如何在其他国家进行投资。除此之外，它还涵盖了区域合作，例如RCEP、CPTPP等。因此，这个指数传递出的关键信息是，我们仍然处于全球化时代。）

Host： Yes，indeed，the globalization can be characterized

with many personalities in a way, but where are we? Mr. Kozul Wright, your thoughts?

（**主持人：**的确，从某种意义上说，全球化具有许多特征。我们现在处于什么阶段呢？柯睿智先生，你怎么看？）

Richard： Globalization is in trouble. I think we have to recognize that there are both economic and geopolitical tensions now in the global economy that have disrupted the flow of goods and services and capital, and indeed people across borders. And that, of course, is a worry if that intensifies. And we move into a more conflictual economic era. Then, as I said before, the people who tend to lose in that kind of world are those that have the least amount of skills and power. And those are people in the developing world. So we have a real concern, I think, about some of the direction that we've seen over the last 5 years in terms of a tendency to, in a sense to use a slightly controversial word, and an attempt to weaponize trade, rather than to use it as a tool of development and progress.

（**柯睿智：**全球化正遭遇困境。我认为我们必须认识到，目前全球经济中存在的经济和地缘政治紧张局势已经扰乱了货物、服务、资本，甚至人员跨境流动。当然，如果这种情况加剧，我们进入一个充满冲突的经济时代，那将是一个令人担忧的问题。正如我之前所说，在这种世界中，那些技能和权力最少的人往往是输家，这些人就是发展中国家的人民。因此，我们对过去5年所见到的一些方向感到十分的担忧。这种方向在某种意义上倾向于用一个略有争议的词语试图将贸易武器化，而不是将其作为发展和进步的工具。）

Host: According to you, how do we see now the energy that people have? These are the realities we are facing right now.

（**主持人：**根据你的说法，我们要如何看待人们所拥有的能量？这些就是我们现在面临的现实。）

Li Ling: I think the world is changing. So, even as we rethink, reconnect, and reenergize, this will be a different world. And I think in this different world, China is now playing a leading role in globalization, especially after these 3 years of the COVID-19 pandemic. I think China is working on a new track that they have created. This is a track of digital economy and information age, combined with green economy. Now, if you look at our trade, it has increased by over 60% every year in the new economy sectors like electronic vehicles and green economy. So, as a developing country, China is now providing international public goods to the world through this openness and cooperation.

（**李玲：**我认为世界正在变化。因此，即使我们重新思考、重新连接和重新激发活力，这也将是一个不同的世界。我认为在这个不同的世界中，中国目前正在全球化中扮演着领导角色，特别是在经历了三年的新冠疫情之后。我认为中国正在一条新的轨道上奋进，这是我们创造的新轨道。这是数字经济、信息时代与绿色经济的结合。在新经济领域，如电动车和绿色经济，我们每年的贸易增长超过60%。因此，作为一个发展中国家，中国正通过开放和合作，为世界提供国际公共产品。）

Host: An example from the US in 2022 is that the five gigawatts of solar panel modules produced inside the United States certainly cannot meet its needs for decarbonization. So it imported about 29 gigawatts of solar panel modules from China and Southeast Asian countries as well. But trade is crucial here, as it makes the green economy possible at a faster speed. It is just one of the many examples we have on hand about trade. So, Professor Yu, as an ardent supporter of trade and a certainly sophisticated researcher about trade, how do you see this dilemma we seem to be facing? On the one hand, things are preventing progress from happening. On the other hand, we are calling for progress and urgently need it. Look at how hot the weather is today. Look at the world. So, Professor, how do you look at this?

（**主持人**：以2022年的美国为例。美国境内生产的5千兆瓦的太阳能电池板显然不能满足其脱碳的需求。因此，它从中国和东南亚国家进口了约29千兆瓦的太阳能电池板。但这项贸易至关重要，因为它使绿色经济以更快的速度成为可能。这只是我们手头掌握的关于贸易的许多例子之一。那么，作为贸易的热心支持者和贸易领域的精深研究者，余教授，您如何看待我们似乎将要面临的这个困境？一方面，有些事情阻碍了进步的发生。另一方面，我们呼吁进步，并迫切需要它。看看今天的天气有多热。看看这个世界。教授，您怎么看?）

Yu Miaojie：If we look at today's world trade map, I'm going to say that indeed the world trade map is divided into three trading blocs. One is the RCEP with China at its heart, another is the EU, and the third is the USMCA with the United States at its heart. That's my first observation. My second observation is that although we have three segments, they are indeed trying to reconnect. This is what we call reconnection. For example, people are talking about the TTIP; people are talking about China and the EU in the CAI, and also about the RCEP and CPTPP. But no matter what, I think the key message is very simple. Trade is not only about trade; it is related to economic development. And this economic development is a very broad issue, including innovation, the environment, and I would like to say, coordination. This is what we call harmony and coherence as well. So I think we need to follow these five key ideas to boost the economy, not only for the Chinese economy but for the global economy as well.

(**余淼杰**：如果我们看看今天的世界贸易地图，可以看到世界贸易被分为三个贸易集团。一个是以中国为核心的RCEP，另一个是以欧盟为核心，还有一个是以美国为核心的USMCA。这是我的第一个观察结果。我的第二个观察结果是，尽管有这三个部分，但实际上它们正在尝试重新连接。这就是我们所说的重新连接。例如，人们正在谈论的TTIP；人们正在讨论的中国和欧盟在CAI中的合作，还包括RCEP和CPTPP。但无论如何，我认为关键信息非常简单。贸易不仅仅是贸易，它还与经济发展有关。而这个经济发展是一个非常广泛的议题，包括创新、环境，还有我想说的，协调。这就是我们所说的和谐与一致。因此，我认为我们需要遵循这五个关键理念来促进经济，不仅是对中国经济，而且对全球经济也是如此。)

Richard: I think the unfortunate truth is that at a global level, we're still moving in the wrong direction with emissions. You need to be heading south. They're still going up. And so obviously, there are real concerns about the direction of travel at the moment, but which is not to say that we don't see positives. China's ability to move into the value chains around renewables, both wind and solar, or its ability to move into the electric car market, for example, batteries, are clearly very important moves in the right direction. I think you're right, though. I mean we need to look at trade in connection with other parts of the economy. So it's not just trade, but also it's the way in which we produce goods. It's the way in which we transport goods. All these things have to be put into a common package if we're gonna make real progress in shifting the growth trajectory towards a more low-carbon future. And China is beginning to do that. Many developing countries do not, unfortunately, have the kind of capacities that china does. I think many developing countries are very worried that they will get stuck in a kind of low-growth, high-emitting economy, which is not gonna be conducive for them to meet not only meeting their climate responsibilities, but also their basic development responsibilities like poverty and health. These are still very basic challenges that many developing countries face, and then they need international support. And in a world where we have a lot of geopolitical tensions, the kind of cooperation that they need to face the multiple challenges they are currently experiences is not really there. And that's a big concern for institutions like ours.

（**柯睿智**：我认为一个不幸的真相是，在全球层面上，我们在排放方面仍然朝着错误的方向前进。排放量应该在减少，但实际上它们还在增加。显然我们对当前的发展方向非常担忧，但这并不意味着我们看不到积极的一面。中国进入可再生能源价值链的能力，包括风能和太阳能，以及进入电动汽车市场，例如电池领域的能力，显然都是朝着正确方向迈出重要步伐。我认为你说的对。我的意思是，我们需要将贸易与经济的其他部分联系起来。因此，这不仅仅是贸易问题，还包括我们生产商品的方式、运输商品的方式。如果我们想要在将增长轨迹转向更低碳的未来方面取得真正的进展，那么所有这些事情需要被一起考虑。中国开始做这些了。不幸的是，许多发展中国家并没有中国那样的能力。我认为许多发展中国家非常担心他们会陷入一种低增长、高排放的经济模式，这不利于他们履行气候责任，也不利于他们履行扶贫和健康等基本发展责任。这些仍然是许多发展中国家面临的基本挑战，他们需要国际支持。在一个存在许多地缘政治紧张的世界中，他们需要合作来面对正在经历的多重挑战，但这种合作实际上并不存在。这对我们这样的机构来说是一个大问题。）

Host：Indeed. And we know that we are at the midpoint of reaching the 2030 agenda set by the United Nations, the Sustainable Development Goals that all member countries of the UN have subscribed to based on their own decisions. Now we are seeing that we are facing both challenges and opportunities when looking at what's going on right now. Before we wrap up today's discussion, I do want to ask you about this window of opportunity. We are at the midpoint of the SDGs. We are also facing a window of opportunity before geopolitics runs out of control, with some elections going on in the world, for example, next year. We are also facing an opportunity to decide on fundamental ideas, specifically, which fundamental ideas the human race will collectively subscribe to. So, how do you see this window of opportunity? I really wonder about the perspectives of all three of you. Let's start with Professor Yu.

（**主持人**：确实如此。我们知道我们正处于实现联合国设定的2030年议程的中点，即所有联合国成员国基于自己的决策制定的可持续发展目标。当我们关注目前正在发生的事情，会发现我们面临着挑战和机遇。在我们结束今天的讨论之前，我想问问你们关于"机遇之窗"的看法。我们正处于可持续发展目标的中点。同时，我们也面临着"机遇之窗"。在全球地缘政治失控之前，世界上将要进行一些选举，比如两年后的。我们还面临一个决定基本理念的机会，具体来说，就是人类将共同贯彻哪些基本理念。那么，你们如何看待这个"机遇之窗"？我真的很想听听你们三位的观点。让我们先从余教授开始。）

Yu Miaojie：Okay，so I think that the most important thing is that we need to put ourselves in other people's shoes as well. What I want to say is that we should change our perspective to consider these challenges and opportunities. For example，let's talk about environmental protection. The key idea is that every country has a shared responsibility. For example，let's think about deforestation. Suppose you want to produce a product without destroying forests，which is certainly true. But if you are on the side of the developing country，you might argue that the right to development is also very important. Why didn't you discuss carbon emissions 100 years ago，but now you do? They might also say，although I produce this product，it's the consumers who have to buy the bill. However，if we stand on the consumer's side，they might argue that although they buy the product，they provide money and create jobs. So，I think the key point is how to draw a line between the production side and the consumption side. The policy implication should be very clear. I mean, every country needs to cooperate and engage between countries. And I do believe that sharing the Earth and shared responsibility are very important for us.

（**余淼杰：**好的，我认为最重要的一点是，我们也需要设身处地地考虑他人。我的意思是，我们应该换个角度来考虑这些挑战和机遇。例如，来谈论环境保护。关键理念是，每个国家都有共同的责任。例如，考虑森林砍伐。假设你想生产一个产品而不破坏森林，这当然是对的。但如果你站在发展中国家的立场上，你可能会争辩说发展权也非常重要。为什么100年前你们不讨论碳排放，但现在却在讨论？他们可能还会说，尽管我生产这个产品，但最终是消费者买单。然而，如果我们站在消费者的立场上，他们可能会辩称，尽管他们购买了这个产品，但他们提供了资金并创造了就业机会。所以，我认为关键点是如何在生产方和消费方之间划清界限。政策含义应该非常清晰。我的意思是，每个国家都需要在国家之间进行合作和接触。我相信共享地球和共担责任对我们来说非常重要。）

Host: Supply and demand are not as simple as we previously believed. They are much more sophisticated, just like the trade we are talking about. Professor Li, your thoughts?

（**主持人：**供给和需求并不像我们之前认为的那么简单。它们实际上更为复杂，就像我们正在讨论的贸易一样。李教授，您怎么看？）

Li Ling: I share with Professor Yu. I think we are facing a lot of challenges currently, including the instability and uncertainty of the climate, among other things, as you mentioned before. But I think China is now playing a more and more leading role, because in human society, there has never been a country with 1.4 billion people moving towards modernization. Traditional trade is based on comparative advantage, but now, I think, in China, we have the advantage of economies of scale.

（李玲：我同意余教授的观点。我认为我们当前面临许多挑战，包括您之前提到的气候的不稳定性和不确定性等问题。我认为，中国现在正在扮演越来越重要的领导角色。因为在人类社会中，从未有过一个拥有14亿人口的国家正向现代化迈进。传统的贸易是以比较优势为基础的，但现在，我认为中国拥有规模经济的优势。）

Richard: I mean, obviously, I agree with my colleagues who talked about the need for greater cooperation. One area where we actually see real opportunities is in cooperation among developing countries, what we call South-South cooperation. We've seen the growth of South-South cooperation over the last 10 years. The Belt and Road Initiative is an example of that. The role of the BRICS countries, which is becoming more and more important, I think, is another example of South-South cooperation. And I think we need to see an even greater scaling-up of South-South cooperation if we're going to address these multiple challenges.

（柯睿智：显然，我同意我的同事们谈到的需要加强合作的观点。我们看到，一个真正的机会是发展中国家之间的合作，也就是我们所说的"南南合作"。在过去的10年里，我们见证了"南南合作"的发展。"一带一路"倡议就是一个例子。另一个例子是金砖国家的作用，我认为它的作用正变得越来越重要。我认为，如果我们要解决这些多重挑战，需要进一步扩大"南南合作”。)

Host: Thank you so much for joining us. We are looking forward to all these ideas being further explored at the Hongqiao Forum during the import expo in China later this year.

(**主持人：**非常感谢您们加入我们。我们期待在稍后的中国进口博览会的虹桥论坛上进一步探讨这些想法。)

来源：《世界观察》栏目 2023年7月27日

新兴国家成为我国最重要贸易伙伴，是深刻的、根本性的结构性变化

中国经济上半年交出“5.5%”增速的成绩单。2023年7月24日召开的中共中央政治局会议对我国当前经济形势明确定调——“经济恢复是一个波浪式发展、曲折式前进的过程”，并指出，我国经济具有巨大的发展韧性和潜力，长期向好的基本面没有改变。

拆分来看，上半年拉动经济的“三驾马车”表现“有喜有忧”。消费加速恢复，对经济增长的贡献率达到77.2%；投资增速在一季度“高歌猛进”之后有放缓态势，但民间投资持续低迷；上半年外贸进出口总值规模创新高，但近两个月出现增速下行态势。

如何看待当前经济恢复进程？如何评价“三驾马车”对经济增长的拉动作用？如何看待当前对新兴市场贸易好于对欧美贸易？外贸企业如何应对压力？下半年外贸、整体经济走势如何？针对这些问题，澎湃新闻记者近日专访了第十四届全国人大代表、辽宁大学校长、商务部经贸政策咨询委员会委员余淼杰。

余淼杰认为，下阶段外贸对经济的拉动作用会上升，全年我国外贸顺差会达到6万亿元左右。

余淼杰表示，新兴国家已经成为我国最重要的贸易伙伴，这

种变化是长期的、必然的现象，将会一直持续下去。外贸企业一定要深刻认识这一变化，把握好方向，做好相应调整。

针对当前一些外贸重镇经济增长缓慢的现状，余淼杰认为，调整产业结构的核心和重点是提高出口附加值，也就是提升一般贸易比重、降低加工贸易比重，进一步促进产业转型升级，并在东部沿海地区坚定不移地进行“腾笼换鸟”，劳动密集型产业可以转移到东北、西北地区。

此外，谈及对全年经济走势的预判，余淼杰认为，下半年经济增速会比上半年高，“上半年5.5%的增速背景下，下半年应该能达到5.7%~5.8%的增速，全年增速在5.6%~5.7%没有问题”。

下半年外贸对经济拉动作用将上升

澎湃新闻：如何看待上半年经济复苏进程？二季度6.3%的增速，有说法是略低于预期，您如何看待？

余淼杰：整体看上半年经济恢复进程，我国经济增速达到5.5%，高于《政府工作报告》确定的5%左右目标增速，上半年经济总体向好，这点应该是肯定的。

今年以来，不少国际组织都上调了中国经济增长预期。比如，国际货币基金组织（IMF）预测中国今年经济增速是5.2%，经济发展与合作组织（OECD）预测将增长5.4%。从这个角度来讲，二季度6.3%的增速及上半年5.5%的经济增速并不低于市场预期，反而是总体高于市场预期。

澎湃新闻：上半年，最终消费支出对经济增长的贡献率达到77.2%，您如何评价今年以来消费、投资、外贸三者对经济增长的拉动作用？下阶段外贸对经济增长的拉动作用会下降吗？

余淼杰：“三驾马车”中，消费成为拉动上半年经济增长的主要“火车头”。我们一直都在强调扩大内需、提振消费，应该说上半年取得了积极、明显的成效。通常而言，特别是疫情这几年，我们拉动经济主要靠投资以及出口。可以看到，今年上半年，投资这架“马车”并不是最重要的，出口也稍微受到一定影响，消费成为最重要的拉动经济增长的“马车”，而且在这种情况下还能取得5.5%的经济增速，我认为是难能可贵的。尽管在受疫情冲击之后，经济恢复比较慢，出现“波浪式发展、曲折式前进”的过程，但是我们的确也可以看到，内需逐步成为拉动经济增速的主力，这是值得肯定的。

至于外贸对经济增长的拉动作用，我的判断是下半年会上升，而不是下降。理由有两点：第一，上半年，人民币贬值对出口的提升作用并不是立竿见影的。研究表明，汇率贬值对经济的拉升大概有半年滞后期，即3、4月份人民币开始贬值，应该到9、10月份时外贸开始发力。第二，季节性因素，特别是下半年，西方感恩节、万圣节、圣诞节等节日来临之际，欧美对我国产品的需求会快速增加，因此下半年中国对欧美的出口是会上升的。当然我们也注意到，因为中美贸易摩擦等原因，中国已经不是美国第一大进口国，被加拿大、墨西哥所超越。但我们也要看到，因为前述的汇率、节日等原因，下半年中国对美国的出口其实会上升。

新兴国家成为我国最重要贸易伙伴，是深刻的、根本性的结构性变化

澎湃新闻：您如何看待当前外贸形势？对近两个月的进出口

增速下降，您认为原因是什么？

余淼杰：近两个月外贸增速下降，一个很重要的原因是去年5、6月份外贸相对处于高位，基数比较高，有一定抬升作用。

从我国外贸的整体形势来看，进口表现不如出口。可以看到，上半年我国贸易顺差并没有下降，达到28159亿元，与去年相比，是保持上升的态势，而且高出去年同期不少，这也符合我今年年初的判断，即全年我国外贸顺差会达到6万亿元左右。

另外，为什么进口表现欠佳？主要原因包括：国际社会通货膨胀、国外价值链成本上升；人民币贬值。这些原因导致上半年进口相对下滑。（注：国家统计局数据显示，今年上半年，我国货物出口总额为114588亿元，增长3.7%；进口总额为86429亿元，下降0.1%）

澎湃新闻：当前，我国与新兴市场贸易好于对欧美贸易，如何看待这种结构性变化？

余淼杰：目前，中美关系复杂、中欧关系敏感，政治必然会影响经济，所以体现在经贸方面，中美、中欧的贸易都受到影响。不过，更为重要的是，区域全面经济伙伴关系协定（RCEP）落地生效，成为推动我国外贸增长的一个发动机。所以可以看到，有RCEP“加持”之后，自2020年起，东盟连续三年超过美国和欧盟，成为中国最大的贸易伙伴。换言之，新兴国家已经成为我国最重要的贸易伙伴，这种变化不是短时、暂时的现象，而是长期的必然现象，将会一直持续下去，所以这是一个深刻的、根本性的结构性变化。企业在做进出口的时候，一定要深刻认识到这一变化，把握好方向，做好相应调整。

外贸重镇要提升一般贸易比重，企业出口目的地必须做到多元化

澎湃新闻：今年以来，国内一些外贸重镇经济运行表现不及预期，而调整产业结构也并非易事，您认为对当地来说，当前可做的有哪些？

余淼杰：这要分情况看，对一些做加工贸易的外贸重镇来讲，进口成本上升，而出口附加值并不大的话，外贸企业的利润空间就会被压缩。

另外，虽然人民币贬值有利于出口，但它体现的是“量”的增长，而不是“价”的增长。从单位产品来看，它的利润是下降的，因为出口价没有变，但进口价上升，所以其利润是下滑的，这也是为什么很多外贸企业比较困难的原因。外贸企业比较困难，以外贸企业为主的外贸重镇当然经济运行不如预期。

所以这里调整产业结构的核心和重点在于提高出口附加值，即提升一般贸易的比重，降低加工贸易的比重，进一步促进产业转型升级，并在东部沿海地区坚定不移地进行“腾笼换鸟”。劳动密集型产业可以转移到东北、西北地区。但是也要认识到，西北一些地区也有外贸纺织品的加工，东北的劳工成本相对沿海地区省份来讲比较低，东北现在也成为我国经济振兴、经济复苏的重点地区。从上半年经济增速可以看到，东北其实是在发力，今年以辽宁为龙头的东北三省发展态势也很好。总而言之，企业要从所处的微观行业、具体行业出发，调整产业布局，进行升级换代。

澎湃新闻：您认为当前外贸企业面临的压力有哪些？对企业

下阶段发展有何建议？

余淼杰：第一，对进口加工贸易企业而言，要应对人民币贬值导致的成本上升问题；第二，外贸企业要解决附加值比较低的挑战；第三，出口目的地必须做到多元化，不能把出口目标只瞄准欧美等成熟市场，应该深耕金砖五国的另外4个国家，特别是加强与俄罗斯的合作，不管是进口还是出口。另外，要大力推进与东南亚国家、东盟的经贸合作，还要加强与日本、韩国的经贸合作，要把日韩经贸合作也作为重点。

澎湃新闻：中共中央政治局7月24日召开会议分析研究当前经济形势，部署下半年经济工作。会议强调，要多措并举，稳住外贸外资基本盘。要增加国际航班，保障中欧班列稳定畅通。您认为下阶段“稳住外贸外资基本盘”的重点是要稳住哪些？

余淼杰：我觉得最重要的是要做好“四稳”工作——稳金融、稳外贸、稳外资、稳投资。

出口方面，第一，要更好发挥出口信用保险的作用，支持有条件的地方复制或扩大“信保+担保”的融资模式，通过多种方式为外贸企业融资提供征信的支持，这点非常重要。

第二，疫情过后，中小微外贸企业还是比较困难，要进一步加大对它们的信贷投放。

第三，要支持贸易新业态发展，发挥数字经济的作用，通过各种电子商务平台，推进贸易新业态发展。

第四，要引导加工贸易进行梯度转移，从东部沿海地区逐步向中部、东北和西部地区转移。针对劳动密集型企业，要加强引导，一是布局的引导，二是投资的引导。针对大型骨干外贸企业，要帮助它们破解最迫切的难题，因企施策，根据不同的企业，地方政府要提供不同的建议、平台。

第五，对海关等部门，要进一步提升通关的便利化水平，提高外籍商务人员来华便利度，增加落地签的方便度等。

第六，对外资企业可以进行一定力度的金融扶持，对重点外资企业的扶持力度可以加大。更重要的是要鼓励外资投向高新技术产业，如果外资企业来华建立研发中心，则可以享受更多的优惠政策。

政府、国企、民企可混合投资，降低风险

澎湃新闻：您如何看待近期出台的民营经济31条？您此前建议，推动民企、国企生产要素价格获得均等化，在这方面，您觉得还有哪些政策空间？

余淼杰：“民营经济31条”的出台，是对“两个毫不动摇”的贯彻落实，从制度和政策上为民营企业营造了良好的发展环境。

推动民企、国企生产要素价格获得均等化，这是我在今年全国两会期间的建议，这是一个方向。因为在市场要素获得方面，一是市场准入，相当于“可以进去”；二是要素价格的均等化，意味着进去之后享受一样的成本。在具体的政策空间上，因为对银行而言，对国企和民企贷款，银行“在商言商”，肯定会认为民企的风险更大，因此贷款利率会相对比较高。

如果想一视同仁，可以采用PPP（政府和社会资本合作模式）的形式，即政府、国企、民企三方合作，各自按比例出资，通过国企、民企、政府三方混合投资，或者国企、民企混合投资，可以降低风险，确保国企、民企生产要素价格获得的均等化。

澎湃新闻：您对宏观政策有何期待？您预计全年经济增速是

多少？

余淼杰：宏观政策肯定还是积极的财政政策和稳健的货币政策相结合。稳健的货币政策主要体现在人民币不再过度贬值。当然，要是美联储加息，会对人民币产生贬值压力，所以短期的波动可能在所难免，但是从长期角度来讲，我认为下半年还是应该保持一定的币值稳定。

财政政策要继续发力。现在我们的财政赤字还有空间，可以通过积极的财政政策拉动经济增长。

我认为从全年的经济走势来看，下半年经济增速会比上半年高。在上半年5.5%的增速背景下，下半年应该能达到5.7%~5.8%的增速，全年增速在5.6%~5.7%没有问题。总而言之，现在中国经济好像碰到了一些挑战和困难，但事实上正如政治局会议所作出的判断，我国经济长期向好的基本面没有改变，中国依然是拉动世界经济增长的“火车头”，所以我看好中国经济下半年的表现。

来源：澎湃新闻　2023年8月1日　记者：滕　晗

以高水平对外开放推开“世界之窗”

金秋时节，全球的目光再次聚焦北京。

2023年9月2日至6日，2023年中国国际服务贸易交易会（以下简称“服贸会”）即将开幕，2场亮点活动、10场高峰论坛、66场推介洽谈、107场专题论坛……透过服贸会的平台，中国与世界联通，共同探讨服务业和服务贸易开放发展的新理念、新趋势、新路径，共促开放发展。

服贸会是观察中国服务贸易和经济发展现状的窗口，如何看待服贸会的“溢出效应”？中国制度型开放取得了怎样的成果？当前，外资企业、民营企业对营商环境有哪些关切？

有“服”同享
扩大服务贸易“朋友圈”

在全球化的进程中，服务贸易是衡量一个国家经济现代化和经济国际化水平的重要标志之一。

“面对复杂严峻的外部环境，我国服务贸易显示出较强的发展韧性，保持较快增长。”2023年8月21日，在国务院新闻办公室举行的新闻发布会上，商务部部长助理陈春江表示，2022年服务进出口总额近6万亿元，同比增长12.9%，规模创历史新高，连续九年位居全球第二。

亮眼的“成绩单”背后，有着政策的强力支撑。

2023年4月，《关于推动外贸稳规模优结构的意见》提出要从强化贸易促进拓展市场、稳定和扩大重点产品进出口规模、加大财政金融支持力度等方面，确保实现进出口促稳提质目标任务。6月，优化营商环境16条出台，提振外贸发展信心，全国海关围绕落实16条，因地制宜出台细化配套举措，打通落实的“最后一公里”。近日，国务院发布24条政策措施，进一步加大吸引外商投资力度。

全国人大代表、辽宁大学校长余淼杰认为，要扎实做好政策落地，为广大外资在华发展营造可预期、更优质的投资环境，稳定外资预期，提振外商在华投资信心，持续增强我国作为服贸会东道国在全球的投资吸引力。“我们要通过进一步缩减负面清单长度，更新一批对外开放措施，强力破除各类隐性壁垒，营造更加公平畅通的市场环境。”

以“开放引领发展，合作共赢未来”为主题的服贸会，不仅吸引了“新朋友”，还留下了“老朋友”。

聚焦人工智能，麒麟合盛（APUS）将首次亮相服贸会。麒麟合盛网络技术股份有限公司创始人兼CEO李涛认为，我国正在以更加积极有为的行动推进高水平对外开放，发展更高层次的开放型经济。这是中国态度，更是全球样板。尤其是在对接国际高标准经贸规则，不断推进贸易投资自由化便利化方面，将强化“中国能量”，带来“中国机遇”，进一步增强国内企业活力以及对外资的吸引力，拉动世界经济增长引擎。

高通是服贸会的“老朋友”。高通公司中国区董事长孟樸说：“这将是我们第四次来到服贸会现场，过去一年来，中国政府多次传递产业协作、全球合作、开放共赢的积极信号，营商环境不断改善，中国市场对外资企业的吸引力不断增加。通过激励外企不断加深与中国产业伙伴的合作，为推动中国经济高质量发展提供了重要支撑，也为深化中国对外经贸合作开辟了新空间。”

近年来，我国服务贸易国际合作不断深化，与我国有服务贸易往来的国家和地区达到200多个，与15个国家签署了服务贸易合作备忘录。

中国国际贸易促进委员会研究院院长赵萍表示，服务贸易日益成为国际贸易的重要组成部分和各国经贸合作的重要领域。中国在世界经济复苏乏力的背景下举办服贸会，不断以中国新发展为世界提供新机遇，不仅可以促进全球服务业和服务贸易发展，而且为世界经济复苏作出了重要贡献。

用好服贸会“金钥匙”
探索制度型开放赋能路径

服务贸易，一头连着国内市场，一头连着国际市场，是促进国内国际双循环的关键“钥匙”。

从党的十八大提出“提高利用外资综合优势和总体效益，推动引资、引技、引智有机结合”，到党的十九大提出“实行高水平的贸易和投资自由化便利化政策，全面实行准入前国民待遇加负面清单管理制度，大幅度放宽市场准入，扩大服务业对外开放，保护外商投资合法权益”，再到党的二十大提出“推动货物贸易优化升级，创新服务贸易发展机制，发展数字贸易，加快建设贸易强国”……一项项对外开放的政策陆续发布，阐明了中国同世界共享发展机遇的决心。以举办服贸会为契机，中国不断加速国内国际双循环，激活服务贸易增长动能，助力加快构建新发展格局，共享“开放红利”。

“服贸会是世界看中国服务贸易的窗口！”余淼杰说，“服贸会的召开，对促进我国服务贸易的发展起到进一步优化的作用。”

“国际贸易是国民经济增长的‘三驾马车’之一，服务贸易在贸易中占比较高。”赵萍说。2011年以来，服务贸易发展速度一直快于货物贸易，在全球贸易总量中的比重不断上升，2019年占比已经达到24%。随着制造服务化、可贸易服务的进一步拓展，服务贸易在全球贸易中的地位和作用将进一步提升。预计到2040年，服务贸易在全球贸易中的占比将会提高到50%。

自创办以来，服贸会累计吸引196个国家和地区的60余万名客商参展参会，成为拓展服务贸易国际合作的重要平台。“目前，已有2200多家企业确认线下参展，同时今年将继续组建中央企业交易团、中央金融企业交易团以及37个地方交易团参展参会，有望达成更多务实成果。”陈春江说。

余淼杰表示，优先发展服务贸易是促进经济转型升级和高质量发展的重要举措。近年来，我国服务贸易进入快速发展阶段，应通过扩总量、调结构、秀特色等措施，推动服务贸易朝着更大规模、更宽领域、更深层次的方向进一步发展。“比如在旅游、教育、运输和医疗领域，可以持续做优做强服务贸易工作，扭转贸易逆差。”

“截至8月20日，有500多家世界500强和行业龙头企业线下参展，覆盖了28个服务贸易前30强的国家和地区，整体国际化率超过了20%。”北京市人民政府副市长司马红说。

记者了解到，今年服贸会将重点突出国际合作和线下活动，特别是将首次举办“投资中国年”服务业扩大开放专场推介大会，首次举办联合国国际公约——《北京船舶司法出售公约》签约仪式。

赵萍认为，应多措并举，提升服务贸易竞争力，通过提升开放水平、创新发展机制、培育新的增长点等方式，针对服务贸易增长较快的新业态、新领域、新模式，强化顶层设计，有针对性地出台鼓励创新发展的政策文件，加快培育服务贸易的新动能。

“我们看好中国发展新机遇，对继续深耕中国市场有信心！”GE医疗全球执行副总裁、中国区总裁兼首席执行官张轶昊说，“多项政策出台，不仅保障了各类经营主体平等参与政府采购活动，更将进一步营造国产医械领域的创新氛围，推动医疗健康领域国产供应链、产业链双链高质量发展，提升中国医械制造业综合竞争力。这样的‘大国产环境’将有助于带动国内供应链向世界级高精尖医疗制造的质量和管理水平加速迈进。”

市场空间的背后，是制度型开放释放的红利。过去的三年，是全面深化服务贸易创新发展试点的三年。试点地区成为推动服务贸易高水平开放的先行区，在运输、教育、医疗、金融、专业服务等领域推出了一系列开放举措。这些都为服务贸易制度型开放积累了有益经验、探索了积极路径。

数字引领
激活服务贸易创新动能

当前，新一轮科技革命和产业变革深入发展，成为重塑全球竞争格局的主要力量，科技赋能加快服务贸易高质量发展，向着数字化、科技化水平转换。

数字科技将是本届服贸会的“重头戏”，70余家知名企业及机构将在本届服贸会上发布智能档案服务中心、数字人民币预付卡、产业带数字地图、全新数字孪生平台等签约合作成果，彰显了科技创新对服务贸易的强大推动作用。

“今年服贸会将进一步突出科技创新、模式创新、业态创新的引领作用，重点展示芯片技术、量子测控、卫星遥感、人工智能、数字医疗等专精特新成果，60余家企业和机构将在人工智能、金融科技、医疗健康、文化创意等领域首发一批新产品、新技术，引领行业创新趋势，为服务贸易发展注入新的活力和动力。”陈春江说。

虚拟现实技术、全息投影、AI大模型……在本届服贸会现场，一批前沿科技即将揭开“面纱”。

让文旅“慧”起来——在首钢园，项目建筑面积约2万平方米的一高炉元宇宙乐园将创新呈现，利用“5G+XR”科技，打造集文化、科技、娱乐、消费于一体的全沉浸式太空探索主题科幻综合体。“我们还在创新升级10号馆，AR体验空间、AI智能交互虚拟发布会、全息技术馆、VR游戏体验馆会让观众有不一样的体验。”首钢集团党委宣传部部长贺蓬勃说。

让体育“智”起来——用户只需要佩戴轻便的头显设备，就能成为现实世界中的足球守门员，与元宇宙世界的足球前锋进行点球较量，从而获得沉浸式的无界XR体验。“我们将工体搬进元宇宙，而服贸会给我们提供了展示的平台，为我们带来了很多潜在业务发展新机会。”孟樸同人民网记者介绍。

不断刷新人们数字化应用体验的背后，不少跨国公司将研发和创新中心向中国布局。据公开报道，今年以来，施耐德电气、空中客车、赛莱默、碧迪医疗等企业陆续在中国开业、启用研发中心。在8月下旬，星巴克宣布在深圳创立星巴克中国创新科技中心，用于提升自身技术能力及数据基础建设，驱动门店和多渠道的数字化进程。

有业界人士表示，外资企业在华研发中心的研发资金和人员投入，超出了很多中国上市企业。中国研发中心的主要优势体现在产业生态、规模市场和创新环境等方面。外资企业在华展业，正在向产业链、价值链高端布局。

在国新办发布会上，商务部服务贸易和商贸服务业司司长王东堂表示，下一步，商务部将继续着力优化数字营商环境，提升贸易数字化水平，加快培育服务贸易数字化发展的新动能；高标准建设国家数字服务出口基地，进一步落实支持基地发展的各项政策措施，推动扩大可数字化的服务出口；加快服务贸易数字化进程，支持旅游、运输、建筑等传统服务贸易数字化改造，同时大力推动智慧物流、远程医疗、线上办展等新兴领域的发展，不断提高服务的可贸易性。

来源：人民网　2023年8月31日

美国未来将不再是中国最大贸易伙伴

辽宁大学校长、中国知名经济学家余淼杰在东方经济论坛期间接受本社记者采访时表示，东盟和金砖五国国家未来将会成为中国的重要贸易伙伴。

余淼杰认为，随着中美贸易关系的日趋复杂以及中欧关系的日益敏感，中国的经贸结构正在发生进一步的调整和变化。

余淼杰指出，东盟已经取代了美国和欧盟成为中国最大的经贸伙伴。东盟在未来将依然成为中国最大的贸易伙伴。新加入金砖五国的国家也会逐步成为中国的经贸伙伴。中美的经贸规模在未来应该会保持中国的第二或者第三大贸易伙伴的规模。

在谈到中俄贸易时，余淼杰特别提到了两国合作的互补性。

余淼杰说："我们看到，的确目前中俄的经贸合作出现了地缘政治问题，但我认为机遇大于挑战，因为中俄两国的经贸具有很强的互补性。换言之，中国强大的制造能力以及俄罗斯丰富的自然资源都是两国进行进一步经贸合作的基础，所以我对中俄两国的经贸合作充满信心。"

余淼杰坚信两国贸易还会进一步提升。

余淼杰在采访中讲道："我相信，假以时日，中俄两国的经贸总额能够进一步提升，俄罗斯在中国的贸易比重也将进一步提升，中国对俄罗斯的经贸地位也将进一步提升。同时我也相信中俄两国的经贸合作符合两国人民的利益。”

中国海关总署官网公布的数据显示，2023年1—8月中美贸易额下降14.5%，为4381亿美元。同时，中俄贸易额同比增长32%，达到1551亿美元。

来源：俄罗斯国家通讯社塔斯社　2023年9月10日

中俄两国具有非常强的互补性

全国人大代表、辽宁大学校长在东方经济论坛期间接受俄罗斯卫星通讯社采访时谈到了俄罗斯与中国需加强合作，以实现2000亿美元贸易额以及中俄两国是否可以一起共同推动去美元化进程的问题。

余淼杰认为，中俄两国的经贸关系可以达到更高的水平，去年中俄两国的贸易额已经达到2000亿美元。因为中俄两国在产业方面具有非常强的互补性，中国强大的制造能力以及俄罗斯丰富的自然资源都是两国所互缺的。因此，余淼杰相信中俄两国的经贸关系可以进入更高的水平。余淼杰相信，2000亿美元只是一个起点，不仅是在贸易总额方面，在贸易比例方面也会在两国占据更大比例，所以我对中俄两国经贸合作的前景充满信心。我们也看到，随着经济的发展，人民币作为一种越来越重要的国际货币也被越来越多的国家所接受。余淼杰认为，从全球趋势来看，去美元化是大势所趋。因为美国占全球GDP的比例在不断下降，而其他国家，比如中国，现在已经占了全球经济总量的18.5%，自然而然，中国的货币，或者是其他国家的货币也会逐步成为一种国际货币。因此，去美元化是大势所趋。

来源：俄罗斯卫星通讯社　2023年9月11日

“一带一路”对促进形成对外开放格局起到不可替代的作用

2023年是“一带一路”倡议提出十周年。十年来，共建“一带一路”从无到有、由点及面。

十年来，“一带一路”“朋友圈”不断扩容。截至2023年6月底，中国已与152个国家、32个国际组织签署了200多份共建“一带一路”合作文件。

十年来，通过共建“一带一路”，中国与共建国家经贸往来日益密切，合作领域越来越广，并帮助许多共建国家改善经济发展环境。世界银行报告显示，共建“一带一路”使参与经济体的贸易额增加4.1%，吸引外资增加5%，使低收入国家的GDP增加3.4%。

澎湃财经特别推出《对话十年》系列专访，与著名学者、国际组织负责人等共话“一带一路”为国际经贸、产业、全球治理带来的新思路、新机遇。

“一带一路”倡议提出十年来取得了哪些成效？

第十四届全国人大代表、辽宁大学校长、商务部经贸政策咨询委员会委员余淼杰在接受澎湃新闻专访时表示，十年来，“一带一路”建设主要在五个方面取得成效，即参与共建“一带一路”的国家在政策沟通机制上更加扎实、设施联通方面成效显著、贸易畅通方面得以持续提升、资金融通稳步推进、民心相通不断促进。

余淼杰建议，东北海陆大通道应该成为国家战略，“因为通过构建东北海陆大通道，打造冰上丝绸之路，那么海陆联运的运输成本会比纯海运经过马六甲海峡要降低很多，而且打通东北海陆大通道，除了可以发展贸易，还可以保证安全”。

五方面成效

澎湃新闻：今年是“一带一路”倡议提出十周年，您如何看待倡议提出十年来取得的成绩？

余淼杰：“一带一路”倡议提出十年来，可以说重塑了整个国际贸易的态势。随着一些国家不断出现的贸易保护主义越来越严峻，全球已经形成了“三足鼎立”的态势。一是以美国为中心的北美经贸区（USMCA），即美国、墨西哥、加拿大的自贸区；二是以德国为中心的欧盟区；三是以中国为中心的亚太区。但我们发现，一些国家处在“三足鼎立”区域之外，那就是大量的发展中国家和南南国家。我们在2013年提出“一带一路”倡议，重点在于发展南南合作以及与发展中国家的合作，相当于把南南国家、发展中国家融入全球经贸一体化中。

过去十年，“一带一路”建设取得了巨大成就。以2021年为例，我们与“一带一路”共建国家的经贸合作出现特别大的飞跃。比如，非金融类的对外直接投资达到203亿美元，同比增长14.1%；对外承包工程方面，2021年新签对外承包工程项目合同6257份，新签合同额达到1340.4亿美元，对外承包工程完成营业额也达到896.8亿美元。

截至2022年底，我国已经与150个国家、30多个国际组织签署了200多份共建“一带一路”合作文件。可以看到，过去十年，“一带一路”建设取得了辉煌的成绩，甚至用“成就”来形容也不为过。

事实上，“一带一路”倡议主要在以下几方面推进、取得成效：第一，参与共建“一带一路”的国家在政策沟通机制上更加扎实，主要是以顶层设计为主；第二，在设施联通方面成效非常显著，“一带一路”合作不仅改善了我们与相关国家特别是发展中国家的交通和能源基础设施，而且使得这些国家和地区数字化水平也得以跃升，对改善当地民生起到非常重要的作用；第三，贸易畅通方面得以持续提升，除了一般工业品以外，在促进大宗商品贸易和服务贸易方面也产生了积极影响；第四，资金融通稳步推进，通过中非发展基金、丝路基金等机构，在“一带一路”合作框架下强化对外融资；第五，民心相通不断促进，通过多种形式的宣传，以及企业承担更多社会责任等，民心相通方面越来越好。

澎湃新闻：您认为“一带一路”对塑造中国对外开放格局产生了哪些影响？

余淼杰：“一带一路”对塑造我国全面开放新格局产生了根本性的影响，从根本上实现更大规模、更宽领域、更深层次的合作。更大规模方面，可以看到，经过十年的发展，我国已经稳固世界第一货物贸易国地位，去年货物贸易进出口总额达到42.07万亿元人民币。更宽领域体现为，我们不仅有商品贸易，还有服务贸易，而且也不止贸易，还有对外投资。同时，我们不仅强调出口，也强调进口。此外，还包括数字贸易等；更深层次体现为，我们不止在做一些业务型的开放，现在也在进行制度型的开放，积极参与国际贸易规则、规制、管理、标准方面的制定，可以说，“一带一路”对促进形成我国对外开放格局起到了不可替代、非常重要的作用。

对冲对发达国家出口的下滑

澎湃新闻：您如何看待当前外贸形势？市场认为，当前出口对经济的拉动作用在减弱，您认同吗？这是短期因素影响还是可能较长期存在的情况？

余淼杰：我认为当前的外贸形势总体是向好的，市场上认为出口对经济拉动作用在减弱，我们看到短期内也许存在这样的情况。但总体而言，我对今年的外贸形势判断是乐观的，全年贸易进出口总额应该能达到44万亿~45万亿元，贸易顺差可以达到6万亿元。

所以我认为下半年中国出口比上半年要更好，具体原因有：第一，人民币贬值的影响。到下半年，其对出口的拉动作用会更加明显。第二，下半年有季节性因素，欧美国家在几个大的节日如感恩节、万圣节、圣诞节，对中国产品的需求会越来越大。因此，下半年我国对美国以及其他西方国家的出口肯定比上半年好，这就是为什么我认为全年贸易总额能到44万亿~45万亿元的原因。第三，东盟和中国互为第一大贸易伙伴，这是在RCEP签署落地之后就呈现出来的情况，而且我判断这种趋势以后一定会长期存在，而不是短期现象。

澎湃新闻：从贸易伙伴看，中国对共建“一带一路”国家、东盟出口增速较快，东盟与中国互为第一贸易伙伴，而中国对欧美等发达经济体出口增速放缓，您如何看待这种趋势？对共建

“一带一路”国家、东盟出口是否可以对冲对发达国家出口的下滑？

余淼杰：中国对欧美经济体出口增速出现放缓，是因为最近中美的经贸关系日趋复杂，中欧经贸关系也日益敏感。所以我有两个判断：第一，对中国来讲，东盟是最大贸易伙伴，美国、欧盟不相上下，在第二名、第三名之间，但是对美国、欧盟来讲，我国依然是他们最重要的或者是接近最重要的贸易伙伴，这点是没有变化的，特别是对欧盟而言。第二，从长期来看，对共建“一带一路”国家、东盟出口可以对冲对发达国家出口的下滑，特别是金砖国家扩容之后，出口的潜力会更大，还有拉美以及非洲越来越多国家加入“一带一路”倡议，这能够在一定程度上对冲我们对发达国家出口的下滑。

澎湃新闻：应该如何看待与东南亚的贸易关系？如何与其进行产业合理分工、合作？

余淼杰：从全球经贸结构看，应该是东南亚提供原材料，我们进行装配、加工、包装，当然我们也会从日本和韩国进口核心零部件。我们与东南亚、东盟国家的互补性大于竞争性、替代性，这样的关系没有改变。

随着经贸科技发生深刻变化，全球会出现“短链化”现象。比如，原来一个产品由30个国家分工生产，现在因为一些国家推行贸易保护主义，退出之后，可能就变成比如由20个国家分工生产。这意味着退出国家的市场份额会被剩下这些国家重新分配，因此一些国家会随着“短链化”出现，在重新分配中获得更多贸易附加值，而一些国家贸易附加值会变少。因此，要想提升我们的出口附加值，就要做好“三篇大文章”，即“老字号”的产业要做好升级换代；“原字号”产业要做好深度开发，提升附加值；

"新字号"要做好改造和开发。

建议海上丝绸之路向北发展、陆上丝绸之路向东发展

澎湃新闻：您认为当前"一带一路"建设的机遇和挑战有哪些？

余淼杰：面对的挑战，要分不同洲来看。比如非洲，第一，政策沟通机制比较扎实，但是"左右"顶层设计压倒地方关切，所以还应该做到顶层设计与地方诉求相结合。第二，虽然设施联通成效显著，但东道国政府、当地社区和中方企业之间也还存在着需要进一步协调沟通的地方。第三，贸易畅通是在持续提升，但的确也存在着非洲国家对华贸易逆差扩大的趋势。资金融通在稳步推进，但是可持续性正在遭受一定的考验。民心相通虽然不断促进，但我们对非洲国家、其他发展中国家的海外宣传能力还存在短板，有待进一步提升。

对拉美国家，现在处于一个比较好的机遇期，因为拉美国家现在是左翼政府执政，但下一年是换届大年，要考虑一些潜在影响因素。比如，对巴西、墨西哥，应该进一步推进与他们"一带一路"的合作。

对欧洲来讲，我们应该继续做好相关工作，争取"一带一路"倡议在欧洲能够更好推行。

澎湃新闻：您认为下一步"一带一路"建设上可以有哪些侧重和调整？

余淼杰：我认为"一带一路"建设中，陆上丝绸之路建设的重点在于向东加强与远东的经贸合作，海上丝绸之路建设的重点应该是"两头并进"，一方面继续向南做好与金砖国家的合作，

以及与中东、西亚、北非的经贸合作，另一方面是向北做好与中日韩之间的经贸合作，争取成立中日韩自贸区。

如果海上丝绸之路向北发展、陆上丝绸之路向东发展，那么东北海陆大通道应该成为国家战略，因为通过构建东北海陆大通道，打造冰上丝绸之路，那么海陆联运的运输成本会比纯海运经过马六甲海峡要降低很多，而且打通东北海陆大通道除了可以发展贸易，还可以保证安全。如果东北海陆大通道成为国家战略，就能进一步推动我国全面开放新格局的构建，重塑我国对外开放战略地图。

来源：澎湃新闻　2023年9月29日　记者：滕　晗

中国对外投资规模保持世界前列

商务部、国家统计局和国家外汇管理局于2023年9月28日联合发布《2022年度中国对外直接投资统计公报》（以下简称《公报》），从中国对外直接投资流量存量、中国对世界主要经济体的直接投资、对外直接投资者构成、对外直接投资企业构成等部分，全面反映2022年中国对外直接投资情况。《公报》显示，2022年，中国对外直接投资流量1631.2亿美元，为全球第2位，中国对外投资规模继续保持世界前列。

对外直接投资流量位列全球前三

在巴基斯坦，上海电气运营的塔尔煤田煤电一体化项目能保障当地400万户家庭用电需求；在匈牙利，联想集团在当地打造的工厂设备实现高度自动化和智能化，平均1分钟就能下线一台服务器……近年来，中国企业"走出去"步伐加快，中企投资海外力度不断提升。

《公报》显示，中国对外直接投资流量连续11年位列全球前三，连续7年占全球份额超过一成。2022年末，中国对外直接投资存量达2.75万亿美元，连续6年排名全球前三。

从具体分布看，境外企业已覆盖全球超过80%的国家和地区。2022年末，中国境内投资者共在全球190个国家和地区设立境外企业4.7万家，近60%分布在亚洲，北美洲占13%，欧洲占10.2%。其中，在共建“一带一路”国家设立境外企业1.6万家。

“中国对外直接投资流量和存量持续保持在全球前列，说明中国企业正不断做大做强并坚定‘走出去’，通过项目建设等方式改善当地基础设施并创造大量就业机会，以此促进贸易畅通、资金融通、民心相通，进而拉动全球经济发展。”辽宁大学校长余淼杰在接受本报记者采访时说。

对外投资领域更加广泛

更多中国企业阔步“出海”，投资领域也越来越广泛。根据《公报》，2022年，中国对外直接投资涵盖了国民经济的18个行业大类，其中流向租赁和商务服务、制造、金融、批发零售、采矿、交通运输等领域的投资均超过百亿美元。

“近些年‘走出去’的中国企业中，有一部分是根据海外市场趋势拓展企业业务，还有一部分依托自身技术优势，在当地探索业务发展空间，投资领域逐步实现了全行业、全方位覆盖，中国对外投资结构持续优化。”余淼杰说。

绿色投资成为一大亮点。“近年来，中国对外投资领域保持稳健扩大态势，对外投资质量也有所提升，其中新能源领域投资增长势头就较为明显。”北京大学光华管理学院院长刘俏说。

数据显示，2022年，新能源成为电力对外投资项目数量最多的领域，占比约58%。其中，太阳能发电8个项目，数量占比33%，投资金额为13.31亿美元；风电6个项目，数量占比25%，投资金额为5.19亿美元。

互利共赢助力经济发展

中国企业在“走出去”的过程中坚持互利共赢，助力各国经济发展。《公报》显示，2022年，境外企业向投资所在地纳税750亿美元，同比增长35.1%。年末境外企业员工总数超410万人，其中雇用外方员工近250万人。当年对外投资带动货物进出口2566亿美元。非金融类境外企业实现销售收入3.5万亿美元，同比增长14.4%。

在第二十三届中国国际投资贸易洽谈会上，联合国国际贸易中心副执行主任多罗茜·腾博表示，“无论资本是从中国走出还是进入，贸易和投资将使全球经济以可持续的方式复苏，推动经济发展，创造更多就业机会”。

2023年以来，中国对外投资继续保持良好势头。商务部发布的数据显示，2023年前8月，中国对外投资持续增长，对外非金融类直接投资5856.1亿元人民币，同比增长18.8%。其中，中国企业在“一带一路”共建国家非金融类直接投资1403.7亿元人民币，同比增长22.5%。与此同时，中国对外承包工程完成营业额6486.2亿元人民币，同比增长6.1%；新签合同额8633.4亿元人民币，同比增长2%。其中，中国企业在“一带一路”共建国家承包工程完成营业额5295.2亿元人民币，同比增长4.8%；新签合同额7253.5亿元人民币，同比增长5.6%。

“保持对外投资的好势头，一方面需要中国企业持续练好内功，不断提升竞争力，加大创新力度；另一方面，企业还应积极承担社会责任，促进民心相通。此外，企业要找准‘出海’目标和定位，明确自身‘出海’发展优势，进而推动海外业务实现可持续、高质量发展。”余淼杰说。

来源：《人民日报海外版》　2023年10月7日　记者：廖睿灵

写在第六届进博会开幕之际：一片“四叶草” 一展“惠全球”

黄浦江畔，“四叶草”又一次敞开怀抱，老时间、老地点，新老朋友共赴“进博之约”。

第六届中国国际进口博览会（以下简称“进博会”）秉承“新时代，共享未来”主题，由国家综合展、企业商业展、虹桥国际经济论坛、专业配套活动和人文交流活动等组成，于2023年11月5日至10日在国家会展中心（上海）举办。

“进”而有为，“博”采众长。作为全球首个以进口为主题的博览会，进博会是一个“买全球、卖全球”的平台，一边是参展国家和企业跃跃欲试，另一边是国内采购商和消费者摩拳擦掌，“在中国制造”和“为中国制造”同步发生、同等重要。

在琳琅满目的展品背后，更可贵的是“产业链的角力”“看不见的服务”“与国际贸易通行规则的接轨”。中国正从“世界工厂”向“世界市场”转变，进博会溢出效应成为“各个国家的大合唱”。

“参展商”变“投资商”：构建新发展格局的“窗口”

身在中国，买遍全球。刚刚过去的周末，盒马的俄罗斯进口帝王蟹销售增长2.8倍，价格从上千元降到699元左右。在首届进博会上，俄罗斯进口帝王蟹还是“稀罕货”，到现在已经走入群众的日常生活。6年来，得益于进博会的溢出效应，一批海外商品从“网红展品”变为“长红商品”。

回顾近年来的进口产品，挪威海产局发布了“2025计划”深耕中国市场、阿根廷将牛肉作为对华出口的新增长点、新西兰苹果取了讨巧的中国名字“爱妃”、缅因州龙虾行业原本的淡季因为中国春节消费变成最繁忙的时段……

“参展一周、服务一年”，八方来客相约进博。2023年展会的“朋友圈”再次扩大，参展世界500强和行业龙头企业数达289家，为历届之“最”。预计将迎来154个国家、地区和国际组织的来宾……

进博会彰显了中国市场的巨大魅力。雅培公司董事会主席兼首席执行官罗赋德表示：“进博会是中国重要的对外开放展会，我们很高兴能够亲历其中，全方位展示雅培的前沿生命科技和解决方案，分享我们对医疗健康美好未来的愿景。”

从首发首秀到年年赴约，从“参展商”变为“投资商”，进博会开放的“窗口效应”正在不断显现。

“就在上个月，拜耳医药在中国布局的首个创新中心在北京揭牌启动。”拜耳中国传播副总裁张蕾表示，“中国是拜耳全球的第二大市场，我们一直持续在华投资。目前拜耳在中国设有两个‘全球研发中心’和四个‘世界级制造工厂’，希望通过提升本土研发能力来改善自己的产品，以便更加贴近中国消费者的需求。”

必和必拓中国区总裁王跃奎说：“在‘进博效应’催化下，目前我们已携手中国宝武、河钢集团、中国铜业和中色大冶、中天钢铁等产业链合作伙伴，签署多项合作协议共同推动钢铁生产以及铜冶炼等流程走向低碳化。”

“我们对中国经济的中长期发展非常乐观。”渣打集团主席韦浩思说，“这是我们连续第六年参加进博会，我们看到这个平台的重要性越来越显著，中国金融领域的制度型开放稳步向前。这也为我们把握中国市场机遇、发挥金融连接器作用提供了更广阔的空间。”

参展商乐观的心态，来自往届展会落地的成效。日前，商务部副部长盛秋平在国新办举行的新闻发布会上表示，前五届进博会展示超过2000项代表性首发新产品、新技术、新服务，累计意向成交额近3500亿美元。

参展商用具体行动来展现对中国发展的信心。“2023年进博会期间，松下集团CEO楠见雄规将参与展会活动，并在公开场合演讲，介绍集团在华发展策略。这就是要再次亲口宣示对中国经济发展的信心和投资中国的决心。”松下相关负责人说。

辽宁大学校长余淼杰对人民网记者表示，进博会是一扇窗口，彰显了我国高水平对外开放的决心，推动经济高质量发展的信心，构建以国内大循环为主体、国内国际双循环相互促进的新发展格局的恒心。“通过建立全国统一大市场，加快推动形成供需互促、产销并进、畅通高效的内循环，推动我国市场由大到强，以此保持和增强对全球企业、资源的强大吸引力。”

宣示重大开放举措：搭建推动高水平开放的平台

世界经济开放则兴，封闭则衰。鼓励外商投资产业目录正式施行，新增条目239条；率先在一些自由贸易试验区和海南自由贸易港，试点对接相关国际高标准经贸规则；宣布支持高质量共建“一带一路”的八项行动……2023年以来，我国推动规则、规制、管理、标准等制度型开放，形成更大范围、更宽领域、更深层次对外开放格局。

“往届进博会开幕式上宣布的多项重大开放举措均已落地，使得中国高水平开放取得瞩目进展，充分彰显了中国建设开放型世界经济的信心。”安永全球管理委员会成员陈凯表示，2023年恰逢上海自贸区建设十周年，在进博会和上海自贸区这块“试验田”的双重机遇下，企业能够积极创新，在智能制造、生物医药等领域推出新产品，对推动外资营商环境的优化起到了积极作用。

“中国正在稳步推进人才强国、创新驱动发展等战略，这让跨国企业在华发展迎来了更好机遇。奥的斯全球研发中心的认定也是对我们在中国市场持续投资科研、培育人才的肯定。”奥的斯中国区总裁罗小莉表示，企业将持续参与中国高端制造和本土化创新，助力中国成为全球创新高地。

“进博会展示了中国政府对贸易自由化和经济全球化的坚定支持，它为企业展示创新成果和加强合作交流提供了绝佳平台。”ABB电气中国总裁赵永占谈到，过去五年，ABB在进博会的舞台累计展示了210多项创新产品与前沿技术，发布了多款新产品和数字化解决方案，众多ABB新产品和新技术从进博起飞，推向全国乃至全球市场。

开放大门、广交宾客，新朋友跃跃欲试。在本届进博会上，美国中小企业首次组团参展、非洲农产品专区首次设立、中小企业专场对接会首次举办……参展国别覆盖五大洲，其中11国首次参展，34国首次线下参展。

中国信息协会常务理事、国研新经济研究院创始院长朱克力对人民网记者说：“进博会为中国与世界各国经贸合作提供了一个重要平台，有利于促进国际贸易与投资自由化便利化水平。同时，进博会还是一个展示中国对外姿态与开放精神的重要窗口，向世界彰显了中国推进高水平对外开放的决心与信心。”

进博会也为地方发展带来机遇。“上海应牢牢把握契机，充分发挥进博会溢出带动效应，推动上海对外开放能级实现新提升，推动上海消费市场能级再上新台阶，加快将上海建设成为具有全球影响力的国际消费城市。”上海社会科学院原副院长、研究员何建华对人民网记者说。

迎五洲客　计天下利：打造全球共享的公共产品

开放的成果，数据最直观。据海关统计，2022年我国货物贸易进出口总值42.07万亿元，比2021年增长7.7%。其中，进口18.1万亿元，同比增长4.3%。原油、天然气和煤炭等能源产品合计进口3.19万亿元，同比增长40.9%，占进口总值的17.6%；农产品进口1.57万亿元，同比增长10.8%，占进口总值的8.7%。此外，我国中间产品进口增长7.5%，拉动整体进口增长5.9个百分点。

作为“世界工厂+世界市场”，中国正在为各方提供庞大、稳定、可持续的进口需求。对广大进口伙伴而言，这不仅将创造可观的贸易收入、带动相关产业发展，更将创造出持续增长的就业岗位、参与经济全球化进程。

“进博会是全球共享的公共产品，彰显了中国坚持多边主义，践行人类命运共同体的理念。”盛秋平表示，进博会通过提供免费展位等方式，支持最不发达国家企业参展。虹桥论坛围绕“全球开放”核心主题与“国际公共产品”的功能定位，持续发布《世界开放报告》和世界开放指数，搭建国际政商学界高端对话交流平台。

记者梳理历届进博会议程不难发现，进博会与世界贸易组织、二十国集团、亚太经合组织、上海合作组织等多边国际组织保持合作机制。联合国工业发展组织、世界知识产权组织等国际组织负责人积极参加。此外，进博会助力发展中国家，特别是最不发达国家融入多边贸易体制，推动发展中国家参与国际经贸活动。

展会、展会，“展”“会”并重。活动期间举办的虹桥国际经济论坛围绕“全球开放”核心主题和“国际公共产品”定位，聚焦全球开放热点话题，为国内外政商学界嘉宾搭建了高端对话平台，为世界开放发展贡献“虹桥智慧”。

在此前，中国国际进口博览局在人民日报社新媒体大厦举行其主办的“中国国际进口博览会五周年专家研讨会”上，时任民建中央副主席、上海市政协副主席周汉民认为，通过进博会的平台，中国向世界贡献了坚持全球化的理念，奉行贸易自由化、投资便利化的宗旨，为推动构建人类命运共同体做出积极努力。

开放已经成为当代中国的鲜明标识。“通过进博会，我们深切感受到中国坚持对外开放、继续支持经济全球化的信号，及负责任的大国形象。中国作为主要经济体，建设开放型经济的持续努力为保障全球产业链供应链稳定、推动世界经济复苏作出了重要贡献。”阿斯利康全球副总裁、国际业务及中国区总裁王磊说。

一片“四叶草”、一展“惠全球”。第六届进博会的“脚步”越来越近，将再次奏响开放融通、合作发展的华彩乐章，博采众长未来可期。

来源：人民网　2023年11月4日

记者：李　彤　焦　磊　欧阳易佳

我国对外开放的信心和决心都没有变

“尽管当前面对着风高浪急的国际环境，但是我国对外开放的信心和决心都没有变。”2023年11月5日，辽宁大学校长余淼杰在第六届中国国际进口博览会暨虹桥国际经济论坛期间接受中国经济网记者采访时，谈及自己的感受。

余淼杰指出，中国对外开放不仅有利于国内发展，更加惠及全球。中国国际进口博览会作为高水平开放的平台，实实在在地推进了其他国家经济的发展，这具有重要的意义。

本届中国国际进口博览会吸引了154个国家、地区和国际组织的来宾，国家展有72个国家和国际组织集中展示，企业展吸引来自128个国家和地区的3400多家企业参展。参展的世界500强、行业龙头企业以及创新型中小企业，数量均为历届之最。

余淼杰指出，从国际上来讲，中国已经成为全世界最重要的市场之一。我国统一大市场的建设，意味着外商对华贸易更加便利。“本届中国国际进口博览会，参加的人数越来越多，规格越来越高，彰显了全球对中国开放理念的认可。”

2023年是自贸试验区建设十周年。回顾自贸试验区建设历程，余淼杰认为，我国自贸区建设在大胆试、大胆闯、自主改方面做了很多工作，形成了一批制度创新成果。展望未来，他认为，还将看到自贸试验区区域的扩大，也会看到可复制可推广的经验越来越多。

来源：中国经济网　2023年11月6日　记者：马常艳

第六届进博会：汇集八方展品、搭建开放平台、凝聚合作共识

深秋时节，浦江之滨，“四叶草”再次绽放。2023年11月5日，第六届中国国际进口博览会在国家会展中心（上海）正式拉开帷幕。自2018年首届进博会以来，每逢收获的季节，这个世界上首个以“进口”为主题的国家级博览会都如约举办，邀请四海宾朋共襄盛会。

五年前在“四叶草”播下的开放种子，如今已根深蒂结、枝繁叶茂。“新时代，共享未来”，本届进博会将再次以开放纾发展之困、以开放汇合作之力、以开放聚创新之势、以开放谋共享之福，绘就开放发展、合作共赢的华彩画卷。

进博新发布、上新连连看，展区设置更聚焦高质量发展和高品质生活

“太厉害了，根本接不住！”在位于技术装备馆的欧姆龙展区，一场乒乓球人机对决激战正酣。球台一侧，两名工作人员挥汗如雨、轮番发起进攻，另一边，机器人FORPHEUS如同“八爪鱼”一般立于球桌之上，轻松化解了一次次“攻势”。

“FORPHEUS是基于‘人与机器的融合’理念而打造的乒乓

球教练机器人，今年亮相的是其最新的第八代。”展区工作人员吴红告诉记者，相较于以往版本，第八代FORPHEUS在实现机器与人的相互理解、共同成长上有了进一步提升。通过增加人机“对话”的交互功能，帮助机器人与人建立更深入的关系，让人与机器相互了解彼此的训练想法，借助双向语音沟通，规划后续的对打训练方案，促进玩家运动表现的提升。

自2018年首届进博会举办以来，汇聚全球创新产品、展示当下前沿技术便成为进博会的亮眼标签：2019年参展的世界500强和行业龙头企业首次超过250家，2020年设公共卫生防疫专区，2021年设文物艺术品板块，2022年新设农作物种业和人工智能等专区……据统计，前五届进博会共计首发新产品、新技术和新服务约2000项，累计意向成交额近3500亿美元。

全球首发、亚洲首秀、中国首展……越来越多的参展商把进博会作为展示最新成果的绝佳平台。本届进博会设立新品发布专区，将有59家全球知名企业汇聚这一专区，开展共计71场发布活动，其中包含40场“进博新发布”和31场“上新连连看”。

作为全球最大的资源开采和矿产品供应商之一，力拓集团重点展示了突破性专利低碳技术——BioIron™力拓生物质炼铁技术，这也是该技术首次在中国展示。

“作为力拓正在开发的钢铁碳减排技术之一，BioIron™有望推动实现钢铁冶炼过程中二氧化碳的近零排放，对价值链低碳转型具有重大意义。”力拓集团首席商务官、中国区主席白睿明（Alf Barrios）说，本届展会力拓将重点展示公司与中国伙伴不断深化合作、携手推动低碳创新的发展与成就。

力拓、西门子、陶氏……漫步展厅，全球十五大整车品牌、十大工业电气企业、十大医疗器械企业、三大矿业巨头、四大粮商、五大船运公司等悉数亮相。记者了解到，本届展区设置更聚焦高质量发展和高品质生活，能源低碳、人工智能等科技前沿类展览专区以及生活消费类题材展览面积较上届增长30%，超过400项新产品、新技术、新服务集中展示。

“参展的世界500强、行业龙头企业以及创新型中小企业，数量均为历届之最，创新孵化专区展览面积和项目数量较上届增加一倍。”商务部副部长盛秋平在此前举行的新闻发布会上说，本届进博会，参展的世界500强和行业龙头企业数达289家，已有超过3400家参展商和39.4万名专业观众注册报名，全面恢复到疫情前水平。

全面恢复线下举办，以精益求精的服务保障迎接盛会

2023年11月5日一大早，国家会展中心（上海）运营中心副总经理彭春焰带领团队成员开始了场馆巡检工作。“今天是进博会开幕首日，我们重点检查了展会运行、安全保障等情况，针对发现的问题及时反馈，督促优化，希望给予盛会更细致的服务保障。”彭春焰告诉记者。

第六届进博会是新冠疫情以来首次全面恢复线下举办，规格高、活动多、参展热情高，对展会筹办也提出更高要求。作为筹办工作的主要承办方之一，彭春焰和团队在筹办展会过程中，将提升展客商便利度、舒适度、满意度作为主要目标。

在会展中心商业区的一家咖啡馆，来自古巴的参展商伊格纳西奥·纳扎纳尔利用移动支付绑外卡的方式购买了两杯咖啡。“这种支付方式非常便捷，让我们在参展之余可以轻松在展区内购物。”

"今年进博会首次支持外卡支付。"彭春焰介绍，国家会展中心馆内商户全部开通外卡POS机，实现外卡支付受理全覆盖，为馆内外卡受理有困难的商户紧急开辟了外卡受理服务绿色通道。"目前，我们已督促所有会展中心的商户在显著位置张贴国际支付便利化标识。"彭春焰说。

据了解，为更好满足境外人士消费支付习惯，上海推出了外卡POS机、外卡取现、移动支付绑外卡等支付便利化组合服务。截至目前，在包括商业、文旅、机场车站等重点场景已开通外卡POS机超3.6万台，实现商业场景、文旅场景、交通场景等三大场景重点商户全覆盖。

一个多月来，从外高桥码头、浦东国际机场到"中欧班列——进博号"，大量进博展品通过上海海关，整装待"展"。

为进一步提升广大参展商的参会体验，保障展品入境更加便利，今年上海海关发布第六届进博会通关须知，出台17条通关便利措施，涵盖参展准入、展品通关、展后处置全流程。同时，进一步创新监管制度，在评估确认风险可控的前提下，对参展的动植物产品、食品采取特许审批措施，扩大参展展品范围。此外，上海海关设立了进博会服务专窗和专用通道，实施口岸、展馆协同作业查验，避免企业在海关查验和布展环节两次开箱，切实提高参展商品通关效率。

"通过建立28个保障组，形成109个专项方案、98个处置预案和48个工作机制，开展多场综合演练和227场专项演练，全力做好展会运行、安全生产、社会治安等方面的保障工作。"上海市副市长华源在此前举行的新闻发布会上介绍，将通过优化精益求精的服务保障，展示包容开放的城市形象，放大溢出带动的综合效应，确保第六届进博会圆满成功举办。

为国内外交往合作搭建桥梁，推动中国与世界市场对接、产业相融、创意互促、规则互鉴

在技术装备馆，一台长约20厘米、高约10厘米的显示仪上，清晰呈现出不远处管道设备阀门的漏气点位。这是美国福禄克公司今年在进博会展出的“声学成像仪”，吸引了诸多国内企业观展团的关注，震坤行工业超市（上海）有限公司就是其中之一。

“把声音变成图像”是该设备的技术特点。美国福禄克公司产品经理俞喆告诉记者，“声学成像仪”可以支持大批量机械故障远距离、无接触检测。比如，工业生产场景下，面对管道阀门漏气的情况，“声学成像仪”可以通过64点位的阵列麦克风收集嘈杂环境下的微小声音、震动，高效精准检测出工业故障，防止问题恶化。

“以声学成像仪为代表的先进产品和技术成为我们和福禄克公司签约的主要内容之一。”震坤行工业超市（上海）有限公司董事长陈龙说，作为我国工业用品采购服务平台公司，今年已经是震坤行第2年参与进博会。“进博会是链接全球企业开放合作的重要平台，我们希望借助进博会，携手全球战略供应商，精选海内外优质品牌，持续优化上游供应体系，致力于为国内制造企业客户提供越来越多、质量可靠、价格更优、高技术含量的工业用品。”

展品变商品，展商变合作方……每年进博会，这样的故事都在不断上演。作为联通国内国际的纽带，进博会不仅为各国企业进入中国大市场搭建桥梁，也带动着国内经济转型、产业升级和消费升级。

本届进博会上，国内大批企业开展实地拜访、项目对接、考察交流和经贸洽谈等招商活动，力争推动一批项目达成合作，促进中国本土企业进一步优化资源配置，提高创新能力和生产效率。

“希望通过进博会拓宽业务渠道，与来自全球的优质企业在进口农产品及食品方面展开合作对接，为成都市民引进更多优质、绿色、有机、健康的产品。”成都益民国际贸易有限公司相关负责人说，此次公司来到上海，希望通过广泛对接各国优质行业企业，实现“买全球、卖全球”，进一步丰富成都市民的“菜篮子”。

在辽宁大学校长余淼杰看来，进博会是一扇窗口，彰显了我国高水平对外开放的决心，推动经济高质量发展的信心，构建以国内大循环为主体、国内国际双循环相互促进的新发展格局的恒心。“通过建立全国统一大市场，加快推动形成供需互促、产销并进、畅通高效的内循环，推动我国市场由大到强，以此保持和增强对全球企业、资源的强大吸引力。”余淼杰说。

持续传递对外开放坚定信心，为全球发展贡献中国力量

5日下午，在位于国家馆的几内亚比绍共和国展区，工作人员小德正拿着手机拍摄宣传视频。镜头前，一名负责人手拿一包腰果干，介绍着本次参展的各种产品。

几内亚比绍位于非洲西部，是世界上最大的腰果原料生产国之一。在2022年进博会上，几内亚比绍首次参加企业商业展，该国参展企业获得了一个18平方米的免费展位，展出的各类腰果产品大受欢迎，连仅供展示的样品都几乎被订购一空。

“去年参展让我们非常兴奋，所以决定今年首次参加国家综合展。”小德告诉记者，除了腰果外，今年还带来了木薯、木雕等当地特色产品。“今年我们既期待把产品更好地推广出去，也希望把更多中国的商品引进来。”

远道而来的，还有一位位熟悉的“老朋友”从四面八方相约而归。

自首届进博会举办以来，马来西亚从未缺席。马来西亚驻沪总领事馆副领事芮娜告诉记者，今年他们不仅在国家馆专门开设展区，在食品及农产品等其他展馆中，也有当地企业专门设立展区推广展出。

“参加进博会，不仅为这些企业提升了销量，更能有效提升品牌的影响力。”芮娜说，通过以往参展，马来西亚的榴莲、燕窝等产品都收获了大量订单，深受中国市场欢迎。今年他们瞄准中国市场对健康保健、高品质食品饮料等产品的巨大需求，专门带国内相关企业参展。“中国市场对马来西亚很重要，未来希望能够更好地共享中国发展带来的机遇。”

据统计，本届进博会预计将迎来154个国家、地区和国际组织的来宾，已有69个国家和3个国际组织确认将参加国家展。其中，11个国家首次参展，34个国家首次线下参展。

“进博会是全球共享的公共产品，彰显了中国坚持多边主义，践行人类命运共同体的理念。”盛秋平说，进博会通过提供免费展位等方式，支持最不发达国家企业参展。同时，虹桥论坛围绕“全球开放”核心主题与“国际公共产品”的功能定位，持续发布《世界开放报告》和世界开放指数，搭建国际政商学界高端对话交流平台。

如今的进博会，已成为国际采购、投资促进、人文交流、开放合作的重要平台。透过进博会的窗口，世界看到中国经济以高水平对外开放促进深层次改革、推动高质量发展的强大韧性与蓬勃活力。

数据显示，2023年前三季度我国货物贸易进出口总值30.8万亿元，在世界经济复苏势头不稳的大环境下，我国外贸顶住压力，前三季度货物贸易进出口平稳运行，同比增速基本持平，并呈现出积极向好的发展态势。

从上海自贸试验区起步，我国自贸试验区建设不断发展，构建起覆盖东西南北中，统筹沿海、内陆、沿边的改革开放新格局，越来越多企业在这里将政策机遇、开放机遇转化为发展机遇。

在共建“一带一路”的十年里，我国与150多个国家、30多个国际组织签署了230多份共建“一带一路”合作文件，遍布五大洲和主要国际组织，共建“一带一路”及其核心理念被写入联合国、亚太经合组织等多边机制成果文件。

……

本届进博会大幕已经拉开，在开放的大舞台上，中国携手各国在开放中创造机遇，在合作中破解难题，推动经济全球化朝着更加开放、包容、普惠、平衡、共赢的方向发展，为世界经济复苏和全球发展繁荣作出更大贡献。

来源：中央纪委国家监委网站客户端　2023年11月6日

记者：陈　昊　文子玉

六方面发力构建对外开放新格局

“尽管一些国家推行贸易保护主义，但是我们现在依然处在经济全球化时代。”辽宁大学校长余淼杰11月4日在华东理工大学主办的2023国际进口贸易论坛上表示，我们现在面临着风高浪急的国际环境，也面临着艰巨繁杂的国内改革，进入以高质量发展为特征的新发展阶段，应努力构建以国内大循环为主体、国内国际双循环相互促进的新发展格局，其中构建国际循环成为关键。

在余淼杰看来，经济全球化的重点是贸易全球化，而贸易全球化的重点主要看两个指标：生产的地区化和贸易的多边化。从事实来看，即使贸易产品面临更多的贸易关税壁垒，但生产的地区化和贸易的多边化这两个特征并没有发生根本性改变。

对于当前的国际经贸格局，余淼杰认为，中国的开放发展推进了全球化进程，目前国际经贸格局呈现出三足鼎立的态势，即以美国为中心节点的北美自贸区、以德国为中心节点的欧盟区和以中国为中心节点的RCEP区。

“三足鼎立并不意味着三者完全孤立。事实上，这三者正在谋求更加紧密的两点合作。”余淼杰表示，欧盟区和北美自贸区正在谈判《跨大西洋贸易与投资伙伴协定》（TTIP），欧盟区和中国的《中欧全面投资协定》（中欧CAI）也正在有序推进。此外，中国积极加入的《全面与进步跨太平洋伙伴关系协定》(CPTPP)也涉及北美自贸区范畴。

在此背景下，为打造一个更大规模、更宽领域、更深层次的全面对外开放新格局，余淼杰建议从以下六个方面发力：

一是出口目的地多元化。当下国际形势复杂多变，中国出口企业不要只瞄准欧美成熟市场，应更加积极地开拓新兴国家市场，如金砖国家、中亚地区等。并且，在向不同国家市场出口产品时，中国企业应根据目的地收入水平和现实情况提供差异化产品，在更好满足当地需求的同时增强竞争力。

二是进口规模扩大化。从宏观政策上看，应持续扩大进口，降低关税，减少贸易成本。这样一来，更多产品可以进入国内市场，有助于提高消费者的幸福感和获得感。从企业的角度来讲，若进口的是中间品，成本下降有利于企业利润的可持续增长以及地方财政利税的增加；若进口的是最终品，关税下降在短期内会带来竞争，但在长期优胜劣汰中会使得行业生产率上升，为行业发展带来利好。

三是服务贸易特色化。中国已经是全球货物贸易第一大国，但服务贸易还有较大发展空间，应从扩总量、调结构、树特色等方面努力。从总量上看，日前发布的《中国服务贸易发展报告2022》显示，中国服务进出口规模总额达到8891亿美元。这一数据和美国的服务贸易总量还有一定差距。从结构上看，中国服务贸易在主要产业方面逆差较大，如教育服务是逆差最大的产业之一，应采取措施扩大服务贸易顺差；随着国门开放，中国丰富的旅游资源应得到更多国外游客的青睐，但软设施做得还不够，旅游服务质量有待提升。从特色上看，应找到中国服务贸易产业的比较优势来树立特色，如中医药产业就是可以努力的方向之一。

四是对外直接投资深度化。中国对外投资规模一直走在世界前列，“走出去”已经做得很成功。但是，中国企业不仅要“走出去”，还要“走进去”“走上去”。“走进去”指的是企业“走出去”后要做好民心相通的工作，承担更多社会责任。“走上去”则意味着对外直接投资要重质量，在开拓市场的同时也要重视技术等各方面的提升。

五是地区经贸合作层次化。目前中国正在推进加入CPTPP进程，但因其成员国多、情况相对复杂，短期内实现较为困难。从要素开放到制度开放，推进中日韩自贸区建设也很重要。中日韩三国地缘近、优势互补，扩大中日韩经贸合作有助于促进区域经济一体化，强化地区产业链合作。

六是“一带一路”差异化。如今，共建“一带一路”已经进入到下一个十年。未来，陆上丝绸之路建设的重点应放在向东加强和俄罗斯远东地区的经贸合作；海上丝绸之路建设的重点应“两头并进”，一方面向北推进中日韩自贸区建设，另一方面考虑加强和中东、西亚、北非的经贸合作，特别是推进跟伊朗、沙特和埃及等的自贸区建设。如果陆上丝绸之路向东发展、海上丝绸之路向北发展，就可以构建东北海陆大通道，重塑我国对外开放战略版图。

来源：《中国贸易报》　2023年11月7日　记者：张寒梅

第四篇
绿色贸易

进博会探“绿”：应对环境挑战投资贸易如何逐“绿”而行？

绿色发展是可持续发展的必要条件。随着全球环境挑战日益增多和可持续发展重要性愈发凸显，绿色贸易、投资和融资已成为人类社会应对环境变化的重要助力之一。

如何通过贸易、投资和融资更好地促进全球气候行动？如何解决不同国家在发展绿色贸易投资中的难题？在11月5日举办的第六届进博会虹桥国际经济论坛“发展绿色投资贸易　共建全球生态文明”分论坛上，“绿色”成为大家共同关注的话题。

联合国开发计划署协理署长徐浩良表示，未来的投资增长首先要关注人和地球。我们未来的增长必须以可持续作为基本导向，应该是绿色、数字化的，并且国家的经济增长也要首先将人的发展和自然保护融为一体。联合国开发计划署正在协助各国为可持续发展投资更多资金，目前约有86个国家计划开展综合国家筹资框架。

中国国务院发展研究中心副主任隆国强强调，全球绿色贸易投资的前景十分广阔，但还需要各国政府携手推进。国际社会应该加强推动绿色贸易相关国际协定的谈判，进一步提升绿色贸易自由化、便利化水平。同时，要警惕和坚决反对绿色保护主义。

交通银行行长刘珺表示，加快绿色贸易发展，迫切需要推动标准、市场、政策、技术等要素的完善。在标准上，应秉承共同但区别责任的原则，加强国际贸易磋商，探索形成多边互认的碳排放和绿色贸易体系；市场上应稳步推进碳市场互联互通；政策上应加大绿色贸易开放度，消除绿色贸易壁垒，特别是不应为绿色技术设置贸易藩篱；技术上应加强绿色技术创新和应用，支持发展中国家应用绿色技术促进绿色低碳转型和绿色贸易发展。

分论坛上，与会嘉宾还对发展中国家进行绿色贸易投资给予了更多关注。联合国贸易和发展会议秘书长格林斯潘提到，发展中国家能源投资不仅涉及转型，也需要确保它们有能力获得负担得起的能源。

刘珺表示，由于发达国家技术竞争的考量，发展中国家技术敏感性、资金缺乏、技术发展缓慢等客观规律的叠加，绿色技术的溢出效应迟迟得不到显现。发展中国家可以通过引进绿色产品、技术等方式，加速本国传统行业绿色转型，实现经济效益、环境效益的双赢。

此外，多位与会嘉宾还强调，中国绿色投资融资的潜力巨大，给世界带来更多发展红利。格林斯潘表示，中国是最大的绿色债券发行国，引领了全球绿色债券发行的步伐。辽宁大学校长余淼杰也提到，中国的绿色投资和贸易，并不是中国一己之事，而是要积极带动全球在绿色投资和贸易方面一同进步。

来源：中新社　2023年11月6日

紧抓绿色贸易新机遇，以扩大进口推进高水平对外开放

2023年11月5日，为期6天的第六届中国国际进口博览会在上海开幕。在改革开放45周年之际，中国在本届进博会上就对外开放作出新的宣示，提出“市场机遇更大的开放”、“规则对接更好的开放”、“创新动能更足的开放”和“包容共享更强的开放”。

中国外贸未来走势如何？为什么中国需要扩大进口？中国应当如何把握好服务贸易、绿色贸易等新机遇？对此，21世纪经济报道在进博会现场专访了辽宁大学校长余淼杰。

中国经济仍将保持基本稳定

《21世纪经济报道》：IMF在10月10日发布的最新一期《世界经济展望》报告认为，全球经济增速的基线预测值将从2022年的3.5%降至2023年的3.0%和2024年的2.9%，远低于3.8%的历史（2000—2019年）平均水平，你如何看待后续世界经济的恢复态势？目前在俄乌冲突持续、巴以冲突升级等因素的扰动下，全球经济的分化趋势是否会进一步扩大？

余淼杰：预期下调的主要因素是现在面临的百年未有之大变局，国际形势可以说是“风高浪急”，那最核心的一点是，未来

全球经济的发展会面临着一个分化趋势，美欧日等主要经济体的经济增速下滑是一个显然的趋势。中国经济已经由高速发展转轨成为高质量发展，虽然在全球主要经济体的经济增速中仅次于印度，但是仍可以长期稳定在5%左右，而且中国的经济规模是印度的四倍到五倍之多，所以中国经济仍然是拉动世界经济增长的一个火车头。

《21世纪经济报道》： 外贸依存度下降是今年中国经济的一个重要表现。前三季度中国外贸总值30.8万亿元人民币，同比微降0.2%。你如何看待中国当前的进出口形势？四季度外贸能否重回正增长？

余淼杰： 正是由于上一个问题提到的因素，目前主要发达经济体需求疲软，导致中国今年的外贸进出口表现与去年基本持平。我预计第四季度中国的外贸总额还是能够达到12万亿元人民币左右水平，全年还是能够保持在42万亿到43万亿元人民币左右的水平。需要注意的是，虽然进出口总额变化不大，但是货物吞吐量都是有明显增长的，这个主要来自价格的变化，而不是来自量的变化。人民币贬值对出口的拉动作用还是比较明显的。

我认为，第四季度外贸大概率能重新回到正增长趋势。这一方面是因为季节性因素和基数因素，感恩节、万圣节、圣诞节等欧美国家的重要节日会带动对中国产品的需求；另一方面，而且RCEP持续生效、共建“一带一路”取得新成果，可以对冲对发达国家出口的下滑，对中国外贸的稳定增长形成长期支撑。

通过扩大进口带动国际经济复苏

《21世纪经济报道》： 长期以来，中国坚持实施扩大进口战略，连续14年稳居全球第二大进口市场，这在很大程度上得益于中国拥有超大规模的国内市场，你如何看待中国内需和进口对世界经济的影响？

余淼杰：中国长期重视对外开放，正致力于打造一个更大规模、更宽领域、更深层次的对外开放新格局。进口规模扩大已经成为我们对外开放的重要抓手，通过扩大中国超大规模的内需市场、扩大从国外的进口，也有助于带动其他出口国家的经济恢复，这都可以体现出对中国经济乃至对世界经济的贡献。

进一步来看，扩大进口对中国的好处主要体现在以下几个方面。

对消费者而言，通过降低关税，实施更加便利的贸易措施，能够提高居民福利。这主要是由于有更多可供选择的进口消费品进入国内市场，消费者面临着更多的选择机会，企业面临着更激烈的竞争，从而会降低国内的消费品价格以使其在竞争中生存，给老百姓带来更大的幸福感和收获感。

对生产者而言，则取决于进口的产品是中间品还是终端产品。如果是中间品的话，随着关税的下降以及贸易便利化的实施推进可以帮助企业降低成本、提升利润，同时有利于企业所在地区的利税水平上升。如果是终端产品的话，短期内会形成竞争效应，实现国内市场的优胜劣汰，从而提高企业的全要素生产率，推动产业升级。

《21世纪经济报道》：恰逢进博会，你对于中国扩大进口有何建议？

余淼杰：我认为，中国要进口更多的高质量中间品，通常从欧美日进口的中间品技术含量都比较高，如果企业在生产中能与国内中间品进行深度融合，则可以产生“一加一大于二”的熊彼特效应。

另外，需要强调的是，扩大进口不只是扩大农产品或工业品的进口，也同样包括扩大服务贸易进口，本次进博会也把服务贸易作为重要议题。比如，可以鼓励更多地像出国留学和国外医疗这种旅行类进口，鼓励国内居民到国外医疗，扩大这类进口可以使国内老百姓享受到更好的医疗服务。

用好绿色贸易新抓手

《21世纪经济报道》：据联合国贸发会议此前公布的数据，尽管2022年全球贸易领域表现低迷，但绿色能源产品的贸易实现了持续快速增长，你如何看待未来的绿色贸易和绿色投资机遇？目前中国经济结构也在进行转换，应当如何把握好上述机遇？

余淼杰：全球绿色低碳转型步伐加快，越来越多的国家将发展绿色贸易作为推动经济转型、提高低碳领域国际竞争力和话语权的重要抓手，以环境产品为代表的绿色贸易在国际贸易发展中发挥着重要作用。

中国的绿色贸易、绿色投资在去年表现强劲，已经成为世界第一大绿色出口国和第三大进口国。特别是在绿色贸易方面，中国的“新三样”出口已经位于全球前列，有利于中国贸易结构的转型升级。

我们也可以看到，在国际经贸合作中，特别是在共建“一带一路”的合作中，中国不仅自己生产了大量的绿色产品，而且还通过绿色投资、清洁能源利用等方面促进了合作国家和地区的环保和低碳改造工作。

想要把握上述机遇，一方面，要加快政策推进和体系建设，围绕绿色贸易发展制度、绿色贸易标准和认证、绿色贸易国际合作等方面统筹推进，特别是要加快制度体系建设和创新进程，为促进绿色贸易高质量发展创造良好的制度环境；另一方面，要坚持向创新要动力，加快技术创新，推动产业升级，不断提高科技含量和工艺水平，持续推动外贸转型升级和我国绿色外贸的竞争新优势。

《21世纪经济报道》：欧盟碳边界调整机制（CBAM，业界又称“碳关税”）的第一阶段已经在今年10月1日启动，这个措施也将成为贸易壁垒。这是否会对中国目前的外贸增长形成新的压力？外贸企业普遍存在的“碳焦虑”，你认为应当如何应对？

余淼杰：碳关税的出台的确给中国企业的出口造成了一定的挑战。换言之，这其实是把发达国家本应承担的减排责任，转移到作为贸易伙伴的发展中国家，会促使企业的贸易生产成本上升。如果强行征收碳关税，势必会使出口相关产品的发展中国家采取以牙还牙的政策，来征收相应的碳关税。因此，一种新的贸易摩擦就会产生。

在这种情况下，企业需要做两个方面的准备。一方面是练好内功，让自己的产品更加绿色，尤其是对化工产品和碳排放比较多的产品，要尽量地提升全要素生产力，着力优化产业结构、推动技术进步，更好地促进产业的转型升级。加强碳排放统计核算能力建设，尽量避免出口目的地的相关施压。另一方面就是利用好行业协会、贸易商会的沟通协商作用。环境保护的成本必须在生产者和消费者之间、在发达国家与发展中国家之间进行合理分摊，任何一方都不应独自承担社会绿色低碳转型带来的成本。至于分摊的比例是多少，则需要根据不同的市场、根据不同的行业做进一步的分析。

来源：《21世纪经济报道》　2023年11月6日　记者：缴翼飞

第五篇

全球经济与国际事务

“去美元化”浪潮涌现
全球正构建新金融贸易体系

自2023年3月底开始，全球出现“去美元化”趋势：中法石油巨头以人民币结算液化天然气，巴西宣布与中国以本币结算，东盟十国开会呼吁放弃美元。印度和马来西亚4月1日宣布，同意用印度卢比进行贸易结算。受访学者直言，全球去美元化将成为一种趋势。未来会有更多货币绕过美元，全球正在构建崭新的贸易或金融体系。

印度外交部4月1日宣布，印度和马来西亚，即日起可以使用印度卢比进行双方贸易结算。印度储备银行在2022年7月的政策措施中，已允许印度与同为新兴市场的金砖国家之间的贸易进行卢比结算，以减少对于美元的依赖程度。据《印度教徒报》报道，脱离美元这一转变具有重要意义，表明印度愿意在国际贸易中采取去美元化的切实措施。

这只是最新倒下的一张全球去美元化“多米诺”骨牌。从3月28日开始，在金砖国家和其他新兴市场国家之间，同时发生多宗重大货币与贸易政策转变。

首先是中国与法国石油公司于3月28日完成首笔以人民币进行贸易结算的液化天然气。紧接着，沙特阿拉伯内阁3月29日批准了加入上海合作组织的决定，结合日前中国进出口银行已经与沙特阿拉伯国家银行成功达成的首笔人民币贷款合作，令外界对石油人民币的前景抱有期待。同日，巴西宣布，已与中国达成协议，不再使用美元作为中间货币，而是以本币进行贸易结算。其后，东盟十国财政部部长和央行行长3月30日召开会议，讨论减少对美元、欧元、日元和英镑等货币的依赖，转而使用本地货币来进行贸易结算。

是什么原因，导致72小时内爆发“去美元化”浪潮？辽宁大学校长、商务部经贸政策咨询委员会委员余淼杰3日向香港中通社记者解析指出，去美元化有其深刻的历史原因，美元至今存在“特里芬难题”。美元在布雷顿森林体系下与黄金挂钩，其后是牙买加体系，取得国际核心货币地位，但若各国均采用美元交易及储存货币，会导致美元不断增多，核心购买力不断下降。因此，各国此前亦有去美元化的趋势，但最近美国经济较疲软，再加上银行挤兑，美元利率高企，导致美元竞争力下降。

事实上，这股去美元化浪潮已经酝酿了一段时间。从2022年开始，金砖国家——中国、俄罗斯、印度、巴西和南非逐渐成为这一演变进程的核心，东南亚、中东的众多新兴经济体也扮演了关键角色。据不完全统计，已有60多个国家以各种方式采取去美元化措施。

俄罗斯在过去一年里，遭美国等西方国家实施前所未有的金融制裁，近一半（3000亿美元）的外汇储备被冻结，俄罗斯银行使用关键的SWIFT系统进行交易的能力也被限制。印度与俄罗斯自2022年3月便绕开美元结算而采用卢比卢布兑换机制，如今已经实行了一年。近期，印度与阿联酋也正在谈判使用卢比交易非石油商品。南非外长潘多尔2023年1月公开表示，他们正在研究金砖国家如何帮助他们建立一个更公平的货币交易体系，从而摆脱美元的控制。

对此，余淼杰表示，去美元化的背后是各国对美元的不信任，以及美国自身实力的下降。从历史的维度来看，当英国为最强大国家时期，全球以英镑为通用货币。美元从二战到现在已称霸近80年，随着美国的财政赤字和债务高企，美国的竞争力不断受到多级的挑战，越来越多的国家深刻感受到，若继续依赖美元，对其国家的经济发展极为不利。随着俄乌冲突的不断持续，全球去美元化形成一种现象，且会不断持续下去。美元目前再难成为全球独大的货币，未来相当长一段时间中，美元、英镑、新加坡币、日元，甚至人民币，都将逐步成为国际交易货币。

随着多国去美元化趋势愈来愈明显，美国感到担忧。美国财政部前部长助理克劳利表示，美元是由美国的实力和经济实力，以及全球石油贸易一直以美元交易的事实支撑的，若这些结束，意味着美元的终结。美国多年来滥用特权，实行鲁莽的货币和财政政策，许多国家开始谈论去美元化。“如果发生这种情况，我们不仅将失去经济主导地位，也将失去超级大国地位。”

全球去美元化对美国冲击几何？余淼杰分析认为，短期内对美国的冲击不太大。但若长期下去，在全球货物及商品和劳务贸易中，不再采用美元计价，对美国地位有侵蚀作用，势必会影响其经济霸权地位。

有分析指出，这场去美元化浪潮，可能意味着全球货币体系和世界经济版图的全面重塑。余淼杰认为，美元作为货币有交易、计价、储藏三种功能，当前去美元化更多发生在交易和储备方面，对美元产生较大挑战，但短期内，美元的霸主地位不会受到根本性的动摇。

不过，余淼杰预测，未来会有更多货币绕过美元，全球去美元化将成为一种趋势。“假以时日，我们可以看到全球崭新的贸易或金融体系正在构建，以中国为代表的发展中国家，随着经贸地位的加强、经济规模的扩大，势必也要呼唤自己的货币体系。”

来源：香港中国通讯社　2023年4月3日　记者：王丰玲

揭露西方媒体恶意炒作“中国崩溃论”的手段

Editor's Note:

The "Cognitive Warfare" has become a new form of confrontation between states, and a new security threat. With new technological means, it sets issues and spreads disinformation so as to change people's perceptions and thus alter their self-identity. Launching cognitive warfare against China is an important means for Western anti-China forces to attack and discredit the country. Under the manipulation of the US-led West, the "China threat theory" has continued to ferment.

Some politicians and media outlets have publicly smearing China's image by propagating the tones like "China's economy collapse theory" and "China's virus threat theory," in an attempt to incite and provoke dissatisfaction of people in some countries with China. These means all serve the peaceful evolution strategy of the US to contain China's rise and to maintain its hegemony.

The *Global Times* is publishing a series of articles to

systematically reveal the intrigues of the US-led West's cognitive warfare targeting China, expose its lies and vicious intentions, in an attempt to show international readers a true, multi-dimensional and panoramic view of China.

This is the second installment in the series.

When the Chinese economy faces a tough time during June and July, with major economic indicators showing a trend moving toward a pessimistic direction, a chorus of voices pushing the "China collapse" theory across some Western media reached a frenzied pitch, churning out some of the most sensational and absurd stories of the year in their cognitive warfare against China.

In addition to the ongoing issue of biased coverage of China, a number of falsehoods have recently emerged in several highly regarded Western journalistic publications. The *Global Times* analyzed some of the most commonly used tricks appeared in these products of rogue journalism and identified the four most prevailing techniques: double standards, selective blindness, manipulation of statistics and misleading expectations.

The article aims to dig into the details of how these four techniques are applied by certain Western media outlets when it comes to smearing and discrediting China's economy, and even profiting from it.

Double standards

"Double standards" have become the secret holy grail held by some Western media when it comes to reporting on China's economy. This bias has led to their reports set up with similar angles and laden with extreme view points.

In June 2022, UK-based *The Economist* published a story with the headline "In stamping out covid, China has stomped on confidence". Then in November, the magazine ran a story titled "Ending China's zero-covid policy could unleash chaos". Then again, in spring, as China reopened, this same *newspaper* runs a piece "How China's reopening will disrupt the world economy".

Any reader who strenuously followed all the stories published by this magazine following this timeline would see that to *The Economist*, whether China removes epidemic control measures or not, the Chinese economy will suffer, and even the world economy stands to lose. In both cases it is China's wrong, so that China can be wronged twice.

Recently, some Western media outlets including *the Wall Street Journal* and *the Financial Times* have attributed the weak performance of Japan and Korea to a slowing of the Chinese economy. However, these reports conveniently omitted the US wreaking havoc across global markets with its "decoupling" and "de-risk" push targeting China and intervention that impeded trade between these countries with China.

Other facts that have conveniently gone missing include the US' debt ceiling crisis, downgraded ratings, the banking crisis in the West and protectionist measures like the US Inflation Reduction Act that include unfair subsidy provisions.

There were other times, when the Chinese economy somewhat outperformed expectations in certain sectors, and was quickly labeled as a threat to the global economy.

This week, in tandem with the European Commission's so-called anti-subsidy investigation into Chinese electric vehicles, a common word that appeared in the headlines of stories run by *The New York Times*, *Financial Times* and *Wall Street Journal* was the "threat" of China.

Those media outlets often vacillate between their so-called "China collapse" theory and "China threat" theory, spinning between "China is collapsing" and "China is a threat" as the Chinese economy experience ups and downs on the arduous path to recovery.

Selective blindness

In September, Michael Yon, who calls himself "America's most experienced combat correspondent", posted pictures depicting an empty coffee shop and deserted streets in Shanghai's financial center Lujiazui on the US social media platform X, formerly known as Twitter. "China is showing the most signs of an economy in trouble. Shanghai is a ghost town compared to what it was," Yon wrote in the post.

The US news magazine *Newsweek* was quick to cite it, without any level of fact checking, when it perceived an opportunity to stoke its agenda to smear China. In the article, the publication, turning a blind eye to the long list of follow-up posts by netizens claiming the contrary, suggestively asked "Has China's Shanghai turned into 'ghost town'?"

The article, despite noting "disputes" over how the pictures were used via social media, also claimed that "economists have raised concerns about the state of the Chinese economy."

In fact, the US coffee chain Starbucks, which in the latest fiscal quarter saw its China revenue jump 51 percent year-on-year and has opened up more shops in the period when the article emerged than the two previous quarters combined. And it's unlikely the coffeemaker was opening up shops in empty areas.

While the whole news product is a fake and absurd slander, it served its purpose—to paint a gloomy portrait of the Chinese economy which is experiencing hardship during an unprecedented economic recovery and further dent confidence in China at a crucial moment.

The fail-safe excuses of these Western media seem to be: while the fact we point out may not be as correct as it should be or even completely false, our concern that the Chinese economy might not be doing OK is always forgivable, or even commendable.

Analysts noted the absence of logic in this approach, saying that it kills the essence of journalism and such ignorance and negligence should not be tolerated. The phenomenon also reflected a deep-down impulse by some Western media and establishment to throw whatever they have at China to contain the country's growth and development.

But one thing is for sure: to underreport the positive news about China's economy and to spread panic and misinformation is a common tactic employed by some Western media when it comes to discrediting China.

Between August 25 and 30, *The New York Times* ran a total of nine stories devoted to examining problems across the Chinese economy. The topic ranged from China's real estate debt and "How should the West manage China's decline" to "The Scientist Who Foresaw China's Stagnation" and a crisis of confidence in China.

Then, on September 15, when China published its economic data for August and the data pointed toward a marked improvement and a turning point from an earlier phased slowdown, guess how many articles the same newspaper wrote? Just one. And the article reluctantly admitted "Chinese consumers are spending a little more," but noted that "apartment prices and the pace of construction keep falling."

Many Western media outlets eagerly reported China's customs import and export data while largely ignoring the balance of payments data, despite the fact that the latter data, with standardized global accounting practices, offered a more meaningful window into China's economic performance.

Analysts said the deep-seated reason behind this slanted coverage is the significant seasonal fluctuations in customs data, while China's balance of payments data remained largely stable and its proportion to the GDP has continued to be within a reasonable range, and therefore, less leverageable for their angled reports to attack China.

Yu Miaojie, the president of Liaoning University, told the Global Times that the "China collapse" theory pushed by the West since the 1990s, with claims of Chinese exports underperforming is also a well-worn attack line.

"They often adopt fragmentary narratives, zoom in on certain negative events and irresponsibly connect dots between single and isolated cases to spin their narrative. They focus on problematic trees and intentionally leave the overall healthy state of the forest untold," Yu said.

Yet the fact that such claims have repeated run into wall of facts have not prevented a continued avalanche of anti-China sentiment, Yu said, noting that some Western media's obstinately clinging to the belief that their model is the only viable model and the deep-down denial of the existence, let alone the success of the Chinese economic model.

辽宁大学校长余淼杰在接受《环球时报》采访时表示，自20世纪90年代以来，西方鼓吹"中国崩溃论"，声称中国出口表现不佳，这也是其惯用的攻击手段。

余淼杰说："他们经常采用碎片化的叙述，放大某些负面事件，不负责任地将孤立的个案串联起来，以此编造他们的言论。他们专注于有问题的树木，故意避而不谈整个森林总体健康的状态。"

余淼杰还表示，尽管这样的言论站不住脚，但仍未能阻止反华情绪的持续蔓延。他指出，一些西方媒体固执地坚信他们的模式是唯一行得通的，并极力否认中国经济模式的存在，更谈不到承认中国经济模式取得的成就。

Manipulation of statistics

The manipulation of statistics in an effort to favorably portray Western economies and cast doubt on China's economy is yet another tactic used by the Western media, who often describe themselves as impartial and data driven.

For instance, *The Economist's* cover story on August 26 stated that China's annualized growth rate in the second quarter was a disappointing 3.2 percent, whereas a seemingly robust US economy posted an annualized growth rate of nearly 6 percent.

The data is appalling. Insightful readers would be alerted by the growth data of the US, as the US economy's averaged growth rate in the decade prior to the pandemic only came at 2.25 percent, and now, there is a 6-percent growth?

In fact, the estimate that the US economy would see a "nearly 6 percent growth" was based on a prediction within a model issued by the Federal Reserve Bank of Atlanta, even as the bank itself had cautioned that this prediction was unreliable and was double that of market expectations.

The article deliberately overlooked data from China's National Bureau of Statistics, which showed year-on-year growth rate of 6.3 percent for the quarter. Instead, it chose a quarter-on-quarter growth rate of 0.8 percent and projected this rate over the next three quarters to calculate the annualized growth rate, producing a lower figure than the year-on-year data.

If calculated with the method they used to assess China's economy, the US annualized GDP growth in the second quarter of 2023 would be 2.1 percent, lower than that of China's.

Analysts noted that manipulation of data by using non-comparable statistical methods is the opposite of professional journalism and serves certain Western media's malicious intents to undermine China. By making China look weak, they hope they could comfort their readers amidst high and untamed inflations inflicted by the irresponsible policies of their governments.

Jeff Zhang, a senior vice president with a Hong Kong-based bank, told the *Global Times* that one of underlying reasons for these distorted presentation of the Chinese economy is the hidden motivation by Western media to shepherd international capital and investors away from the Chinese market, as draining such valuable resources away from China will hinder the country's effort to catch-up technologically and cultivate new strategic industries.

Misleading expectations

Liu Ying, a research fellow from the Chongyang Institute for Financial Studies, Renmin University of China, told the Global Times that perhaps where these Western media truly excel is the timing they chose to promulgate their fake news.

The Chinese economy went through a tough period in the summer, with major indicators in June and July falling below expectations. Instead of wanting to see the phenomenon in a rational light, as economies around the world suffered a long and arduous process after the reopening, and recognize the wave-like and zigzag nature of trajectory of Chinese economic recovery, some Western media took the opportunity to push fear and crisis.

They intentionally constructed a narrative suggesting that China's consumer market should experience an immediate "revenge" surge, and China's economy should maintain a "strong rebound". Adding that deviation from these so-called "constructed expectations" was a clear sign that they want to send: China's economy was in big trouble.

Rogue journalism has not gone unnoticed by those with insights around the world and these Western media's move of tarnishing their own credibility has its consequences.

On October 4, Richard Kozul-Wright, the director of United Nation Conference on Trade and Development's Globalisation and Development Strategies division, criticized the prevailing pessimism surrounding the Chinese economy, according to AFP. The UN official said his institution "certainly don't agree with the almost hysterical reaction some of the Western press has adopted toward China."

"Badmouthing China and Russia sell newspapers! Anyway, I cancelled my subscriptions. The [Western] media only add to their own self-inflicted delusions and nightmares," a user commented.

The research fellow Liu warned that established and respectable Western financial institutions are increasingly colluding with Western politicians and media, issuing biased reports or ratings designed to undermine the Chinese economy and profit from the chaos as they pick up assets at low prices by those who become snared in their misinformation.

来源：*Global Times* 2023年10月11日

第六篇

东北振兴

东北是个好地方

今天“书香悦读”的诵读者是辽宁大学校长余淼杰。他为大家诵读的是他本人撰写的《中国式现代化纵谈》中节选的一篇《东北是个好地方》。这也是辽宁大学深入学习贯彻习近平新时代中国特色社会主义思想主题教育产出的首部理论研究成果。

诵读原文

东北是个好地方。这里的优势是罕见的。产业结构非常完整，有41个大类、666个小类的完整工业体系；工业基础非常扎实，公路铁路等基础设施在全国首屈一指；人文的底蕴深厚，光是我们辽宁省就有上百所高校；自然资源禀赋非常丰富，森林、海洋、矿产资源都十分丰富。只要过了瓶颈期，东北的发展一定会更好。

我们要落实“两个毫不动摇”。落实“两个毫不动摇”最关键是看能否保证各种所有制的经济依法平等地使用生产要素、公平参与竞争、同等受到法律保护，也就是我们平时所讲的，要切实优化营商环境，做到我们营商环境的法治化、市场化和国际化。

余淼杰荐读

我们现在面临风高浪急的国际环境，也面临艰巨繁复的国内改革发展任务，但是在党中央的坚强领导下，中国经济已进入了以高质量发展为特征的新发展阶段。在新的发展阶段，我们要全面完整地理解新发展理念，构建新发展格局，实现中国式现代化。《中国式现代化纵谈》这本书其实不只讲全国的经济发展、社会进步，后面一部分内容也专门讲到了东北经济的发展，怎样能够实现我们东北的全面振兴、全方位振兴，打好打赢新时代的“辽沈战役”。

来源：《辽宁日报》北国客户端　2023年5月9日

科技型中小企业是辽宁经济高质量发展的重要支撑

2023年5月中旬，在位于沈阳市浑南区的沈阳东博热工科技有限公司研发中心内，技术人员正在进行高端热处理和熔炼装备研制、生产及工艺研发。公司负责人王昭东刚刚出差归来就投入科技创新工作中。“现在，辽宁省通过金融、税务、科技等部门，大力支持科技型中小企业高质量发展，我们对扎根辽宁更有信心了。”王昭东说。

沈阳东博热工科技有限公司只是科技型中小企业的代表之一。2023年以来，辽宁省科技型中小企业呈现快速增长态势。一季度，辽宁新增注册科技型中小企业1813家，同比增长38%；培育“雏鹰”“瞪羚”“独角兽”目标企业500家。

辽宁大学校长余淼杰在接受记者采访时表示，科技型中小企业是辽宁经济高质量发展的重要支撑，这些经营主体的高速增长得益于银行精准的金融服务、税收支持性政策、科技主管部门的全方位大力度培育，以及企业“打铁还需自身硬”的拼劲儿和创新动力。

辽宁省科技厅相关负责人说，为加快培育科技型中小企业，辽宁充分发挥高新区主阵地作用，为科技型中小企业成长提供精准的金融服务、技术服务和政策服务。辽宁省科技厅与中国农业银行辽宁省分行、盛京银行签订合作协议，共同推进建设科技支行，畅通科技型中小企业的“金融命脉”；联合税务部门，对科技型中小企业开展高新技术企业及“雏鹰”“瞪羚”“独角兽”企业申报、“高新技术企业所得税优惠”和“研发费用加计扣除”等政策培训，参与企业6000余家。

“银行的贷款对我们来说不是锦上添花，而是雪中送炭。”王昭东告诉记者，他们公司2023年签下3000多万美元出口订单，农行辽宁分行通过走访企业调研给他们授信5000万元，有利于企业拓展海外业务。“很多科技型中小企业都缺乏发展资金。银行的贷款解决了我们的融资难融资贵问题，便于我们更快发展成长。”王昭东说。

中国农业银行辽宁省分行行长耿曙明表示，农行辽宁分行充分发挥集团经营优势，深化“投、贷、服”一体化综合服务，科创企业贷款持续较快增长。2023年至2025年，农行辽宁分行将提供300亿元信贷额度，不断扩大对科技型企业金融服务的广度和深度，充分发挥信贷支持、股权投资、债券承销、理财存款、顾问服务五位一体产品闭环协同关系，打造“一环双链”科创企业特色产品体系，助推“科技—产业—金融”良性循环，为辽宁创建具有全国影响力的区域科技创新中心发挥了大行引领作用。

盛京银行也推出了专属金融产品，培育盛京银行科创品牌。盛京银行深入调研辽宁省内科创企业融资需求，形成“辽科贷”“辽知贷”“辽股贷”等“辽”系列产品，重点支持物联网、大数据、人工智能、工业互联网、石墨烯、新能源和生物制药等领域科技型中小企业发展。

国家税务总局辽宁省税务局企业所得税处副处长许华表示，该局通过精细服务，为纳税人提供系统化政策解读。以纳税人需求为导向，编制《辽宁省企业所得税纳税服务手册》，专门设立“提升科技创新能力篇”，为纳税人提供全方位、系统化的政策解读、申报导引和风险提示。编制《辽宁省研发费用加计扣除政策指引》，进行专项政策归集和梳理，促进企业用好用足政策，加大研发投入。

此外，辽宁省科技厅高度重视源头培育，积极孵化科技苗企业。建立科技企业储备库，推进高校院所落实“赋予科研人员科技成果所有权”政策，激励科研人员创办企业，建设孵化载体。截至2022年底，累计建设孵化器、大学科技园等载体284家，在孵科技苗企业近万家。

“通过持续的政策供给和精准服务，辽宁的科技型中小企业正培育发展新动能，为经济高质量发展和实现辽宁全面振兴新突破贡献力量。”余淼杰表示。

来源：《经济日报》　2023年5月18日

抓住RCEP机遇推动东北全面振兴新突破

2023年5月20日，“抓住RCEP机遇推动东北全面振兴新突破”专家座谈会在海口举行。此次会议由中国东北振兴研究院主办、中国（海南）改革发展研究院和沈阳市社会科学界联合会支持。中国（海南）改革发展研究院院长、中国东北振兴研究院院长迟福林，国务院发展研究中心对外经济研究部原部长赵晋平，中国国际经济交流中心首席研究员张燕生，商务部国际贸易经济合作研究院学术委员会副主任张建平，中银国际研究有限公司董事长曹远征，全国人大代表、辽宁大学校长余淼杰，同济大学特聘教授刘兴华，中国东北振兴研究院副院长李凯等专家学者以线上线下相结合的方式出席会议并发言。以下是部分专家观点摘要。

第十三届全国政协经济委员会副主任、辽宁省政协原主席夏德仁：

作为全球最大的自由贸易区，《区域全面经济伙伴关系协定》（RCEP）正式生效一年来，已经产生了初步红利。随着RCEP进入全面实施的新阶段，其红利还将进一步释放。这不仅为疫后区域经济复苏注入重要动力，而且为东北全面振兴带来了新的机遇。当前，东北经济开局良好，一季度经济增速亮眼，对外开放方面也有新的热点，东北要进一步充分用好RCEP的相关政策，打造对外开放新前沿，推动东北全面振兴取得新突破。

中国（海南）改革发展研究院院长、中国东北振兴研究院院长迟福林：

实现RCEP框架下东北高水平开放，关键在于抓住RCEP正式生效的重要机遇，努力实现高水平开放。

一是用好RCEP关税减让与原产地累积规则，深度与日韩重点产业合作，推进东北与日韩制造业产业链的深度融合，探索中日韩部分产业项下的自由贸易，在东北布局RCEP地方合作示范区。

二是以边境口岸为重要平台打造国内市场东北延伸带。以用好海参崴港为契机探索内外贸合作新模式，探索建立中俄边境自由贸易区，打造“长吉图”开放先导区升级版。

三是推动东北建设面向东北亚的交通运输网络。推进中俄东北–远东地区基础设施互联互通，加强中蒙朝铁路、公路、航运基础设施互联互通。

四是要把实现大连高水平开放的重要突破作为东北振兴的重大任务，推动大连面向东北亚的开放战略升级。将大连建设成为东北亚的地区航运中心、物流中心、金融中心，推进大连率先实施RCEP政策、对标CPTPP开展高水平开放压力测试，支持将大连打造成为我国面向东北亚的重要开放门户。总的来说，东北地区要抓住RCEP正式生效新机遇，努力实现高水平开放重要突破，以对接东北亚合作为重点加快推进东北经济一体化进程。

商务部国际贸易经济合作研究院学术委员会副主任张建平：

第一，RCEP的签署和实施打造了中日韩第一个板块的自由贸易协定，在规则一致的基础上深化中日韩经贸合作，也能让东北地区发挥比较优势。RCEP作为中日韩自贸协定的初级版，能够让中日韩在新的形势下，通过贸易和投资自由化便利化的合作，促进经济合作、经贸往来可持续发展。

第二，在优化东北地区营商环境的过程中，RCEP规则提供了非常好的开放制度和开放基础条件。党的二十大要求我们要在规则、规制、标准、管理各个方面对接国际经贸规则，推行制度型开放。东北地区可以依靠RCEP中20个章节的内容，如电子商务、政府采购、国内竞争政策等，利用好自贸试验区先行先试功能、落实好RCEP各个章节的规则，一定会推动东北地区整个营商环境朝着更高水平迈进。

第三，要在新的形势下和新的条件下寻求新的增长动能。中国正在朝着高科技化和服务化的方向迈进，东北地区在落实RCEP的规则当中要紧紧盯着海南自由贸易港第一张负面清单的试点，发挥东北地区在旅游、文化等一系列服务贸易领域的比较优势和潜在基础，通过服务贸易扩大对外开放、交流合作和市场竞争。在这一进程中，既能满足国内不断增长的市场需求，又能带动高质量发展。

中国国际经济交流中心首席研究员张燕生：

推动东北振兴面对着国际国内新形势。从国际贸易形势看，美国等西方主要国家的贸易政策正在转向确保供应链安全和韧性、政府干预本国采购商等决策的贸易政策。从区域贸易形势看，《区域全面经济伙伴关系协定》（RCEP）与“印太经济框架”（IPEF）之间的竞争已拉开序幕。从国内贸易形势看，扩大内需战略将加大国内经济与世界经济之间的相互依赖，为周边经济体创造更大的市场和进口需求。这为东北振兴如何抓住RCEP的机遇，促进中日韩全方位合作，推动东北地区经济高质量发展，提出了更高的新要求、新使命和新动力。在传统国际大三角分工格局中，美欧为世界提供市场、技术和关键零部件生产。未来，东亚为世界提供市场、技术和关键零部件生产的份额会持续增加。这将改变东亚生产网络在世界经济和产业贸易分工中的定位和作用，将为东北地区融入双循环战略，扩大中日韩汽车、新能源、新一代电子信息技术产品等领域的竞争与合作创造新的机遇、新的突破口和新的抓手。推动东北振兴能不能够把握住这个重大机遇，能不能够化解地缘政治挑战，关键是要处理好政府与市场的关系，让有效市场解决东北地区不充分发展的矛盾，让有为政府解决不平衡发展的矛盾，两手都抓、两手都硬，这是东北地区走出困境的一个重要的制度环境基础。

高水平自立自强是东北振兴把握全方位国际合作机遇的另一个关键因素。东北地区要加快建设以实体经济为支撑的现代化产业体系，以人口高质量发展支撑中国式现代化，这是一个重要的新突破口。东北地区要在打造“四链”协同、内外联动的现代化产业体系过程中，重点突破三个关键领域的瓶颈：打造一流的人才和研究型大学、一流的现代金融和多层次资本市场体系、一流的法治和现代化治理体系。同时，东北振兴夯实中日韩合作的微观基础是首要。中日韩的经贸合作仍然是我们发展的压舱石。要推动中日韩合作逐步深化，建立强有力的、多层次的中日韩合作的协调机制和运作能力。要以创新思维探索新形势下与日本和韩国加强合作的新模式。

全国人大代表、辽宁大学校长余淼杰：

RCEP对助力东北地区实现全面开放新格局特别重要，有利于实现东北地区在构建新发展格局中保持独特的战略地位。

第一，要构建东北海陆大通道，实现东北地区在国家全面对外改革开放新格局中独特的战略地位。“一带一路”的新重点是陆上丝绸之路，重点是向东发展，海上丝绸之路可以向北发展，构建东北海陆大通道可以使两者连接起来。东北海陆大通道是真正实现我国对外开放向更大规模、更深层次发展的必要途径，或者也可以说是一个重要的内容。

第二，RCEP全面实施有利于东北地区形成全面开放新格局。RCEP中促进商品自由贸易、净值归零原则等核心内容，有利于促进我们下一步深化对外开放，融入全球经贸开放的格局中。在服务贸易方面，我们要逐步从正面清单改为负面清单，立足于目前RCEP的要求，对标对表CPTPP的要求，努力推进中日韩自贸区的构建。

第三，通过RCEP融入全面开放新格局，构建全面新格局，融入经贸一体化，有助于实现东北地区在新发展格局中的独特战略地位。东北地区在新发展格局中要注意六个方面：一是坚持以经济发展为中心，构建国内统一的大市场；二是“创新+数字”；三是做好结构调整“三篇大文章”，通过数字经济和创新实现做好结构调整“三篇大文章”；四是补齐“四大短板”，涉及思想观念、体制机制、产业结构、对外开放四个方面；五是做好“五大安全”保障，实现国防、粮食、产业、能源和生态的安全；六是做好六个方面的工作，包括创新、协调、绿色、开放、共享和深化改革。

国务院发展研究中心对外经济研究部原部长赵晋平：

推进东北振兴面临许多新的机遇，同时也存在外部环境变化等新的挑战。推进东北地区高水平开放是应对这些挑战的必要举措。东北地区要抓住国家实施自贸试验区提升战略的重要时机，做好RCEP协定下制造业和服务业领域更高水平的开放，通过自由贸易试验区发挥压力测试和先行先试的作用，提升自贸区在整个东北地区，在扩大开放方面发挥引领和示范作用。一是做好长期规划指导、加大政策支持力度；二是扩大地方在改革方面的授权，特别是自贸试验区改革授权；三是增强政策协同性；四是加强东北地区自贸片区的创新联动和经验分享，如建立东北地区自贸试验区联盟等协调合作机制。

中银国际研究有限公司董事长曹远征：

世界经济正由过去以规则为基础的多边治理体系转向双边甚至单边的地缘政治经济安排。这些新的地缘政治经济安排对东北经济振兴提出挑战的同时，也提供了新的发展机遇。RCEP是由中国参加的全球最大的自由贸易区，涵盖了22亿人口。一方面，中国与东盟自贸区进入新时代，共同进入RCEP；另一方面，上海合作组织在经济合作更加密切化的同时，开始扩大成员。这种局面使中国的产业链有了新的地缘合作机会。中国地处RCEP和上海合作组织之间，并拥有包括石油化工、钢铁冶金、机械加工、建筑建材的基础工业能力。如果善用这一能力，可以形成上游由上海合作组织成员国的能源原材料采掘、中游由中国进行加工、下游由东盟国家进行装配的纵贯亚洲大陆的供应链。在这个供应链的环境下，各企业竞争合作将有机会造就出成本低廉且供应稳定的产业链，共同面向世界。东北地区的企业尤其是基础工业企业，不仅可以融入这一产业链的重塑之中，而且有可能担当“链长”责任。特别需要指出的是，东北地区应把握地缘政治经济格局变化契机，突破传统思维，在统筹考虑调动国内国外两个资源和市场的基础上，拉伸产业链条，拓展产业空间，形成对外开放的新格局。

同济大学特聘教授刘兴华：

当前国际政治形势正在发生深刻变化，国际贸易格局也正在出现新的调整，东北地区的地位和作用更加凸显，推动东北高质量发展的紧迫性也更加凸显，推动东北振兴任重道远。东北振兴总的原则是深化改革开放，特别是抓住机遇，主动对接RCEP规则，以开放促改革、促发展。

第一，充分发挥我国的制度优势和超大规模市场优势，实现有为政府和有效市场协同发挥作用，做好东北与国内大市场特别是沿海发达地区的内循环，以此为基础实现国内国际双循环。对此，东北要有具体的制度和机制安排，把沿海地区、发达地区已经有的对外开放的优势承接过来，通过这个内循环把东北地区的双循环带动起来，这样才能实现高水平对外开放和高质量发展。

第二，东北要基于自身条件、现实需求和国家长远发展战略，以数字化、网络化、智能化、绿色化为抓手，大力发展基础工业和重大装备制造业，同时还要围绕这些目标积极发展生产性服务业。先进的工业离不开先进的生产性服务业。先进的生产性服务业又需要通过培育产品市场、要素市场、中介市场和良好的法治环境来保障。要通过发展上述产业，留住东北地区的高校毕业生，吸引一部分其他地区的毕业生。

第三，实现双循环，要眼光向外尽快寻找突破口。要充分发挥东北地区现有自贸区的作用。另外，可比照海南自贸港的政策，在大连建设我国北方的自贸港，更好地对接RCEP规则，进而对标国际高标准贸易和投资规则，先行先试，为推动建立中日韩自贸区和亚太自贸区探索经验、打造平台。

中国东北振兴研究院副院长李凯：

当前，RCEP、“一带一路”、对俄贸易均对东北地区经济发展产生有利影响。要进一步充分利用RCEP红利，扩大和深化东北地区对外开放，推动东北经济高质量发展。东北地区处于RCEP覆盖范围的边缘地带，却在开发东北亚市场方面存在优势。第一，东北亚地区是RCEP与“一带一路”的交汇处，东北开放的重心在东北亚，需要深化对东北亚的开放合作，推动与东北亚国家开发计划的衔接。第二，俄罗斯重心东移，中俄之间经贸合作潜力巨大，东北地区要主动对接俄罗斯远东开发计划。一是土地开发利用，在粮食作物、畜牧养殖、绿色食品等方面具有较大的合作空间；二是矿产资源利用，俄罗斯远东地区是矿产资源最丰富的地区之一，与中国形成互补；三是基础设施的利用，利用海参崴、扎鲁比诺等港口，实现日本海和北极航线的突破；四是发挥贸易通道潜力，开展境内国际贸易通道基础设施建设。第三，以安全互信为基础，促进与韩国的经济合作，尝试中韩在服务业方面的合作。配合中日韩自由贸易协定的谈判和中韩两国申请加入CPTPP进程，加大两国间服务贸易的开放程度，形成在教育、健康、专业服务、医疗和美容、旅游等服务贸易的新合作领域。

来源：《辽宁日报》北国客户端　2023年5月26日

辽宁是个聚宝盆，东北是个好地方

2022年末，辽宁省委经济工作会议召开，深入贯彻落实习近平总书记关于东北、辽宁振兴发展的重要讲话和重要指示批示精神，部署启动了全面振兴新突破三年行动。2023年2月，《辽宁全面振兴新突破三年行动方案（2023—2025年）》审议通过，提出了十个方面的新突破、50项重点任务。

一场新时代东北振兴、辽宁振兴的“辽沈战役”就此打响，同解放战争中三大战略决战的首战——辽沈战役一样意义深远。

2023年5月27日，央视财经频道《对话》“经济新担当”系列走进有着“共和国长子”之称的辽宁，聚焦了这场新时代“辽沈战役”。辽宁省委副书记、省长李乐成表示，东北振兴、辽宁振兴其时已至、其势已成，“辽老大”退无可退，只有向前进，抓住“十四五”时期的后三年，打响全面振兴新突破的开篇之作。

李乐成直面“老工业基地”“傻大黑粗”“投资不过山海关”“人口老龄化”“人口流失”等现实话题，传递出转型突破的决心、耐心、信心。在制定了一套“动员令、任务书、作战图”后，辽宁已经行动起来，2023年的经济增长要赶上全国水平，2024年超过全国水平，2025年如期完成“十四五”目标。李乐成说：“开局决定全局，开局就要决战。”

数字辽宁、智造强省
做好“老字号”“原字号”“新字号”三篇大文章

辽宁诞生了新中国的第一枚国徽、第一炉钢水、第一台机床、第一艘国产航母，工业是这片土地最鲜明的底色。每日经济新闻·城市进化论注意到，节目布置的一块展板上，展示着辽宁在海、陆、空方面的新成就。

李乐成对其如数家珍：辽宁号航空母舰，产自大连造船厂；战斗机，产自沈飞集团；新能源车、燃油车，“辽宁造”的体量都不小；还有芯片的科技攻关，辽宁在全国的地位，与北京、上海形成三足鼎立之势。

老工业基地的深厚底蕴，正在酝酿“数字辽宁、智造强省”的新名片。李乐成提到，推进“数字辽宁、智造强省”建设的关键，是做好改造升级“老字号”、深度开发“原字号”、培育壮大“新字号”三篇大文章。这也是2018年习近平总书记在召开推进东北振兴座谈会时为东北地区产业结构优化开出的“药方”。

做好“老字号”的文章，就是要用人工智能、工业互联网等新一代信息技术为装备制造等产业赋能增效。而辽宁面对的产业现实是“偏重、偏黑”，三大产业（石油化工、装备制造、冶金）占工业总产值超75%。

“传统产业是我们辽宁现实的产业基础，它不应该是辽宁的负担。任何产业转型、经济社会转型一定要建立在现有的基础之上。”李乐成对此表示，“不是说传统产业就不干了，关键是做转型发展的文章。这是辽宁高质量发展的难点，也是新时代‘辽沈战役’的着力点。”

近年来，辽宁一些传统企业开始焕发新的生机。来到节目现场的沈鼓集团，成立于1952年。虽是一家70多岁的老企业，但已成为世界上少数能设计制造压缩机、核主泵的领军企业，成为传统制造业向先进制造业转型的企业代表。

深度开发“原字号”，是指对冶金、石化等“原字号”产业链补链、延链、强链，推进产业链价值链向中高端发展。李乐成提到，要通过深度挖掘应用，赋予原材料新的应用前景，也要通过绿色改造，让其工艺产生新的活力与价值。

“新字号”这篇文章，则是推进战略性新兴产业、高技术制造业和高技术服务业发展，大力发展数字经济。数字经济的应用场景，上半场为消费互联网，下半场则为工业互联网，辽宁恰恰是工业门类非常齐全的那一个——联合国产业分类的41个工业大类，辽宁拥有40个；207个工业中类，辽宁拥有近200个；666个工业小类，辽宁拥有500多个。

所以，布局培育22个战略性新兴产业集群，李乐成总结为“辽宁有非常强的优势”，而且还内生出了“有时代感、有未来前景的驱动力”。

分析辽宁新名片的含金量时，中国工业互联网研究院院长鲁春丛谈到，2022年辽宁省数字经济的规模超过1.14万亿元，同比增长10.4%，超过全国平均水平；数字经济在工业领域的渗透率已经超过了24%，也超过了全国的平均水平。

“工业互联网作为辽宁全面振兴突破的一个重磅武器，‘数字辽宁、智造强省’是辽宁抢抓新一轮科技革命和产业变革的重大历史机遇的战略举措。”

李乐成表示：“产业转型是一个持续用力、久久为功的事，我们要有耐心、毅力、恒心，把这篇文章做好。”

清洁能源强省

“天蓝、水清、地绿，风景这边独好”

践行新发展理念的产业转型，还带着从传统粗放型增长方式转向绿色低碳发展方式的命题。每日经济新闻·城市进化论注意到，新时代“辽沈战役”谋划了全面振兴十大新突破，“推进美丽辽宁建设，在绿色低碳发展上实现新突破”是其中之一。

传统工业立身，给这个工业省份的环境造成了负担。其中，辽宁本溪还曾被称为“卫星看不见的城市”。2021年10月调任辽宁前，李乐成为全省的环境污染问题“捏了一把汗”。但当他踏上这片土地时，并没有看到恶劣的景象。李乐成自信地说：“现在的辽宁，天蓝、水清、地绿，风景这边独好。”

本溪过去的污染，在很大程度上来自本钢这家能耗大户。节目中，本钢集团党委书记、董事长杨维回顾，经过持续多年的环保投入、生产改造，现在本溪全年优良天数达到350天，优良率达95.9%以上，排全省第二。杨维说：“本钢已经摆脱了‘傻大黑粗’的形象，可以说是帅气精干的‘小伙’了。”

除了推动本钢这类传统工业企业进行绿色化、低碳化改造，辽宁还做了一系列修复生态、综合治理的工作。

被称为“亚洲第一大露天煤矿”的抚顺西露天矿，过去是地球表面十多平方千米的“大疤痕”，现在变成了大公园；沈阳的母亲河浑河，曾经污浊发臭，现在两岸风景宜人，透过节目的画面亦能看到，浑河像条玉带，水光潋滟。老工业基地呈现出的新气象、新面貌，让人眼前一亮。

李乐成提出，新时代“辽沈战役”坚持生态优先、绿色发展的理念，“还是要做源头治理，在能源结构上面做文章，重点要抓清洁能源强省建设”。

对于辽宁而言，如何理解清洁能源强省的“强”？李乐成进一步解释，这个“强”不一定在于规模体量的大，而是依托辽宁特色的资源禀赋，提高科技含量，丰富应用场景，优化能源结构。

核电是辽宁清洁能源的一大特色，红沿河核电站是我国目前在运装机容量最大的核电站，徐大堡核电站、庄河核电站都在抓紧建设。光伏、风电、生物质能等可再生能源，辽宁也有较好的基础。工业制氢，无论是降成本还是提产量，拥有化工企业较多的辽宁同样优势明显，“未来的关键是把储氢技术、氢转化应用技术跟上去”。

根据辽宁建设“清洁能源强省”的目标，到2025年，全省清洁能源装机占比要达到55%，逆转目前传统化石能源占比过半的局面。

“传统产业并不必然等于落后的产业，只要我们全面贯彻新发展理念，辽宁传统产业的转型升级一定会跟上时代的步伐，走得更高、更远、更好。”李乐成对此充满信心。

营商环境持续改善
“各地企业家、各路人才再来‘闯关东’”

近年来，辽宁把营商环境作为事关振兴发展全局的重大问题，对标市场化、法治化、国际化，不断加强营商环境建设，用扎实的举措改善外界对辽宁的预期。

2023年3月27日，辽宁省召开优化营商环境建设大会，全省逾4.3万人参加这次会议。会上，辽宁省委书记郝鹏向破坏营商环境的行为“宣战”：“绝对要零容忍、不客气，该调整的调整，该撤职的撤职，该开除的开除。”

这次大会，把优化营商环境提高到新高度：是实施全面振兴新突破三年行动必须下好的先手棋，是打好新时代“辽沈战役”必须拿下的“关键仗”。

每年5月15日是辽宁的“政务公开日”，依惯例，辽宁省省长会在《辽宁日报》上刊发署名文章。2023年，李乐成也以“优化政策服务，打造一流营商环境，助力实现全面振兴新突破”为题，发表了一封致全省人民的公开信。

沈阳市委副书记、市长吕志成表示：“过去确实有些因素影响了辽宁的营商环境，但我们不服输，在营商环境上做了大量的工作，有的走在了全国的前列。最近这几年，辽宁可以说是客商源源不断，呈现出‘山海关不住，投资到辽宁’的生动局面。”

扎根辽宁20年的华晨宝马，亲历了营商环境的变化。华晨宝马汽车有限公司总裁兼首席执行官戴鹤轩在现场谈到，2003年华晨宝马在沈阳落地，如今沈阳生产基地已经是宝马集团全球规模最大的生产布局和最重要的新能源汽车生产中心之一。

过去20年，宝马集团不断追加投资，最新宣布总投资100亿元的动力电池项目开工建设。戴鹤轩说：“我已经在沈阳居住了6年，这里已经是我的家了。”

当企业用实际行动为沈阳的营商环境投票时，李乐成也在节目中郑重承诺：营商环境的问题，从我们做起。把讲诚信摆在第一位，通过务实的举措，把各类市场主体不舒服的感觉、不满意的地方，一点一点地改过来。

李乐成相信，当辽宁直面问题，勇敢解决问题，推动营商环境的持续改善，未来终会形成“国企敢干、民企敢闯、外企敢投”的局面。

辽宁大学校长余淼杰给出建议，改善营商环境最重要的一点是融入统一大市场中，包括土地、能源、劳力、资本、数据等，让要素更好地实现均等获取。同时，要降低交易成本，包括有形的和隐形的成本。

余淼杰说：“我来到沈阳的第一印象，就是感受到大家这种干事创业的精气神非常好，这种时不我待、只争朝夕的精气神，特别是省委、省政府提出的大干三年、奋斗三年、打赢新‘辽沈战役’之后，大家对经济的信心高度空前的大起来，深切地感受到大家这种拒绝‘躺平’、敢于斗争、敢于奋斗的气魄。第二点感受是，我感受到的物质非常丰裕，我们的各种要素禀赋的资源也非常充裕，产业体系也非常完整。另外，我还感受到，这里的人文底蕴特别深厚。所以我总结了一句话：辽宁是个聚宝盆，东北是个好地方。”

他还谈道：“我觉得数字经济对于辽宁的发展特别重要，也许可以用12个字来表达，催化赋能、弯道超车、后发优势。我们可以看到，实际上现在我们中国在大力发展高精特尖产业，其他国家也在发展，那怎样保证我们中国的经济能够有这种后发的优势，然后弯道超车呢？我觉得数字经济就是一个非常重要的抓手。”

想要打赢新时代“辽沈战役”，人才更是不可或缺的第一资源，辽宁还需要更多的“新辽宁人”纷至沓来。那么，如何增加辽宁的吸引力？

李乐成反复强调产业的发展，“产业要跟上时代的步伐，通过形成高质量的就业岗位，吸引青年才俊到辽宁就业、安家、兴业”。与此同时，还要抓好民生工程，完善“一老一幼”服务，深入实施“兴辽英才计划”，构筑一支创新发展的生力军。

新时代“辽沈战役”，需要更高质量的招商引资、招才引智。节目最后，李乐成向外界郑重发出邀请：“期待全国各地的企业家、各路人才再来‘闯关东’，到辽宁这片发展的热土，大展宏图。”

来源：央视财经频道《对话》栏目　2023年5月27日

东北振兴样本：沈阳老工业基地“焕颜三部曲”

小叶（化名）是某“985”高校的工科硕士毕业生。作为土生土长的沈阳人，他毕业之后在沈阳某高端机械厂工作过几年，这几年单位吸引来不少“985”硕士人才，让单位越来越充满活力。小叶所在的单位，是沈阳老工业基地转型的一个缩影。

2003年10月，国家推动实施东北振兴战略。二十多年来，沈阳高端制造业发展不断迈上新台阶，其中铁西区是沈阳重要的工业区。

2023年1—3月，铁西区GDP同比增长10.4%，规模以上工业增加值同比增长22.4%，实现首季“开门红”。铁西区正是沈阳产业链转型的代表。近年来，沈阳凭借深度开发“原字号”、改造升级“老字号”、培育壮大“新字号”三部曲，让老工业基地“焕新颜”。

深度开发“原字号”

沈阳孕育了一代高端装备制造企业，依托中航沈飞股份有限公司、中国航空工业总公司第六零一研究所、中国航发沈阳黎明航空发动机有限责任公司等企业，沈阳的航空航天产业链得以迅速发展。沈阳铁西区创造过几百个第一，如第一台500千伏变压器、第一台普通车床和数控机床等，成为新中国的一张名片。铁西区是国家在“一五”“二五”时期重点支持和发展起来的重工业基地。

但曾经的“共和国长子”一度陷入困顿。20世纪末，铁西区国有企业90%处于停产或半停产状态。2003年10月，国家推动实施东北振兴战略，铁西区迎来新的历史机遇，通过实施“东搬西建”（指将铁西区的工厂全部搬到经济技术开发区，置换的土地资金用于企业转制和更新改造）、“壮二活三”（指利用工业企业搬迁腾出的土地，在老区重新布局商业项目，全力发展第三产业，改变铁西老城区工业旧面孔）等工程，基本完成了老工业区调整改造任务。

小叶说，沈阳无法走劳动密集型发展的路子，要想实现产业转型，只能往高端制造方向发展。

辽宁大学党委副书记、校长余淼杰向《商学院》记者介绍，沈阳是辽宁的经济文化中心，具有非常丰厚的底蕴。辽宁是全国产业链最齐全的省份，具有41个工业大类中的40个种类，207个中等工业分类中的200个，666个工业小类中的近600个小类。这种全产业链的优势能够让沈阳老工业基地焕发出活力。

余淼杰解释，传统产业升级要做好“三篇大文章”：“原字号”是拉长产业的附加值；“老字号”是让产业由硬变软，由原来的重工业变成附加值较高的转型工业；“新字号”是通过数字智能化把产业由小做大。

所谓“原字号”，是指原材料行业。沈阳的原材料企业包括石油炼制、石油化工、石油化工新材料等一体化链条。而拉长产业附加值，是指在单一产业基础上补充扩展其他链条，如从单一的石油炼制扩展到石油的深加工。

沈阳经济技术开发区管委会的数据显示，目前开发区乙烯产能100万吨/年、丙烯产能120万吨/年，并向下游延伸发展了产能达到35万吨/年的苯乙烯、产能达到60万吨/年的聚丙烯等项目。同时，不断补充、延长、强化链条，加速石化中下游企业集聚，形成乙烯、丙烯、芳烃等石化产业链条。

材料产业链条可以依托沈阳材料科学国家研究中心、东北大学等高水平科研单位，辐射区域内的汽车、航天、高端医疗器械、半导体装备制造等高端制造业，形成产、学、研一体的产业集群。

余淼杰认为，沈阳的老工业基地有产业集聚的优势，这种优势可以让它们实现规模经济递增，实现产业“抱团取暖”，实现产业正向外溢作用，从而实现规模经济。

沈阳是我国重要的飞机、发动机研制基地，如今依托中航沈飞股份有限公司、中国航发沈阳黎明航空发动机有限责任公司等一批重要航空主机厂所，建立了相对完整的航空全产业链。

未来沈阳将在城市南部建设沈阳临空经济区，在城市北部建设沈阳航空航天城，在法库县打造通航产业基地，构建“双核一基地”的空间格局，重点布局整机总装、大部件及关键零部件、机载系统、航空服务四个产业方向，联动发展航天产业、空天衍生产业，构建“4+2”产业体系。

航天产业集群是沈阳诸多产业集群的代表。对于产业集群，小叶深有感触。比如制药产业链，目前可以依托沈阳三生制药有限责任公司、辽宁成大生物股份有限公司、远大医药（中国）有限公司等企业，加上沈阳药科大学等科研机构形成一条完整的产业链条；再比如高端医疗器械产业链，依托东软医疗系统股份有限公司、沈阳新松医疗科技股份有限公司等新医疗器械生产商，吸引配套供应商在附近建厂、建链；又比如机器人产业链，目前依托沈阳新松机器人自动化股份有限公司、中国科学院机器人与智能制造创新研究院、中国科学院沈阳自动化研究所等高水平研究机构，形成了“机器人产业集群”。

改造升级“老字号”

围绕改造升级“老字号”，沈阳提出“推进传统制造业转型升级、加快传统制造业数字化赋能、增强产业链供应链自主可控、建设产业生态体系、淘汰落后产能”五方面工作。

改造升级“老字号”，最普遍的做法是用人工智能等新一代技术，为装备制造产业赋能。2022年7月，在“‘振兴新突破奋进新征程’——沈阳这十年”系列主题新闻发布会上，沈阳市发展改革委副主任王智介绍说，目前沈阳数字技术赋能传统产业转型升级能力不断增强，每年带动1000户以上工业企业上“云”，重点企业数字化研发设计工具普及率达到74.1%，关键工序数控化率达到60.3%，高于全国5.26个百分点。

余淼杰认为，沈阳老工业基地所推进的数字化赋能，是其焕发新活力的一个重要支点。据悉，沈阳市积极开展“双千兆”网络建设，5G基站建设突破2万个，物联网终端用户数达到450万，固定宽带用户数超过313万，沈阳成为东北地区最大的网络通信枢纽节点；沈阳材料科学国家研究中心、国家机器人创新中心等重大科技创新平台全面启动，建成人工智能重点实验室、数据工程与智能计算重点实验室等10个创新基础设施平台；智慧医疗、智慧教育、智慧水务、智慧社区等融合基础设施平台投入使用。

培育壮大“新字号”

“新字号”以创新驱动为牵引，加快新兴产业做大做强，培育新产业新业态新模式。

中国科学院沈阳自动化研究所发起成立的沈阳芯源微电子设备股份有限公司已经在科创板上市，且成功入选工信部评选的首批专精特新“小巨人”企业。

类似芯源微电子的半导体装备制造公司，还有全国人大代表、中国科学院金属研究所研究员孙东明与其团队成立的辽宁冷芯半导体科技有限公司。

孙东明说，要让半导体芯片把最好的性能发挥出来，就一定需要温度控制器件。如今他们已经实现了一系列微型半导体器件的真正国产化，打破了国外对高端温控器件的垄断。

在小叶看来，虽然在半导体装备领域还存在一些“卡脖子”技术，但随着国家不断在该领域加大投入力度，未来有更大的想象空间。

类似这样的“新字号”正在不断崛起，为沈阳的发展发挥着重要作用。预计到2025年，“老字号”“新字号”规模以上产值分别达到4290亿元、4080亿元，新一代信息技术产业营收达1800亿元，力争实现2000亿元，沈阳进入国家先进制造业百强市前20强。

良好的营商环境

2023年5月18日，华晨宝马汽车有限公司迎来20周年司庆。宝马集团宣布，将加快在沈阳的投资扩产，集中发力电动化车型的本土研发、生产和动力电池迭代，进一步贯彻“电动化、数字化、循环永续”的集团战略，全面融入中国及辽宁省新能源产业发展的宏伟蓝图。

宝马集团宣布，将于2026年起在沈阳投产具有划时代意义的纯电动BMW新世代车型。同时，与之配套的BMW第六代动力电池项目全面动工，总投资100亿元人民币，规划面积24万平方米，是现有动力电池生产面积的5倍，并将创造2000个新的工作岗位。此外，宝马沈阳研发中心二期扩建项目正式启用。

这背后，是沈阳不遗余力地打造良好营商环境。2023年4月23日，沈阳市召开优化营商环境建设大会，并印发了《沈阳市构建新发展格局 打造高质量营商环境行动方案》《沈阳市优化营商环境便企利民措施》两个文件，通过“组合拳”的方式来打造高质量营商环境。

除了营商环境，人才也是产业转型升级必不可少的一环。在小叶曾经工作过的单位中，大部分人是高端人才，“985”硕士比比皆是。但他说，他们单位普遍缺“博士”。目前，各个单位都在想尽办法招“博士”，扩招“博士”成为常态，人才尤其是高端人才成为企业争相争夺的对象。余淼杰说，辽宁是教育大省、人才强省，省内有114所高校，各类人才资源丰富。更为重要的是，辽宁具备为人才提供强大工业应用实践的能力。一个创新，从蓝图、构思到真正落地产出，需要进行工业实践。而辽宁是一个工业大省，工业文明有100年之久，通过长期的沉淀形成的匠人精神，对打造新工业基地特别有帮助，这是它的强势，也是优势。

来源：《商学院》 2023年6月12日

东北地区民营经济发展问题探析

党的二十大报告首次明确提出“促进民营经济发展壮大”。2022年12月15日，习近平总书记在中央经济工作会议上指出，要切实落实“两个毫不动摇”，深化国资国企改革，提高国企核心竞争力；优化民营企业发展环境，促进民营经济发展壮大。2023年全国两会期间，习近平总书记再次就发展民营经济发表重要讲话，重申“两个毫不动摇”“三个没有变”“两个健康”，为民营经济发展指明了前进方向，提供了根本遵循。平等对待国企民企在当下被反复强调，其背景是民营企业特别是中小微企业自新冠疫情发生以来受到较大冲击，出现了一些针对民营经济和民营企业的负面声音。为了正本清源，党中央和国务院再次特别强调“两个毫不动摇”，要求不断做大做强国有企业，充分扩大国有企业控制力、影响力、竞争力和创新力，同时毫不动摇地发展民营经济，让民营经济成为国民经济的重要组成部分。

民营经济已经成为推动中国经济增长的主要动力，民营经济的法律地位也从原来的“有力补充”变成了“重要的组成部分”。东北地区央企国企较多，在继续发挥国有经济不可替代作用的同时，也要更好更充分地发挥市场经济的作用，推动民营经济和民营企业健康发展。通过央企国企在产业链上游涉及国计民生的关键性行业中发挥基础性作用，民企在产业链下游市场充分流通的领域发挥独有作用，共同拉升经济、推动消费、增强城市活力，最终实现全面振兴新突破。习近平总书记2018年在深入推进东北振兴座谈会上发表重要讲话，明确指出辽宁存在体制机制、经济结构、开放合作、思想观念四块短板。就目前的实际情况而言，受多方面因素影响，东北地区民营经济发展存在现实困境。东北民营经济的发展破局，要从补齐这四个方面的短板下手。

一、全面推进体制机制改革，融入国内统一大市场

1. 推动民营企业、国有企业生产要素价格获得均等化

虽然近年来我国生产要素质量和配置水平显著提升，但民营企业生产要素价格偏高的现象依然突出。在融资、用地等方面，民营企业相比国有企业均存在较大劣势，从而对企业投资、居民收入和消费都产生负面影响。因此，要培育壮大内需市场，就要从保障民营企业、国有企业生产要素价格获得均等化入手，通过深化要素市场化配置改革，切实降低民营企业生产经营成本，提升民营企业盈利能力。

一是加大民营企业融资支持，打通民营企业融资渠道。首先，放宽金融服务业市场准入，大力发展地区性民营中小银行，将传统民间借贷阳光化、法治化和规范化，与国有大型银行形成良性市场竞争关系，倒逼国有银行增加对民营企业的金融服务供给，降低贷款利率。其次，加大政府财政扶持力度，鼓励有条件的地区建立针对民营企业的政府性融资担保平台，引导更多信贷资源流向民营企业，提高民营企业贷款获得率。最后，完善国有金融机构监管考核机制，健全尽职免责和容错纠错机制，提高对民营中小企业贷款不良率容忍度。

二是扩大民营企业用地供给，降低民营企业用地约束。首先，为民营中小企业划拨专项用地指标。在编制年度土地供应计划时，了解民营中小企业的用地需求，将其纳入计划予以保障。在确定园区发展定位和招商引资时，统筹园区主导产业和配套中小企业的用地需求，保障民营中小企业的发展空间。其次，以市场化方式盘活园区存量用地。及时掌握已购地企业空闲土地和空置厂房信息，由园区建立收储机制。在符合规划分割条件和满足规划指标的前提下，将已购地企业闲置土地分割转让给符合准入标准的民营中小企业。

三是支持民营企业引进高层次人才。支持民营企业引进各类急需紧缺人才和创新团队，对符合条件的民营企业高层次人才在住房保障、生活补助、子女教育和落户等方面提供便利。对符合要求的高层次人才领衔创新创业项目予以补助。

四是打破"数据孤岛"，推进数据开放共享。首先，统筹使用政府公共数据。依托专门的政府大数据中心，汇聚各类基础数据，建立政务数据资源目录，依照非歧视原则扩大对社会各界和各类市场主体的供给使用范围。其次，建立企业数据市场。由政府牵头建立完善企业数据市场化交易机制，鼓励国有企业、互联网平台企业发挥带头作用，向社会各界提供行业经济基础数据等公共产品，赋能民营中小企业数字化转型发展。

2. 推进商品和服务市场高水平统一

《中共中央、国务院关于加快建设全国统一大市场的意见》明确提出要加快建立全国统一的市场制度规则，打破地方保护和市场分割，打通制约经济循环的关键堵点，促进商品要素资源在更大范围内畅通流动，加快建设高效规范、公平竞争、充分开放的全国统一大市场。确保商品和服务市场高水平统一是"五个统一”中的重要一环。生产的最终目标是实现产品在商品和服务市场的销售。国企民企生产要素获得均等化实现后，紧接着就要实现“产出”端的统一。此前国务院办公厅印发的《关于促进内外贸一体化发展的意见》也作了相关规定，强调商品质量、标准和计量体系的统一，以及消费服务质量的统一。在商品市场上，要做到内外贸产品的“三同”，即同等质量、同条生产线、同一个标准；在服务市场上，要保证提供给国内、国外的服务在质量上相近。

3. 努力降低贸易成本和各类交易成本

高昂的物流成本、冗余的区域管理是全国统一大市场建设的障碍。东北三省应优先开展区域市场一体化建设，并以此为基础逐步扩大范畴、打破壁垒，最终融入和建设统一高效的国内大市场，促进人流、物流、信息流更加自由地流通运转，让经济活跃起来。区域市场一体化建设的前提是要推动交通运输设施跨区一体化发展。应进一步加强跨省合作，在一定地理范围内撤并冗余检查站，保证车辆实际通行路过的检查站间隔设置合理，实现检查车辆和人员信息跨省联网互通，避免重复检查，提高车辆人员通行效率，降低贸易交通成本。同时，加强交通设施数字化、信息化、智能化建设，形成现代化流通网络。充分利用大数据、云计算、人工智能等前沿技术，整合通行车辆信息，根据重点路段、节假日车流量数据等实时更新站点拥堵情况，提高贸易效率。

4. 发挥市场监管作用

健全统一市场监管规则，加强市场监管行政立法和标准化规范化建设。强化统一市场监管执法，切实做到有法可依、有法必依、执法必严、违法必究。全面提升市场监管能力，进一步深化“放管服”，规范不当市场竞争和市场干预行为，推动市场环境公正有序，提升经营主体满意度，以增强监管的稳定性和可预期性为保障，着力提升监管效能。

二、转变思想观念，全面优化营商环境

营商环境在不同区域中的差异对全国范围内的资源调配产生制约。就东北地区而言，低水平的营商环境严重影响了企业的投资与生产。东北地区是最早进入计划经济的地区，也是最后退出计划经济的地区。要突破计划经济时代形成的桎梏，首先要加强市场观念，增强契约精神，其中最重要的一个方面就是要进一步优化营商环境。对于大型央企国企来说，营商环境是有一定保障的，而对于民营企业来说，营商环境建设需要持续用力。东北民营经济要快速发展，首要任务就是彻底打破“投资不过山海关”的刻板印象，扭转外界对东北地区营商环境的固有印象，吸引更多资金向东北地区流入。因此，以数字化、阳光化推进营商环境一体化建设，是推动东北地区经济高质量发展的必然要求。

近年来，东北三省高度重视、大力推进营商环境建设。在一系列“组合拳”之下，东北地区营商环境建设取得明显成效。为实现“协商协办”“共治共享”的跨区域营商环境一体化建设、在一定区域内“一证通行”“一网通办”的跨部门营商环境一体化建设，还要从以下方面继续发力：一是毫不动摇地坚持市场化、法治化、国际化，实现越来越多的“马上办、网上办、一次办”。二是旗帜鲜明地发展数字化，大力推动数字要素、数字技术和数字人才的体系建设，实现办事环节的电子化和数字化。三是一如既往地推行阳光化，实现“办事不找关系、用权不图好处”。

三、破除单一格局，推动产业转型升级

中国具有其他国家并不具备的全产业链的比较优势，具有良好产业基础的东北地区，完全可以承接资本密集型产业，发挥劳动力成本优势，大力推进产业结构优化升级，推动附加值相对高的产业发展。

在东北三省中，经济总量最大的是辽宁。以辽宁为例。在三大产业中，农业的比重是9%，第二产业的比重是39%~40%，第三产业的比重是51%。2022年全国第一产业的比重是7.5%，第二产业的比重是37%~38%，第三产业的比重是52%~53%。因此，辽宁三大产业的比重跟全国是比较匹配的。以第二产业为例，产业结构优化应做好"老字号""原字号""新字号"这"三篇大文章"。通过数字技术扶持发展"老字号"，通过延长产业链深度开发"原字号"，通过加快发展战略性新兴产业和高技术产业创新壮大"新字号"，以高效先进的数智化社会供应链拉升经济，让东北经济行稳致远。

四、主动融入国家战略，打造高水平对外开放

从总的布局来讲，东北在全面对外开放中有难得的机遇。在"一带一路"建设中，陆上丝绸之路的重点不是向西，而是向东，海上丝绸之路的发展方向不是向南，而是向北。这样，东北海陆大通道建设的关键作用就凸显出来了，因为它是陆上丝绸之路和海上丝绸之路的一个连接点。打通并发展东北海陆大通道，中国的开放将真正形成一个新格局，即更大规模、更深层次、更宽领

域的开放。推动东北海陆大通道建设，辽宁自然成为开放的桥头堡，并由此带动改革的深化和营商环境的优化，辽宁经济发展将迈上新的台阶。东北的高水平对外开放要更多面向日韩，日本、韩国都是我国主要贸易伙伴，东北地区与这两大经济体地缘相近，产业互补性强。如果中日韩自由贸易区能够落地，东北地区的对外贸易，特别是辽宁自贸区应该超前部署、超前准备。

1. 推进出口目的地多元化

在中国和欧美关系日趋复杂的背景下，民营企业对出口目的地应该做多样化准备，不过于依赖欧美的成熟市场，转向挖掘东南亚新型经济体，聚少成多，积小为大。同时，要抓住机遇，扩大对日本、韩国和RCEP国家的原材料进口，充分发挥好RCEP区域“抱团取暖”的功能，通过进口高质量中间品降低成本。

2. 提升自主创新能力

中国关税减免是大势所趋。民营企业要进一步加大研发投入，瞄准核心技术和关键环节寻求突破，不断提升自主创新能力，以应对关税减免可能对企业造成的影响和冲击。以东北地区具有代表性的汽车制造业为例，关税下降会导致成本降低，未来进口汽车价格如果进一步降低，势必会对汽车市场造成一定的冲击。在这种情况下，车企要进一步加强研发创新，提升企业的全要素生产率。同时，要根据不同的目标人群打造不同的汽车产品，以差异化战略获取竞争优势。

3. 大力发展服务贸易

发展服务贸易，一要扩总量；二要调结构，增加现代服务业的比重；三要塑特色，发展服务贸易领域的主打产业。服务贸易对东北地区经济增长的贡献率不高，但是东北在服务贸易方面拥有巨大潜力。例如，我国存在较大贸易逆差的旅游和教育两大产业，都是东北地区的优势产业。民营企业应发挥自身优势，主动融入国家战略，深刻融入中国全面开放的新格局，下好“先手棋”。

习近平总书记作出新时代东北全面振兴在“十四五”时期要有突破的重要指示；2022年8月，他在辽宁考察时提出在新时代东北振兴上展现更大担当和作为；在党的二十大报告中，他再次明确提出推动东北全面振兴取得新突破。东北振兴蓄势待发，民营经济大有可为，东北全面振兴将为民营企业加快发展提供更加广阔的舞台，而加快推动民营经济健康发展和高质量发展，则将为东北振兴塑造强劲的竞争新优势，助力东北全面振兴新突破早日实现。

来源：辽宁大学智库简报第4期　2023年6月22日

辽宁振兴的“天时地利人和”

辽宁2023年上半年取得了非常好的成绩，经济增速是5.6%，跑赢了全国的均速5.5%。这是非常难能可贵的。辽宁取得这样的成就并非偶然，而是有着深层次的原因，即天时、地利、人和相结合。

首先，从“天时”来看，国家高度重视发展东北的经济，可以说东北的振兴是时不我待，党中央和国务院为东北振兴提供了许多优惠政策和大力支持。从国际层面来看，推进“一带一路”倡议，尤其是促进与俄罗斯在远东地区的经贸合作，也对东北的经济发展和辽宁的经济发展起到了促进作用。

其次，在“地利”方面，辽宁经济发展具有坚实的基础。第一，辽宁丰富的资源和要素禀赋为经济增长提供了巨大潜力。作为共和国的长子，辽宁工业基础深厚。例如，宝马集团选择辽宁作为其汽车生产基地的一个核心因素是辽宁与德国一样拥有匠人精神。精益求精、一丝不苟的匠人精神在工业文明中是非常重要的。第二，辽宁在劳动力成本方面也非常具有竞争力。相较于沿海地区各个省份，辽宁的人工成本相对较低。第三，辽宁的产业集聚明显，有助于企业扩大规模，实现规模经济，降低成本。同时，辽宁具有全产业链的优势。在全国的产业分类中，共有41个大类、207个中类、666个小类，而辽宁一个省就具有近40个大类、近200个中类、近600个小类。这在全国其他省份中是罕见的。辽宁省完整的工业体系对于实现规模经济至关重要，能够创造出“1+1大于2”的效益，使得辽宁能够充分挖掘其超大规模的市场优势和内需潜力。这几点是辽宁省在经济发展上得天独厚的优势，也是我们所说的“地利”。

最后，“人和”体现为省委省政府对辽宁经济发展的高度重视。郝鹏书记到任后，省委省政府推出了全面振兴新突破三年行动方案，全省上下团结一心，致力于推动辽宁经济发展。在省委省政府的坚强领导下，辽宁上半年的经济增速超过了全国平均水平。这极大地提振了我们的信心。

郝鹏书记在讲话中提到，辽宁经济在2023年下半年面临一系列挑战。这些挑战并非仅限于辽宁省，而是全国性的问题。正如习近平总书记在2023年7月24日的中共中央政治局会议上指出，由于新冠疫情的影响，全国经济的基本面并不是特别稳。在这样的背景下，经济发展过程中存在曲折和波动。

习近平总书记指出，辽宁经济发展面临四点挑战：第一，对外开放程度不足；第二，产业结构相对单一；第三，体制机制方面有待创新；第四，思想观念有待转变。客观来看，对于对外开放的问题，辽宁省已经做了大量工作，并在2023年上半年取得了显著成果。在产业结构方面，辽宁省已经形成了完整的产业链。因此，这两个方面的问题基本上得到了解决。省委省政府近年来已在体制机制上取得进展，因此思想观念的转变成为关键。这要求我们的干部和各行各业的同志们要大胆试、大胆闯、自主改，一定不能抱有不求有功、但求无过的“躺平”的思想。这是制约辽宁经济发展最重要的一个挑战，只有实现思想观念的转变，辽宁经济才能充分发挥其巨大潜力。辽宁省有良好的资源禀赋和坚实的基础，经济发展前景是非常乐观的。

来源：《辽宁日报》北国客户端　2023年7月25日

记者：董瀚博　韩宇浩

上半年辽宁累计完成工业投资同比增长百分之十三点一

近日，辽宁经济半年数据集中出炉，工业领域尤为亮眼。

2023年上半年，辽宁规模以上工业增加值同比增长5.3%，高于全国1.5个百分点；累计完成工业投资同比增长13.1%，高于全国4.2个百分点；高技术制造业增加值同比增长9.3%，高于全国7.6个百分点……诸多核心指标增速均跑赢全国平均水平。一串飘红的数字，显示出辽宁作为全国重要工业基地的发展活力。

工业兴则辽宁兴。工业是辽宁全面振兴的主战场，振兴工业是确保全面振兴新突破三年行动首战告捷必须打赢的翻身仗。

2023年初以来，辽宁以加快建设三个万亿级产业基地和22个重点产业集群为抓手，奋力书写结构调整“三篇大文章”；树牢链式思维、深耕技术改造、强化以智赋能，通过清单化、项目化、工程化方式扎实推进各项工作，助推辽宁制造向高端化、智能化、绿色化迈进。

链条更强

2023年7月19日，恒力（大连长兴岛）聚酯科技产业园动力站首台锅炉点火一次成功，为项目首批装置开车做好准备。建成后将带动下游信息通信、先进电池材料、航天、智能家电、高端能源装备等诸多行业蓬勃发展。

以项目建设为抓手，扩大有效投资，2023年上半年辽宁工业引力十足。

“年初以来，我们紧紧把握续建、新开和拟竣工三类项目建设的特点，协调解决好规划设计、土地供应、基础设施配套和项目审批等相关问题，全年将推动1900个工业项目投产达效。”辽宁省工业和信息化厅相关负责人表示。

围绕项目优服务解难题，辽宁省工业和信息化厅组成调研组赴全省各地开展专题调研，组织行业和重点企业座谈会30余场，推动解决用地、用工、融资、市场、基础设施配套等问题3500余个。组织银企对接，举办政银保企及平台对接会，解决企业融资难题。

贴心的服务和深厚的基础，让大项目纷至沓来，好项目陆续开工。兵器集团精细化工及原料工程、SK海力士非易失性存储器、中国中化扬农大型精细化工项目、中国五矿陈台沟铁矿等大项目接连在辽宁开工建设，西鞍山铁矿采选等2404个续建项目复工，泰峰锂业等425个项目建成投产。

大项目是载体，产业链是抓手，集群化是关键。

辽宁大学校长余淼杰表示：“工业基础雄厚是辽宁独特的发展优势，在这里产业集聚非常明显，有利于实现规模经济、降低成本。我们要铸长板、补短板，将企业拓为产业，将产业连成链条，通过重点产业集群的牵引力将企业留在辽沈大地。”

2023年的辽宁省政府工作报告明确提出，要实施先进制造业集群发展专项行动，做强做大航空装备等12个有影响力的优势产业集群，培育壮大新能源汽车、生物医药等10个战略性新兴产业集群。

“先进制造业集群是产业分工深化和集聚发展的高级形式，是制造业高质量发展的重要标志。2023年以来，我们优化工作机制，强化工作统筹，分行业建立集群专班，形成了省市齐抓共管、上下协同联动、责任分工明确的工作格局。目前，全省重点推进2077个集群项目，总投资9464亿元。续建项目1094个，复工率达99.1%；新开项目741个，开工率达65.2%。”辽宁省工业和信息化厅相关负责人表示。

结构更优

结构，工业之魂魄。做好结构调整，既是发展所需，也是发展之基。调整产业结构并非推倒重来，而是发挥原有基础优势，通过转型升级激活存量、带动增量。这也是辽宁工业高质量发展的必经之路。

向“高”行。“辽宁制造业传统产业多，必须通过人无我有、人有我优的技术、产品，向产业链条中高端迈进，才能在市场中站稳脚跟。”辽宁省工业和信息化厅相关负责人表示。2023年上半年，辽宁省加大政策支持，加快引领企业进行改造升级。截至6月末，高技术制造业投资同比增长37%，资金向“高处”流动趋势显著。

向“绿”转。2023年初以来，煤城阜新多了一张新名片——北方纸都。利用煤矸石制砖余热造纸，既降低了碳排放、减少了工业固废，又打造出新的产业链条。

阜新仅是辽宁向“绿”转型的缩影。2023年初以来，辽宁省制定了《辽宁省工业领域碳达峰实施方案》，加快清洁生产、超低排放等162个绿色低碳项目建设。2023年3月，第七批国家级绿色制造单位名单公布，辽宁37家企业上榜，累计已有129家在辽企业获此殊荣。此外，恒力石化等3家企业获评国家重点用能行业能效“领跑者”企业，阜新伊利乳品等11家企业获评省级节水型企业。

凭“新”进。近日，一套15米长的工业泵在沈工泵综合实验研究中心进行数据检测。“这种检测在东北只有我们能做。”沈阳工业泵制造有限公司副董事长郝迎旭言语中透着自信。凭借强大的技术研发能力，沈工泵2023年订单不断，预计全年主营业务收入同比增长20%以上。

“企业是创新主体。我们要通过政策引领、搭建平台让企业在创新链条中的作用更加突出。”辽宁社会科学院领导表示。

2023年初以来，辽宁省组建省工业母机创新中心，省级制造业创新中心达到9家。围绕工业“六基”，推进高档数控机床五轴头等200个产业基础再造重点项目。实施重大技术装备攻关工程，推进106个协同攻关项目，中航发“太行110”重型燃气轮机等一批“大国重器”取得重大突破。

经过努力，不断向高端跃进、向绿色发力的辽宁制造，身姿更加轻盈。目前，辽宁省高端装备、精细化工、冶金新材料营业收入占比分别达到25.7%、46.1%、27%，均较2022年底提高了2个百分点。

产业更“智”

数字浪潮席卷全球，成为各行各业转型升级的破发点和助推剂。辽宁丰富的产业数字化和数字产业化资源，恰是助力企业深耕数字赛道、以智赋能的“巨人肩膀”。

新型基础设施建设是发展数字经济的底座，也是数字经济崛起的有力支撑。

2023年7月，科技部批准建设9家国家新一代人工智能公共算力开放创新平台，沈阳人工智能计算中心、大连人工智能计算中心同时上榜，辽宁成为唯一同时获批两个平台的省份，引起关注。这也标志着辽宁算力中心已被纳入全国人工智能算力战略体系。

2023年初以来，辽宁加快构建广覆盖、高可靠的工业互联网网络体系、算力体系，为企业耕“云”种“数”、架桥铺路。2023年1—6月，辽宁省新开通5G基站5000余个，累计开通约8.4万个。工业互联网标识解析二级节点上线运营达35个，居全国第三位，接入企业5295家，居全国第七位。

“尽管大家已经充分认识数字转型的重要性，但是目前仍然有一些企业，特别是中小企业存在‘不敢转’‘不会转’的困惑，需要政府帮助搭建更多平台。”在2023年4月8日于辽宁举行的中国中小企业节上，与会专家为辽宁深度把脉后得出一致结论。

解企业困惑，为转型护航，辽宁省一手紧抓示范引领，一手搭建对接平台。

2023年上半年，辽宁省培育中航沈飞民机等20个5G全连接工厂，中德（沈阳）高端装备制造产业园等15个“5G+工业互联网”融合应用先导区；推荐锦州阳光能源等3户企业入选工信部第三批智能光伏试点示范企业。同时，积极建设辽宁省工业和信息化综合管理平台、辽宁省工业互联网公共服务平台，进一步提升政务服务水平和产业链协同能力。

在典型示范企业的带动下，不少企业加快了转型步伐。截至目前，在国家统计的21项“两化”融合指标中，辽宁有18项指标增速超过全国平均增速，5项指标超过全国平均水平，其中规模以上工业企业关键工序数控化率达到60.3%，数字化研发设计工具普及率达78.4%，分别比2022年底增加0.6个百分点和1.2个百分点。

量，合理增长；质，有效提升。工业正引领辽宁振兴列车奔向远方。

来源：《人民日报》客户端　2023年7月28日

辽宁全面振兴涌新潮

日前，辽宁省发布了经济社会发展“半年报”。数据显示，2023年上半年，辽宁省实现地区生产总值13998亿元，同比增长5.6%；工业增加值同比增长5.3%，固定资产投资同比增长5.0%，社会消费品零售总额同比增长9.1%……辽宁省主要经济指标增速高于全国，走出了多年来最困难的时期，交上了一份全面振兴的新答卷。

辽宁省委书记郝鹏说，2023年上半年辽宁发展质效明显提升，产业结构优化，新动能加快集聚，发展预期持续向好，人流、物流、资金流活跃度明显提升，辽宁省上下抓发展、谋突破、促振兴的热潮持续升温。

“跑赢全国均速难能可贵。”辽宁大学校长余淼杰说，取得这样的成绩，同辽宁上下奋力争先的拼搏意识分不开，辽宁特别推出了全面振兴新突破三年行动方案，着力在对外开放、锐意创新、思想解放等方面破题补短板，取得了明显效果。

开放半径扩大

拥有长达2292公里的大陆海岸线的辽宁省，为改变“内向”性格，曾提出“转身向海”的开放发展战略，2023年7月20日举行的辽宁对外开放大会更是明确提出辽宁要从“一隅”走向“前沿”。

2023年上半年，辽宁外贸进出口规模创历史新高，总值为3883.4亿元，同比增长1.4%。其中，出口1781亿元，同比增长5.3%，增速高出全国1.6个百分点。

辽宁对外开放发生了哪些变化？

从出口数据看，辽宁机电产品出口量质并举，表现格外亮眼。2023年上半年，辽宁省机电产品出口额达930.6亿元，增长15.7%，占同期出口总值的52.3%，占比提升4.7个百分点。其中，电动汽车、太阳能电池和锂离子蓄电池“新三样”产品出口额达86.5亿元，同比增长74.1%。

从外贸活力看，民营企业占比不断攀升。2023年上半年，辽宁有进出口实绩的外贸企业达1.3万家，同比增加3.5%。以中小微企业为主、充满活力的民营企业不断扩容，数量同比增加4.7%。民营企业2023年上半年进出口增速比整体增速高8.5个百分点，占进出口总值比重同比提高3.6个百分点，逐渐成为外贸稳增长的主力军。

“开辟多元外贸通道，汇聚外贸新动能。”沈阳海关统计分析处领导认为，这些亮点显示出辽宁对外开放合作半径不断扩大。

2023年以来，辽宁不断加快东北海陆大通道建设，辽宁省以水路运输方式和公路运输方式进出口同比增长3.5%和46.4%。新培育海外仓6个，海外仓总数达到105个，分布在38个国家和地区，带动出口24.5亿元，同比增长123%。同时，辽宁大力开拓新兴市场，对共建“一带一路”国家进出口增长9.7%，对中亚五国等新兴市场进出口同比增长28.5%，国际市场分布日益多元化。

再看内资合作。辽宁省商务厅领导介绍，2023年上半年，辽宁招商引资到位资金同比增长13.0%；来自京津冀、长三角、珠三角的省外投资到位资金同比增长17.7%，占全省招商引资总额的74%。

借力国家东北振兴战略的东风，辽宁积极对接“央地合作”。数据显示，2023年上半年，吸引央企总投资超过6000亿元。辽宁建设项目达10540个，完成投资额增长19.6%。其中，亿元以上项目3681个，完成投资额增长26.6%。

“辽宁针对先进技术、高端装备和新能源等领域提供了优越的发展环境，对企业帮助很大。”奥地利奥钢联公司沈阳负责人表示，辽宁工业门类齐全的产业基础让这片热土更具吸引力。

技术含量增加

辽宁资源富集、禀赋深厚，但长期以来干的都是“力气活”，吃的是“资源粗粮饭”。要实现振兴新突破，就要聚焦实现高质量发展这个主题，完整、准确、全面贯彻新发展理念，更好统筹质的有效提升和量的合理增长。

“菱镁矿粗放加工既有污染又利薄，现在我们企业被国家认定为专精特新‘小巨人’企业，高端产品出口到欧美十几个国家和地区。”辽宁东和新材料公司负责人“揭秘”企业不断向高处走的后援——科技创新联盟。他所在的企业与辽宁省内高校院所合作开展关键技术攻关，尝到了高技术附加值的甜头。

2023年上半年，辽宁高技术制造业增加值同比增长9.3%，高于全国7.6个百分点。辽宁制造技术含量增多，源于资源投入力度明显加大。辽宁省发展和改革委员会负责人介绍，2023年以来，辽宁投资结构持续优化，高技术产业投资同比增长57.9%，比全省投资高52.9个百分点，企业技术服务需求扩大；高技术制造业投资同比增长37%，支撑产业结构升级作用明显。其中，工业控制计算机及系统制造、非专业视听设备制造投资同比增长20倍和15倍。

辽宁强力推进科技成果转化工作，不断完善成果转化服务体系。数据显示，2023年上半年，辽宁省培育专业化技术转移经纪（经理）人、科技评估师等210人，累计培训技术转移人才超2000人。辽宁省技术合同成交额达468亿元，同比增长49.8%。

"'墙里开花墙外香'的局面得到了扭转。"在沈阳东北科技大市场，应用"芝吧"软件促进科技成果本地转化的负责人表示，"我们将科技服务放到互联网平台上，打破技术与需求间的信息壁垒。对单个企业'消化'不了的'科技大果'，还能以众筹再分红的形式进行转化"。"芝吧"运行以来，促进科技成果转化落地2372项，签订技术合同13125件。

辽宁省近年来出台了科技创新条例、制度性创新成果评价奖励工作方案等政策文件，以制度创新为技术创新、科技型中小企业蓬勃发展营造良好生态。

孙东明是中国科学院金属研究所研究员，也是辽宁冷芯半导体科技有限公司联合创始人。"我们以科研专利等无形资产作价入股，很快实现成果的落地转化。从项目选址到建成投产只用了3个月时间，公司自主研制的微型半导体温控器件月产能已超过30万枚。"孙东明说。

营商环境向好

余淼杰认为，东北振兴要重视补齐思想观念方面存在的短板，市场竞争中隐性交易成本、权益安全性、发展可预期性等方面都有瓶颈矛盾需要纵深破解。

没有利益驱动，就有人选择“躺平”。针对不作为的懒政现象，辽宁召开全省清理影响振兴发展做法工作部署会，下大力气铲除办事“灰色地带”，减少寻租空间。

近年来，辽宁驰而不息优化营商环境。2023年，辽宁选派上万名干部深入园区走访帮扶，实化细化项目服务保障，现场解决企业急难愁盼问题。比如，建立健全服务企业项目“快速通道”和“绿色通道”，实行“问题收集、交办督办、限时办结、清零销号”的闭环式办理机制。此外，通过“一网通办”“一网统管”“一网协同”等方面的改革，实现政务服务流程再造、社会治理创新、数据资源开放共享。多地推行不见面审批改革，将开办一般性企业手续办理时间压缩至1个工作日以内。数据显示，截至目前，辽宁全省依申请政务服务事项平均办理时间缩减了80.4%。

沈阳市将优化营商环境作为全面振兴新突破三年行动方案的第一赛道，大力实施制度和职能创新集成，推进六轮营商环境改革，形成90条惠企利民措施，健全干部走下去的包保机制、问题端上来的督导机制和限时解决的调度机制。2023年以来，2万多名领导干部走进3.5万余家企业，解决问题5400余件。全市已办结“万件清理”营商诉求类问题1716件。2023年上半年，沈阳市新登记经营主体14.3万户，为3年来同期最高水平。

“‘办个案子垮个厂子’的日子早已经过去了。”沈阳联立铜业集团董事长说，当前辽宁着力加大涉企行政执法规范力度，不断向好的营商环境让企业发展的信心和劲头更足了。

来源：《经济日报》　2023年8月8日　记者：孙潜彤

民营经济是辽宁实现全面振兴新突破一支不可或缺的重要力量

《中共中央、国务院关于促进民营经济发展壮大的意见》为辽宁与广大民营企业合作提供了更为广阔的空间。2023年以来，辽宁先后召开全省优化营商环境建设大会、全省民营企业家座谈会等，为民营企业家吃上了“定心丸”。

2023年8月3日，全国知名民企助力辽宁全面振兴新突破高端峰会开幕式在沈阳举行，来自全国各地的近900位知名民营企业家参加峰会，共谋合作大计，共享发展机遇。

辽宁省委书记郝鹏表示，环境良好、开放包容的辽宁诚邀大家共创美好未来。辽宁各级党委、政府始终是民营经济的坚强后盾，把民营企业和民营企业家真正当作自己人，持续优化政策环境、法治环境和服务环境，加快打造营商环境“升级版”，营造市场化、法治化、国际化一流营商环境，为各类经营主体做大做强提供了稳定预期。千方百计保障企业要素需求，依法保护企业家合法权益，建设诚信政府，着力构建亲清政商关系，让大家在辽宁投资放心、创业安心、发展顺心、生活舒心。“我们诚挚邀请各位企业家朋友多来辽宁参观考察，感受这片热土的积极变化和蓬勃活力，来这里投资兴业、创新创业、生活置业，与辽宁共拓商机、共赢发展。”郝鹏说。

作为辽西地区的重要城市，锦州正打造一流营商环境汇聚产业项目，为民营企业家带来更多的机遇。锦州市委书记表示，锦州坚持项目为王、招商为要、落地为大、服务为本，持续优化政治环境、信用环境、法治环境、服务环境，用一流环境承载一流项目，实现高质量发展。锦州将通过“一事一议”“一企一策”强化项目要素保障，以最大诚意、最佳环境、最优服务诚挚欢迎各方企业共享机遇、共谋发展。

参加峰会的不少知名民营企业家纷纷表示，他们感受到了辽宁经济社会发展呈现出的良好势头、营商环境发生的巨大变化，以及“山海关不住、投资到辽宁”的高涨热情。

北京科锐国际人力资源股份有限公司是国内首家登陆A股的人力资源服务企业。科锐国际董事长告诉记者，他对辽宁的民营经济发展尤其是人才建设很有信心。“人才要素在促进地方经济发展中发挥着重要作用。我们将以专业化、标准化、规范化、数字化和国际化的理念推动人力资源服务行业高质量发展，结合本公司的人才生态，服务好辽宁建设，促进人力资源流动更加顺畅、配置更加优化。希望未来打造‘孔雀向北飞’‘孔雀向辽宁飞’，为助力辽宁全面振兴新突破提供有力的人力资源支撑。”科锐国际董事长说。

传化集团董事长表示，近年来，辽宁不断优化营商环境，为企业解决问题，是广大民营企业投资发展的热土。“这次来到辽宁，我对辽宁悠久的历史文化和雄厚的产业基础有了更多了解，很高兴看到新形势下重工业优势的再次发力。”传化集团董事长说。

辽宁大学校长余淼杰表示，民营经济是辽宁实现全面振兴新突破一支不可或缺的重要力量。辽宁应着力构建亲清政商关系，打造营商环境“升级版”，继续采取更加有力有效的措施支持民营经济发展。

数据显示，2023年上半年，辽宁新登记经营主体38.5万户，同比增长19.11%。截至6月底，辽宁省私营企业突破110万户，占企业总量的89.6%。日趋优化的营商环境正不断助力提升辽宁经济社会发展活力。

来源：《经济日报》 2023年8月10日 记者：温济聪

牢记嘱托感恩奋进　重振雄风再创佳绩

金秋九月，秋高气爽，稻菽飘香，一派生机盎然的丰收景象。

2023年9月，习近平总书记再次踏上东北这片热土，主持召开新时代推动东北全面振兴座谈会并发表重要讲话，为奋力谱写东北全面振兴新篇章领航定向。

“东北资源条件较好，产业基础比较雄厚，区位优势独特，发展潜力巨大。”

“相信在强国建设、民族复兴新征程中，东北一定能够重振雄风、再创佳绩。”

习近平总书记的重要讲话，饱含着对东北、对辽宁的似海深情、如山厚望，是嘱托，也是鼓舞，更是新时代新征程上对东北全面振兴的崭新擘画。

殷殷期许饱含深情，谆谆教导催人奋进。习近平总书记的重要讲话，在辽宁省上下引发热烈反响、强烈共鸣。广大干部群众纷纷表示，要深入学习领会、坚决贯彻落实习近平总书记重要讲话精神，牢记领袖教导，知责感恩奋进，咬定目标不放松，敢闯敢干加实干，努力走出一条高质量发展、可持续振兴的新路子。

“新时代新征程，铁西勇立潮头、再铸辉煌，信心更强了，干劲更足了！”沈阳市铁西区的党员干部表示，作为工业重镇、产业大区，铁西区有责任在新时代东北全面振兴中展现更大担当和作为。全区上下一定深入贯彻落实习近平总书记重要讲话精神，紧紧把握新时代推动东北全面振兴新的重大机遇，完整准确全面贯彻新发展理念，围绕加快构建具有东北特色优势的现代化产业体系，进一步优化创新生态、提升创新能力；加快传统制造业数字化、网络化、智能化改造，加快抢占数字经济、新能源、生物医药新赛道，切实形成新质生产力，增强发展新动能；着力构建、持续优化国际一流营商环境，围绕建设对外开放新前沿，坚定不移打造中欧合作新标杆，努力以"新时代、新铁西"建设的火热实践，在辽宁全面振兴新突破三年行动中冲在前、扛大旗。

东北是我国向北开放的重要门户。辽宁自贸试验区大连片区管委会主任表示，作为东北对外开放前沿，大连片区将知责担责，牢记习近平总书记的嘱托、忠诚履职践行，全面实施对外开放提升行动。高标准建设中国北方首个具有LNG国际中转功能的口岸，助推大连由"端点城市"变"节点城市"、枢纽城市。拓展大窑湾北岸综保区功能，推动建立"出厂即入港、入港即退税、报备即出口"的整车出口高效通关模式，打造中国北方新能源汽车出口基地。加快建设RCEP（大连）国际商务区，扩大RCEP公共服务平台影响力，打造更有效率、更加便利的境内外双向投资环境。持续开展新探索，积累新经验，在新时代东北全面振兴中展现更大担当和作为。

辽宁省发展和改革委员会表示，将认真贯彻落实习近平总书记重要讲话精神，提高政治站位，坚持把党的领导贯穿全面振兴新突破三年行动各方面全过程，认真履行辽宁省全面振兴新突破三年行动指挥部办公室职责。加快构建具有辽宁特色优势的现代化产业体系，建成三个万亿级产业基地，发展壮大战略性新兴产业，加快发展数字经济。加快推进农业农村现代化，培育壮大乡村产业新业态，实施乡村建设行动。加快建设现代化基础设施体系，全力以赴扩大有效投资。提升对内对外开放合作水平，深化重点区域国际合作，构建高能级开放合作平台，建设东北海陆大通道。提高人口整体素质，促进高质量充分就业，健全社会保障体系，推进健康辽宁建设，积极应对人口老龄化。牢牢把握重要使命，以新气象新担当新作为为辽宁全面振兴新突破作出新贡献。

推动东北全面振兴，根基在实体经济，关键在科技创新，方向是产业升级。

辽宁省科技厅领导表示，辽宁省科技厅一定牢记习近平总书记嘱托，全力创建具有全国影响力的科技创新中心，紧紧围绕结构调整“三篇大文章”，聚焦三个万亿级基地和22个重点产业集群的创新需求，时不我待推进科技自立自强，只争朝夕解决“卡脖子”问题，全力以赴拼抢争实，争取更多国家级平台在辽宁落户，提升辽宁实验室等创新平台能级，引领带动辽宁省内优势科研力量加快形成创新合力，在成果转化、基础研究、青年人才培育等方面进一步加大政策力度，以科技创新推动产业创新，为全面振兴新突破三年行动首战告捷提供科技支撑。

当好国家粮食稳产保供“压舱石”，是东北的首要担当。习近平总书记强调，要以发展现代化大农业为主攻方向，加快推进农业农村现代化。

习近平总书记的殷殷嘱托，辽宁省农业农村系统党员干部牢记于心。“我们将认真学习贯彻习近平总书记重要讲话精神，切实把讲话精神转化为加快推进辽宁省农业农村现代化发展的具体行动和实际成效，加快推进高标准农田建设和黑土地保护工程，着力实施种业振兴行动，提升农机装备水平，努力提高粮食综合生产能力，坚决扛稳维护国家粮食安全重任。”辽宁省农业农村厅全体党员干部表示，将自觉践行大食物观，大力发展现代设施农业，持续提升畜禽养殖规模化水平，加快推进国家级海洋牧场建设和远洋渔业发展。加快推进食品工业大省建设，培育壮大龙头企业，推进全产业链融合发展。

辽宁省工信厅将认真落实好习近平总书记重要讲话精神，立足辽宁省产业基础和资源优势，坚决扛起维护国家“五大安全”重要使命，以科技创新推动产业创新，实施产业基础再造工程和重大技术装备攻关工程，加快建设制造业创新中心等创新平台，推动企业突破一批“卡脖子”关键技术和产品。持之以恒做好结构调整“三篇大文章”，加快建设三个万亿级产业基地和22个重点产业集群，着力延链补链强链，统筹推进传统产业改造升级和新兴产业培育壮大，推动高端化、智能化、绿色化转型。坚持“两个毫不动摇”，大力培育优质企业，推动中小企业“专精特新”发展，加大服务和支持企业力度，以拼抢争实工作作风推动全面振兴新突破首战告捷。

辽宁省国资委表示，将深入学习习近平总书记重要讲话精神，更加坚定发展信心，团结带领国资国企系统干部职工全面贯彻党的二十大关于推动东北全面振兴实现新突破的部署，坚持加大支持力度和激发内生动力相结合，继续深化国有企业改革，提高国企核心竞争力，推动国有资本向重要行业和关键领域集中，推动国企做强做优做大，充分发挥国有经济战略支撑作用。创新中央企业和辽宁合作模式，积极谋划项目，狠抓项目落实，延续2023年以来中央企业和辽宁融合发展的良好势头，更好带动辽宁经济发展。加快数字化、网络化、智能化改造，推动科技创新，做强实业，推动实体经济发展和产业升级。优化干部队伍结构，提高专业化素质，打造“团结、专业、廉洁”国资监管队伍，为辽宁全面振兴新突破贡献国资国企力量。

习近平总书记强调，要加快建设现代化基础设施体系，提升对内对外开放合作水平。辽宁省商务厅广大党员干部表示，辽宁省商务厅作为全省对外开放工作战线上的重要职能部门，深感责任重大、使命光荣。辽宁省商务战线将牢记嘱托、砥砺奋进，提振推动全面振兴新突破的精气神，保持奋进的姿态，努力在辽宁全面振兴新突破中争先进位，贡献商务力量、展现商务风采。下一步，辽宁省商务战线将以更大力度统筹投资、贸易、通道、平台建设，加快东北海陆大通道建设，稳步扩大规则、规制、管理、标准等制度型开放，高水平参与东北亚等重点区域开放合作，进一步加强同京津冀协同发展、长江经济带发展、长三角一体化发展、粤港澳大湾区建设、西部大开发等国家重大战略的对接，在打造对外开放新前沿方面取得新突破。

习近平总书记的重要讲话，让辽宁省营商环境建设局（省大数据管理局）领导深受鼓舞、倍感振奋、充满信心。他们表示，辽宁省营商局将牢记嘱托、感恩奋进、不辱使命，以优化营商环境为基础，全面深化改革，把营商环境建设作为辽宁振兴的“先手棋”，按照全面振兴新突破三年行动要求，大力营造良好营商环境，为服务企业抓项目、服务群众抓民生提供有力支撑，全力打造营商环境辽宁“升级版”，扎实开展营商环境质量提升行动，坚定不移全面深化改革，促进政务服务水平全面提升，企业群众诉求得到有效解决，加快推进政府数字化改革，全面构建亲清统一的新型政商关系，为各类经营主体创造稳定、透明、规范、可预期的法治环境，助力辽宁高质量发展。

加强党的领导和党的建设，是东北全面振兴的根本保证。

辽宁省委组织部广大党员干部纷纷表示，要深入学习贯彻习近平总书记重要讲话精神，强化政治担当，认真履职尽责，以高质量组织工作服务保障全面振兴新突破。把习近平总书记重要讲话精神纳入各级党校（行政学院）教育培训内容，引导党员、干部树立正确政绩观，激发干事创业热情。拓宽选人视野，精准知事识人，不断优化干部队伍结构，制定激励干部担当作为若干措施，以实际举措为干事者撑腰。用好中央支持东北人才振兴政策，深入实施“兴辽英才计划”，全方位培养引进用好人才。开展“党群共同致富”活动，深化“领导干部进园区进企业服务振兴新突破”专项行动，助力振兴发展。按照辽宁省委统一部署，抓好第一批、第二批主题教育衔接联动，推动主题教育走深走实。

习近平总书记强调，要进一步优化政治生态，营造良好营商环境。辽宁省纪委监委广大党员干部纷纷表示，将切实把学习贯彻习近平总书记重要讲话精神转化为纵深推进全面从严治党、坚持不懈正风肃纪反腐的实际行动，发扬彻底的自我革命精神，坚持严的基调、严的措施、严的氛围，一体推进不敢腐、不能腐、不想腐，坚定不移打好打赢遏增清存攻坚战。坚持把落实中央八项规定精神一抓到底，持之以恒纠“四风”树新风。统筹推进“三个万件”治理主动战，打造“阳光辽宁”品牌，实施“清风辽宁”行动，推动“办事不找关系、用权不图好处”成为常态，不断净化政治生态，优化营商环境。坚持严管与厚爱结合，落实“三个区分开来”，严厉打击诬告陷害，完善干部担当作为激励和保护机制，全力护航辽宁全面振兴新突破。

辽宁省教育厅将认真贯彻落实习近平总书记重要讲话精神，

扎实推进普惠托育服务工作，鼓励有条件的幼儿园开设托班，招收2~3岁幼儿，切实减轻家庭生育养育教育负担。着力构建优质均衡的基本公共教育服务体系，多渠道增加普惠性学前教育资源供给，着力缩小义务教育区域、城乡、校际差距，着力加强优质特色普通高中建设。高等教育要切实将科教优势转化为经济发展优势，大力推进“双一流”建设，打造优势特色学科群；加强新工科、新医科、新农科、新文科建设，推动产学研用深度融合，加强高校科技成果转化，服务建设三个万亿级产业基地和22个重点产业集群。职业教育要加强职普融通、产教融合，做大做强边境城市职业教育资源，深度参与市域产教联合体和行业产教融合共同体，服务区域经济社会发展。

“习近平总书记的重要讲话，让我们打赢新时代‘辽沈战役’信心更强、底气更足、干劲更大。”全国人大代表，辽宁大学党委副书记、校长余淼杰表示。近年来，东北在推动振兴方面取得了新进展新成效。我们要深入贯彻落实习近平总书记的重要讲话精神，充分发挥优越的要素禀赋和产业优势，坚持“两个毫不动摇”，深刻领会国有企业和民营企业的互补共赢关系，持续巩固“国企敢闯、民企敢干、外企敢投”的生动局面。用开放续推改革，打通并发展东北海陆大通道，加快推进中日韩自贸区建设，大力推动中俄远东经济战略合作，助力辽宁成为开放的桥头堡。深化改革推动高质量发展，加快优化营商环境，加快形成国内统一大市场，化发展的潜力为振兴的实力，大力推进新型农业现代化、新型工业现代化、新型城镇化和新型信息化，奋力谱写中国式现代化辽宁新篇章。

来源：《辽宁日报》　2023年9月10日

扬优势补短板，奋力跑出全面振兴“加速度”

“辽宁振兴发展恰逢天时、地利、人和，要发挥产业、资源、市场、人才、区位等优势，更好对接国家重大战略，跑出全面振兴的‘加速度’。”全国人大代表，辽宁大学党委副书记、校长余淼杰在接受辽宁日报记者采访时表示，要牢牢抓住推动东北全面振兴面临的实现高水平科技自立自强、构建新发展格局、推进中国式现代化三个方面的重大机遇，坚定信心、鼓舞士气，扬优势、补短板，咬定目标不放松，敢闯敢干加实干，努力走出一条高质量发展、可持续振兴的新路子。

余淼杰表示，习近平总书记对东北全面振兴进行了全局性思考、整体性布局，习近平总书记的重要讲话阐释了东北振兴的优势和机遇，给予我们强大的思想指引、精神鼓舞和奋斗感召。党中央高度重视发展东北，给予东北振兴好政策。辽宁产业结构完整、工业基础雄厚、基础设施完善、人文底蕴深厚、自然资源丰厚，这些都是振兴发展的重要保障。辽宁省委、省政府提出“大干三年、奋斗三年”，引导全省干部提振精神，形成了干事创业的浓厚氛围。

“在把握优势的同时，我们还要正视面临的困难和问题。”余淼杰说，要把困难和问题作为攻坚克难、补齐短板的重点和方向。

余淼杰认为，要以科技创新推动产业创新，加快构建具有辽宁特色的现代化产业体系。要坚持把发展经济的着力点放在实体经济上，持续做好结构调整“三篇大文章”，改造升级“老字号”、深度开发“原字号”、培育壮大“新字号”，推动短板产业补链、优势产业延链、传统产业升链、新兴产业建链，增强产业发展的接续性和竞争力。此外，辽宁是科教大省，大学、大院、大所众多，要将科教的优势转化为产业的优势，实现高水平科技自立自强。

如何提升对内对外开放合作水平？余淼杰表示，习近平总书记提出“加强东北亚区域合作、联通国内国际双循环”的战略思想，为我们扩大开放提供了根本遵循，指明了前进方向。东北是我国向北开放的重要门户，要深度融入共建“一带一路”，加快建设东北海陆大通道，加快推进中日韩自贸区建设，加快发展辽宁自由贸易试验区等；深入推进油气管道、高铁网、铁路网、新型电网等建设，加快建设现代基础设施体系等，促进对内对外开放合作向更大规模、更宽领域、更深层次发展。

“辽宁全面振兴关键在党，关键在人。”余淼杰认为，辽宁全面振兴最突出的短板是思想观念，比如一些部门和干部有明确规定的才去做，没有明确规定的不做，上级没明确要求的不做，这就是思想观念的问题。推动辽宁振兴发展，要放弃“躺平”及不求有功但求无过的错误观念，大胆试、大胆闯、主动改，保持干事创业、昂扬奋进的精神状态。同时，要持续优化营商环境，做到“有求必应、无事不找”，降低经营主体制度交易成本，打破隐性壁垒。

余淼杰表示，辽宁大学将充分发挥高等院校作用，把人才培养作为打基础、利长远的战略工程，把立德树人落到实处。同时，持续创新人才管理、评价、使用和激励机制，优化人才发展环境，努力把人才引进来、育出来、留下来，为辽宁全面振兴贡献力量。

来源：《辽宁日报》 2023年9月20日 记者：王 坤

扬优势、补短板，努力走出一条高质量发展、可持续振兴的新路子

习近平总书记在东北地区的三次讲话实际上是一脉相承、一以贯之的，为辽宁乃至整个东北地区的发展指明了根本性的方向，起到了把脉定向和领路领航的作用。2015年，在部分省区党委主要负责同志座谈会上，习近平总书记指出了两个短板：体制机制和产业结构单一。2018年9月28日，习近平总书记在深入推进东北振兴座谈会中提到了“三四五六”。“四”即四大短板——体制机制、思想观念、产业结构以及对外开放。“三”是要做好三篇大文章，特别是“老字号”、“原字号”和“新字号”发展的路径。2023年9月7日，在新时代推动东北全面振兴座谈会上，习近平总书记提出了“一二三”。其中，“一”是指做好统筹，统筹发展和安全之间的关系；“二”是指牢牢把握高质量发展这个首要任务和构建新发展格局这个战略任务；“三”是做好三个结合：第一个结合是问题导向和目标导向相结合；第二个结合是锻长板、补短板相结合；第三个结合是加大对东北的支持力度和激发东北的内生动力相结合。这三次讲话一以贯之，习近平总书记不仅为东北的发展指明了方向，也指出了问题，并提供了解决思路，东北的振兴指日可待。

东北的发展实际上需要通过辽宁的发展来带动，因为辽宁

在东北三省中起到了最重要的引领作用。在深入推进东北振兴座谈会上，习近平总书记指出东北要确保粮食、生态、产业、能源和国防这“五大安全”。在新时代推动东北全面振兴座谈会上，习近平总书记明确提出了五大任务，以落实好“五大安全”。第一，通过科技创新引领产业创新。第二，发挥好东北农业农村的现代化，确保大粮仓能在关键时刻发挥作用。第三，做好对内对外开放的联动，构建全面开放的新格局。第四，强调人口的高质量发展。第五，要营造优良的政治环境和营商环境，助力东北全面振兴。经济要全面振兴，最重要的是发展实体经济，只有使实体经济充分发展，才能避免掉入中等收入陷阱。

要发展实体经济，关键在于依靠创新。创新是第一动力，也是第一生产力。创新的载体是产业的发展，因此要做好“三篇大文章”来推动产业发展。对于“原字号”，要深度开发；对于“老字号”，要改造升级；对于“新字号”，要培育壮大。通过做好“三篇大文章”，特别是结合数字化、网络化和智能化技术，我们能够有效提升东北产业的振兴。这种综合性的发展策略增强了产业的竞争力，从而助力东北产业振兴。

人才是关键。辽宁大学作为省属高校，在引进人才、培育人才方面做了大量尝试，初步形成了“孔雀辽沈飞”这种特有的现象。第一，通过感情招聘，说服了众多优秀教师加盟辽宁大学，这些教师来自国内的“985”高校和其他顶尖高校及科研机构。第二，通过事业留人。这些教师致力于教学、科研和创业，他们的到来使辽宁大学的教学和科研水平迈上新的台阶。第三，用平台育人，为教师提供施展才艺的平台，使他们愿意继续在辽宁大学发展、在辽宁发展。

对于学生培养，辽宁大学特别强调“聚天下英才而用之”的人才培养体系，从健全的人格、健康的体格和渊博的学识三个方面来培养学生，把学生培养成为愿意服务辽宁、服务国家发展的“四有”新人。

来源：北斗融媒　2023年9月21日

辽宁全面振兴具有“天时地利人和”

习近平总书记的讲话为东北发展指明了方向，具有指路引航的作用，对东北的发展，特别是对辽宁的发展具有全局性的、根本性的指导作用。我们看到，东北的发展实际上需要依靠辽宁的发展来带动，因为辽宁在东北三省中具有重要的引领作用。目前，辽宁的全面振兴正迎来天时地利人和的良好局面。

在天时方面，习近平总书记针对东北振兴的重要讲话为我们指明了方向。这是天时之一，也是最大的天时。同时，我们正在构建全面开放新格局，东北具有独特的地区优势，通过打造东北海陆大通道，可以更好地融入国家的“一带一路”倡议。这是第二个天时。

在地利方面，辽宁和东北都具有非常好的条件，体现在三个方面。一是要素禀赋。东北地区自然资源丰富，在资源条件方面具有显著优势。二是产业结构完整。三是产业集聚。这些地利优势是其他地区所不具备的。辽宁具有接近全产业链的完整的工业体系，全国有41个工业大类，辽宁有将近40个。这在全国是独一无二的，是东北振兴的底气和勇气所在。

在人和方面，辽宁省委省政府推出了“大干三年、奋斗三年”的辽宁全面振兴新突破三年行动方案，增强了全省人民的信心。2023年上半年，辽宁省的经济增速已经超过全国平均水平，达到5.6%。这是多年来罕见的，为未来发展提供了信心和保障。

对于东北来说，经济要全面振兴，最重要的是发展实体经济。只有使实体经济充分发展，才能避免掉入中等收入陷阱。发展实体经济的关键在于创新，创新是第一动力，是第一生产力。创新的载体是产业的发展，要做好“三篇大文章”，特别是结合数字化、网络化和智能化，提升东北产业的振兴。

正如习近平总书记所强调的，人才是关键。因此，作为省属高校，辽宁大学在引进人才、培养人才方面做了大量尝试，初步形成了“孔雀辽沈飞”这种特有的现象。在学生培养方面，辽宁大学强调“聚天下英才而用之”的人才培养体系。具体来说，辽宁大学在学生学习期间，注重培养学生健全的人格、健康的体格以及渊博的学识，目标是培养出愿意服务辽宁、愿意服务国家发展的“四有”新人。

来源：《辽宁日报》　2023年9月26日

利用要素资源禀赋赋能产业集聚实现规模经济

金融高质量发展是推进中国式现代化的必然要求。面对新形势、新机遇、新要求，沈阳及辽宁始终坚持高质量发展首要任务，不断优化金融生态环境，强化金融人才引育，区域金融中心建设取得积极成果。2023年10月13日，以“普惠绿色科技金融助力实体经济”为主题的“金融兴辽”评选活动筹备会暨圆桌会议在辽宁沈阳开幕。本届评选活动旨在鼓励金融机构更好地服务于辽宁三年振兴新突破行动，增强辽宁金融文化氛围，提升金融发展能级，助推金融高质量发展。

辽宁大学党委副书记、校长余淼杰先生表示，辽宁将把握好高质量发展的战略任务，完整贯彻新发展理念浸入到新的发展空间。辽宁的要素资源的禀赋非常丰富，辽宁的人力资本、土地、数据等都具备优势。辽宁通过产业集聚，赋能有41大类工业品类的完整产业结构，实现规模经济。

以下为演讲实录：

余淼杰：

各位领导、朋友们，大家上午好！

首先非常感谢主办方给我这个机会和大家学习交流，今天的题目是《中国式现代化的东北篇章》。我们已经进入以高质量发展为特征的新发展阶段，下面谈一谈怎样实现中国式现代化的东北篇章或者辽宁篇章。

辽宁将把握好高质量发展的战略任务。辽宁要素资源的禀赋非常丰富，人力资本、土地、数据等都具备优势。辽宁的产业结构完整，辽宁有41大类工业品类，产业集聚可以实现规模经济。

我们要充分发挥科教结合产业的优势，释放经济发展潜力。东北有114个高校，34所省级高校，高校可以发挥科技和人才优势，提供创新动力。

辽宁将充分利用国内国际的双循环及统一大市场的政策契机，这对东北来说是前所未有的天时地利的优势。我们要加强跟中亚、西亚和中东、北非的合作，实现双循环。

对辽宁来说，铁人精神是具体实现中国式现代化的抓手；能源清洁基地将实现风光、火电一体化，发挥对经济的战略支撑作用。

振兴东北、振兴辽宁，发展实体经济是根本，是根基。实体经济是实体创新的重要载体。可以提高老字号附加值，加快培育新字号。东北实现农业现代化，是国家粮食安全的重要保障。

在基础设施建设方面，应构建东北大通道，加快加强空运，实现与俄罗斯远东地区的基础设施的合作，开通沈阳到俄罗斯的专线。

我们要保障人口数量提升，改变人口老龄化，改善养老福利，并有效提升相关产业工作人员的素质。

我们要优化营商环境，更好地优化数字生态，实现阳光校园、阳光政务、阳光医院。

来源：新华财经　2023年10月13日

中国推进东北全面振兴取得新进展

中共中央政治局于2023年10月27日召开会议，审议《关于进一步推动新时代东北全面振兴取得新突破若干政策措施的意见》。新加坡《联合早报》网站报道称，会议提出要以科技创新推动产业创新，改造提升传统制造业。

美国之音电台网站报道称，中国东北三省正在成为中俄双边贸易中一个有战略意义的地区。2023年1—9月，辽宁对俄罗斯进出口额为426.4亿元人民币，同比增长82.3%，俄罗斯在辽宁新设立外商投资企业40家。

东北三省经济三季报出炉，多项数据表现亮眼。2023年前三季度，辽宁省地区生产总值为21692.2亿元，按可比价格计算，同比增长5.3%，比全国高0.1个百分点；黑龙江省地区生产总值为10595.9亿元，同比增长2.6%；吉林省地区生产总值为9935.68亿元，同比增长5.8%。

在消费、投资、外贸等领域，东北地区展现发展活力。以投资为例，2023年以来，一批大型外资项目在东北落地生根，对经济起到有力拉动作用。当前，全球石油巨头沙特阿美公司与中国企业共同投资837亿元的华锦阿美精细化工项目在辽宁盘锦建设正酣；总投资超过350亿元的奥迪一汽新能源项目在吉林长春火热推进；凯斯纽荷兰工业集团在黑龙江省投资建设的农机制造基地也正在提高产能。

在对外贸易方面，东北地区也呈现许多新亮点。2023年，东北地区电动汽车、太阳能电池和锂电池等“新三样”产品出口保持高速增长。以辽宁省为例，前三季度，“新三样”出口实现145.5亿元，同比增长74.7%，拉动全省出口增长2.3个百分点。从地区来看，辽宁与俄罗斯进出口贸易快速增长。1—9月，辽宁对俄罗斯进出口额为426.4亿元，同比增长82.3%。其中，出口额增长41%，进口额增长102.5%，俄罗斯已成为辽宁第四大贸易国。

推进全面振兴，东北潜力巨大。其一，东北地区资源条件较好，自然禀赋优越，广袤的黑土地为加快推进农业农村现代化打下重要基础。近年来，东北三省粮食产量占全国的五分之一以上，粮食商品量约占全国的四分之一，粮食调出量约占全国的三分之一，粮食综合生产能力持续提升。其二，东北地区工业基础扎实，具有较为完整的装备制造体系和化工产业链，满足产业集群发展条件，制造业正加快创新发展。其三，东北地区科教文卫资源丰富，科教和产业优势相结合，有利于形成地区发展优势，创造创新发展机遇。

同时，作为中国向北开放的重要门户，东北地区拥有独特的区位优势，正在打造重点面向东北亚的对外开放新前沿。近年来，辽宁自贸试验区、黑龙江自贸试验区制度不断创新，长春、大连、哈尔滨国家级新区开发开放深入推进，中韩（长春）国际合作示范区、中德（沈阳）高端装备制造产业园加快建设，对外贸易合作不断深化。

进一步推动新时代东北全面振兴，可在以下几方面着重发力：

一是以科技创新推动产业创新，加快构建具有东北特色优势的现代化产业体系。通过自主创新，加快传统制造业数字化、网络化、智能化改造，推动产业链向上下游延伸，形成较为完善的产业链和产业集群。主动对接国家战略需求，整合和优化科教创新资源，加大研发投入，掌握更多关键核心技术。

二是以发展现代化大农业为主攻方向，发挥黑土地的宝贵资源优势，当好国家粮食稳产保供“压舱石”。加快实现农业农村现代化，提高粮食综合生产能力，确保平时产得出、供得足，极端情况下顶得上、靠得住。

三是加快建设现代化基础设施体系，提升对内对外开放合作水平，在畅通国内大循环、联通国内国际双循环中发挥更大作用。一方面，要增强前沿意识、开放意识，加强与东部沿海和京津冀的联系；另一方面，要充分发挥地缘优势，深度融入共建“一带一路”，积极推进中日韩自贸区建设，加快东北海陆大通道建设，积极参与中蒙俄经济走廊建设，提升投资和贸易便利水平，不断改善跨境基础设施。

四是提高人口整体素质，协调量的合理增长和质的有效提升，以人口高质量发展支撑东北全面振兴。为此，要持续加强教育投入，提升全民特别是年轻人受教育水平，同时要创造更好的投资和就业环境，鼓励外来人才到东北落地发展，实现人才引得来、留得住。

五是营造良好营商环境。全面构建亲清统一的新型政商关系，善于运用法治思维和法治方式解决问题、化解矛盾、协调关系，为各类经营主体创造稳定、透明、规范、可预期的法治环境。

来源：《人民日报海外版》　2023年11月6日　记者：林子涵

在强国建设民族复兴新征程中重振雄风再创佳绩

五谷收仓，瑞雪翩来。辽沈大地，决战全面振兴新突破首战告捷紧锣密鼓，一场充满光荣与梦想的远征开始了新的出发。

在辽宁省上下深入贯彻落实习近平总书记重要讲话和指示批示精神、奋力实施全面振兴新突破三年行动之际，2023年11月6日至7日，备受瞩目的辽宁省委十三届六次全会召开，总结2023年以来辽宁各项工作取得的显著成效，审议通过《中共辽宁省委关于深入贯彻落实习近平总书记在新时代推动东北全面振兴座谈会上重要讲话精神奋力谱写中国式现代化辽宁新篇章的意见》，明确紧扣打造新时代“六地”目标定位，在走出高质量发展、可持续振兴的新路子上发挥龙头和骨干作用，在谱写东北全面振兴新篇章中展现更大担当和作为。

迈上现代化新征程，辽宁担负什么样的使命任务、锚定什么样的战略目标、选择什么样的实践路径？在大会和分组讨论中，与会同志深切感受习近平总书记对辽宁期望之重、寄望之深，感悟自身责任之大、使命之巨，经学习、思考、讨论形成强烈共识，一致表示要把在深入学习贯彻习近平总书记重要讲话精神中形成的思想共识、发展思路、工作举措凝聚成具体部署，一步一个脚印把习近平总书记擘画的宏伟蓝图变成美好现实。

坚定信心乘势而上

2023年11月6日上午，参会人员精神饱满地步入会场，他们亲身经历、参与并见证了辽宁感恩奋进、砥砺前行的风雨兼程，对饱含着辽宁省干部群众奋斗心血的“成绩单”满怀期待。

“前三季度，辽宁省主要经济指标增速保持了赶超全国水平的增长态势，创近年来同期最好成绩……”大家深知，成绩的取得离不开习近平总书记掌舵领航，离不开党中央坚强有力的领导。这份“成绩单”提振了辽宁干部群众干事创业精神，坚定了发展信心。

大家纷纷表示，推动辽宁全面振兴，关键是把习近平总书记重要讲话精神学深悟透，准确把握习近平总书记关于新时代推动东北全面振兴的新部署新要求新任务，明确当前的形势和机遇，找准定位，真抓实干，一张蓝图绘到底。

目标定位，决定前进方向

在大会上，辽宁省提出努力将辽宁打造成国家重大战略支撑地、重大技术创新策源地、具有国际竞争力的先进制造业新高地、现代化大农业发展先行地、高品质文体旅融合发展示范地、东北亚开放合作枢纽地，并将其作为贯彻落实习近平总书记重要讲话精神的目标定位。

沈阳市委副书记、市长吕志成说：“全会牢牢把握维护国家‘五大安全’重要使命，对标对表‘五项重要任务’，特别是鲜明地提出打造新时代‘六地’目标定位，彰显了强烈的政治担当，划定了清晰的奋斗坐标，为辽宁走出一条高质量发展、可持续振兴的新路子提供了战略指引。沈阳将坚定不移地沿着习近平总书记指引方向勇毅前行，按照辽宁省委全会决策部署，锚定建设国家中心城市，当好‘排头兵’。”

“新时代‘六地’目标定位，是深入贯彻落实习近平总书记在新时代推动东北全面振兴座谈会上的重要讲话精神的务实举措，充分彰显了辽宁省委的主动担当和坚定不移推动辽宁全面振兴的信心决心。”大连市委副书记、市长陈绍旺表示，大连市将牢牢把握在维护国家“五大安全”中的重要使命，坚定不移推进高质量发展，服务和融入新发展格局，努力为国家重大战略提供支撑。

成绩来之不易，未来更为可期。辽宁大学党委副书记、校长余淼杰表示，大干必有成果、奋斗就有回报，持续深入学习贯彻习近平总书记重要讲话精神，牢牢把握高质量发展这个首要任务和构建新发展格局这个战略任务，发挥好三年行动牵引作用，凝聚合力，确保“五项重要任务”落实落地，就能打好打赢新时代的“辽沈战役”。

锚定目标细化举措

号角已经吹响，目标激荡人心。与会同志纷纷表示，要锚定目标定位，理清使命任务，细化工作举措，在比学赶超中书写担当。

打造对外开放新前沿，是习近平总书记赋予东北地区的重要使命任务。辽宁省商务厅党组书记、厅长潘爽态度坚定地说：“辽宁省商务系统要切实增强前沿意识、开放意识，深度对接国家对外开放战略，持续提升对外开放平台能级，增强引进外资的精准性，综合施策促进外贸企稳向好。围绕奋力打造东北亚开放合作枢纽地，以高水平对外开放促进辽宁全面振兴。”

此次参会，辽宁省交通运输厅党组书记、厅长冯万斌深受鼓舞、倍感振奋：“我们将突出抓好现代化交通基础设施体系建设，加快构建发达的快速网、畅通的干线网、广覆盖的基础网。突出抓好港口高质量发展，全面提升港口的枢纽能力和服务能力。突出抓好东北海陆大通道建设，深入推进向北通道，畅通进出关通道，巩固向东通道，壮大南下通道。”

制造业既是辽宁的传统优势，也是辽宁的鲜明标志。辽宁省工业和信息化厅党组书记、厅长胡异冲表示，聚焦“打造具有国际竞争力的先进制造业新高地”这一目标任务，工信部门将以建设22个产业集群为抓手，打造四个万亿级基地，推动制造业高端化、智能化、绿色化发展，以新型工业化新成效谱写中国式现代化辽宁新篇章。

对于辽宁而言，文旅产业既是短板又是潜力。“全会为新时代‘辽沈战役’文旅攻坚战标注了新高度、赋予了新内涵。我们要积极‘锻长板、补短板’，推动历史文化游、工业研学游、红色六地游、生态康养游、休闲观光游、旅居度假游等全业态全产业链提质升级。同时，向广大游客发出‘跟着赛事去旅游、伴着旅游去参赛’的邀约，倾心推出赛事演艺游、冰雪温泉游、海洋旅游、边境旅游等高端产品。”辽宁省文化和旅游厅党组书记、厅长刘伟才说。

优化营商环境是实施全面振兴新突破三年行动必须下好的先手棋。辽宁省营商局（辽宁省大数据管理局）党组书记、局长周轶赢表示，辽宁省将在进一步深化“办事不找关系”改革上下功夫，持续深化审批流程再造，统筹推进“一件事一次办”、免申即享直达快享，规范行政权力边界，减少制度性交易成本和权力寻租空间，积极打造“办事不找关系、用权不图好处”的“清风辽宁”品牌，坚决清理破坏振兴发展的顽瘴痼疾，打造营商环境“升级版”，为振兴发展提供有力保障。

狠抓落实靶向用力

沿着既定目标任务勇毅前行，奋力谱写辽宁全面振兴新篇章，向习近平总书记、党中央和辽宁省人民交上优异答卷。实干，是最好的表态。

发展等不得、慢不得。辽宁省发展改革委党组书记、主任李鹏宇表示，发展改革系统将深入贯彻落实本次全会精神，以三年行动为总牵引，抓实重大政策，切实把中央支持政策转化为现实生产力；抓强重大项目，着力推进签约项目尽快落地、成熟项目尽快开工、在建项目形成更多实物工作量；抓准经济调控，全力做好经济运行监测预警；抓好短板弱项，加快推动服务业、县域经济、海洋经济高质量发展。

挑大梁担大任，沈阳思路清晰：加快建设辽宁材料实验室、辽宁辽河实验室等高能级创新平台；积极培育高端装备、航空航天等八大千亿级重点产业链，做大做强先进制造业集群；大力发展现代农业大基地、大企业、大产业，打造食品工业大市；做好全国首个“双运之城”这篇大文章，促进冰雪旅游、冰雪文化、冰雪体育融合发展；全面畅通“空陆海网”四大通道，构筑对外开放新前沿。

当先锋作表率，大连全力以赴：以建设英歌石科学城为抓手，打造具有全国影响力的区域科技创新中心；以建设现代海洋强市为牵领，大力发展海洋经济；释放都市农业和海洋渔业的比较优势，加快农业农村现代化进程；大力发展邮轮经济，打造海洋、都市、乡村融合发展的文体旅产业；以辽宁自贸试验区大连片区整合提升战略为载体，推进东北海陆大通道基础设施“硬联通”和规则标准“软联通”。

精心谋事、潜心干事，方能出实效。辽阳市委书记白英表示，辽阳要把新时代“六地”目标定位作为下一步工作的使命遵循和努力方向，抓紧制定辽阳实施方案。巩固国家历史文化名城创建成果，挖掘资源，穿珠成串，全力发展文化体验、冰雪温泉、生态旅居等旅游新业态。抓开放促合作，利用辽阳在沈阳现代化都市圈和“沈大开放轴”中的区位优势，推动区域央地对口合作和对外开放合作。抓生态优环境，统筹抓好政治生态、自然生态、社会生态和营商环境，让辽阳成为投资洼地、服务高地、宜居宝地和创业福地。

2023年11月7日中午，走出会议大厅，与会同志收获满满、信心百倍，奔向狠抓落实的四面八方，那里有4200万辽宁人的共同梦想和使命——重振雄风，再创佳绩！

来源：《辽宁日报》　2023年11月8日

记者：胡海林　王　坤　刘　璐

东北旅游的热度还将持续

2024年2月28日，第二届长白山论坛如期而至，并继续于东北地标——长白山之巅奏响经济高质量发展的“春之序章”。本届论坛以“东方欲晓 蓄势新生”为主题，由凤凰网财经、凤凰网旅游主办，东北证券协办，共话中国宏观经济的未来发展、东北振兴的新篇章等议题，深入分析、探讨和展望生机盎然的2024。

近期，旅游成为东北地区经济发展的一大亮点。哈尔滨旅游的火爆，是短期现象还是长期现象？辽宁大学校长余淼杰在论坛中表示，东北旅游方兴未艾，未来数年会蓬勃发展。

余淼杰给出如下理由：首先，随着人们经济水平的提高，食物支出占比逐渐降低，使得旅游和体育活动成为人们生活中的重要消费方式；其次，从供给端来看，东北地区拥有独特的自然资源，如冰雪、温泉、山水等，具有极高的吸引力；再次，东北地区还蕴藏着丰富的历史文化底蕴，包括历史文化、红色文化和民族文化等，为文体旅的发展提供了坚实基础。

余淼杰介绍，在历史文化方面，东北地区拥有着丰富的历史文化遗产，如沈阳故宫、东北抗联遗址等，沈阳和哈尔滨分别作为历史文化的重要中心，在文化传承和旅游资源方面拥有得天独厚的优势。此外，辽宁本溪的冰酒等特色饮品以及各地的啤酒品牌也成为旅游的一大亮点，为游客提供了丰富多彩的体验。

来源：凤凰网财经　2024年2月28日

对辽宁发展充满信心

在辽宁省委全会上，我们学习了郝鹏书记和李乐成省长的讲话，听了之后，深感振奋、备受鼓舞。辽宁前三季度的GDP增长率为5.3%，比全国平均水平高0.1%。虽然只有0.1%，但也是来之不易的。这是十年来取得的最好的成绩。这些成绩正是在辽宁省委、省政府作出两个重要判断之后取得的。

习近平总书记在新时代推动东北全面振兴座谈会上发表讲话之后，辽宁省委、省政府高度重视，第一时间推出了方案，全面完整地贯彻了习近平总书记在新时代推动东北全面振兴座谈会上的讲话。根据辽宁的实际情况，我们做到了目标导向和问题导向的结合。通过天时地利人和，加强长板和补齐短板，真正激发内生动力，实现经济的高质量发展。同时，很好地利用国家政策和外省支持。把这三个方面结合起来，将辽宁的科教优势和产业优势转化为发展潜力，是第一个机遇。第二个机遇是在融入中国特色现代化的过程中，辽宁将发挥其战略性支撑作用。第三个机遇是构建新发展格局的机遇。

辽宁省委、省政府制定了五大任务，这五大任务是深入学习贯彻习近平总书记重要指示的成果。我们要做好新型产业化，这是第一点。第二点是更好地发展农业农村现代化，实现农业的机械化和现代化。第三点是我们要更好地做好对外开放，通过改善基础设施，推动内外贸易的开放。第四点，在人口方面要做到质的有效提升和量的合理增长。我们不仅要挖掘人口优势，更重要的是发挥人才优势，实现“孔雀东北飞”的美好愿景。第五点，要优化政治生态，改善营商环境，打造更加清新的政商环境，真正实现“用权不图好处”“办事不用求人”这样清新的政商关系。

一句话，辽宁是个好地方。

来源：《辽宁日报》　2023年11月8日

记者：韩宇浩　丁思文

新时代东北全面振兴的机遇和任务

东北振兴事关国家发展全局，2023年是东北振兴战略实施20周年。习近平总书记亲自谋划、亲自推动，擘画新时代东北振兴新蓝图。东北全新出发，牢记总书记嘱托，在奋斗中开新局，奋力谱写东北全面振兴新篇章。

如何扬长避短，是东北全面振兴的“必答题”

习近平总书记始终高度重视东北振兴发展。党的十八大以来，习近平总书记多次赴东北考察调研，为东北振兴发展把脉定向、指路领航。党中央为何如此重视东北振兴？2018年9月28日，习近平总书记在深入推进东北振兴座谈会上给出了答案：“东北地区是我国重要的工业和农业基地，维护国家国防安全、粮食安全、生态安全、能源安全、产业安全的战略地位十分重要，关乎国家发展大局。”2023年9月7日，习近平总书记在新时代推动东北全面振兴座谈会上再次强调：“新时代新征程推动东北全面振兴，要贯彻落实党的二十大关于推动东北全面振兴实现新突破的部署，完整准确全面贯彻新发展理念，牢牢把握东北在维护国家‘五大安全’中的重要使命，牢牢把握高质量发展这个首要任务和构建新发展格局这个战略任务，统筹发展和安全”。可以看出，安全是发展的前提，发展是安全的保证，东北作为拥有一批关系国民经济命脉和国家安全的战略性产业的重要老工业基地，唯有实现经济的高质量发展，才能更好地履行维护国家“五大安全”重要使命。2023年中央经济工作会议也再次强调“必须坚持高质量发展和高水平安全良性互动，以高质量发展促进高水平安全，以高水平安全保障高质量发展”。

在新时代推动东北全面振兴座谈会上，习近平总书记强调：“坚持目标导向和问题导向相结合，坚持锻长板、补短板相结合，坚持加大支持力度和激发内生动力相结合”，扎实推进东北经济高质量发展，需要做到三个结合。一是坚持目标导向和问题导向相结合。目标导向，即完整、准确、全面地贯彻新发展理念，真正“实现创新成为第一动力、协调成为内生特点、绿色成为普遍形态、开放成为必由之路、共享成为根本目的的高质量发展”。要坚持问题导向，聚焦所面临的难点、堵点和痛点，既以目标为着眼点，全面贯彻新发展理念，构建新发展格局；又以问题为着力点，在补短板、强弱项上持续用力，以钉钉子精神狠抓落实。二是坚持锻长板、补短板相结合。东北地区资源条件较好，产业基础比较雄厚，区位优势独特，但在经济结构、对外开放、思想观念等方面仍存在一些短板。经过多年的改革发展，东北地区在这些方面已经取得了长足的进步，但仍有不少挑战，亟须补上短板。三是坚持加大支持力度和激发内生动力相结合。2023年10月27日，中共中央政治局会议明确指出，“新时代新征程推动东北全面振兴，面临新的重大机遇，制定出台一揽子支持政策”，党中央进一步推动新时代东北全面振兴取得新突破的若干政策措施已经在路上。对于东北而言，更为重要的是充分激发内生动力，从供给面上推进经济高质量发展。

在“一个统筹”“两个把握”“三个结合”的基础之上，东北振兴的机遇与任务已经十分明晰，关键在于能否把握住面临的重大发展机遇。对此，要深入贯彻落实习近平总书记重要讲话精神，努力走出一条高质量发展、可持续振兴的新路子，推动东北全面振兴取得更大成就，奋力谱写东北全面振兴新篇章。

东北全面振兴面临的四大挑战

第一，体制机制方面。长期以来，以国有经济为主体的体制机制对东北地区有着深远影响，在企业、市场、制度等方面均有所体现。

一是交易成本亟须关注。实体经济降成本不仅要关注生产经营性税费方面的成本，还要关注交易成本。交易成本不是直接取决于价格参数，而是取决于制度建设、法治建设、政府的各种规章制度等，是影响区域竞争力的核心要素。从调研来看，物流成本、物流效率、区域管理成本等因素使得东北地区区域市场一体化建设进程有一定延缓，进而放慢了东北地区融入和建设全国统一大市场的步伐。而推进综合交通一体化融合发展有利于激发经济活力，大幅提高经济效率。目前，东北地区现代流通网络的覆盖范围尚不全面，进程仍需加紧，尚未在区域内部实现畅达的“人流、物流、信息流”流通模式，东北地区的内在发展动力有待提升。

二是市场监管还存在盲区、死角。市场监管不力会导致一些领域存在市场准入壁垒，降低市场效率。若是市场监管重点领域存在薄弱环节，监管力度较弱、执法不严，将会直接制约市场发展提质的进程。对此，亟须升级市场监管形态，与时俱进进行监管体制改革。东北地区的市场监管模式略有滞后，市场监管范围不够全面，数字化的市场监管模式尚未健全，市场监管约束机制的高效性存在较大提升空间。

第二，经济结构方面。经济结构升级的关键在于产业结构，高质量的产业结构是经济协调发展的内生动力。东北具有良好的产业基础，然而现阶段，东北地区的传统产业未能占据产业链的高端地位，劳动力成本优势发挥不足，附加值相对较高产业发展不够迅速，产业结构的高质量发展仍需持续推进。

从产业结构的比重上看，东北三省一区的三次产业结构比重为7.2∶40.3∶52.5[①]，与全国平均水平6.2∶38.7∶55.1相比，第三产业的比重略低，反映出“原字号”产业链较短、产品缺乏深度的挖掘和加工、产品附加值偏低的问题。东北三省一区的研究与试验发展（以下简称为“R&D”）经费规模偏小，2022年的R&D经费约占全国规模的4.01%，R&D经费投入强度约为1.73%，低于2.54%的全国平均水平，战略性新兴产业、高技术制造业、高技术服务业和未来产业等“新字号”产业的规模仍需扩大，应加速形成高效先进的数智化社会供应链。

从产业结构的质量上看，其一，东北三省一区2023年前三季度的产业结构高级化指数为1.30，低于1.42的全国平均水平[②]。产业链条长度不够完整、集群效应不明显，产业结构的协调性有待加强，加快形成上下游关联的集群式发展模式，是东北亟须解决的问题。其二，东北三省一区的产业结构高级化指数差距较大，发展不均衡，有待形成“以大带小、以小托大”的产业生产模式。

第三，对外开放方面。东北地区具有先天的区位优势，接壤

---

① 笔者根据公开数据测算获得。

② 笔者根据公开数据测算获得。

蒙俄、毗邻日韩，是我国向北开放的重要门户，亦是我国在加强东北亚区域合作、联通国内国际双循环中具有战略地位和作用的枢纽中心。然而，受到多重因素制约，东北地区与国际市场的融合度还有待提升。随着世界科技革命新高潮的兴起，技术密集型产品日益成为国际贸易中的重要产品，而东北地区以重工业为主，导致其对外贸易总额偏低。2022年，东北三省一区的对外贸易依存度约为19.1%，而同期全国的对外贸易依存度约为34.8%，说明东北地区急需以产业结构的高质量转型升级支撑更高水平的对外开放。

第四，思想观念方面。进一步解放生产力需要进一步解放思想。思想观念短板是导致其他短板的内生原因，关系着能否建设良好营商环境，影响着东北振兴的进程。思想不解放、观念陈旧就容易导致对“市场的力量”“民营的力量”“中小微企业的力量”的认知不够深刻，行政效率相对较低，制度性交易成本较高，创新激励措施有限。

东北全面振兴的四大机遇

习近平总书记关于东北的战略地位、发展方位作出的重大判断和重要部署，是对东北全面振兴的系统性谋划和战略性安排。东北地区正处于千载难逢的战略机遇期、政策叠加的红利释放期、发展动能的加快集聚期、产业升级的转型关键期、跨越赶超的发展窗口期，东北只要抢抓机遇、乘势而上，必将为实现全面振兴增添新动能。

第一个机遇：把科教优势和产业优势转化为发展优势。东北地区在科教和产业方面具有先天的比较优势，为推动东北地区高质量发展提供了扎实的精神基础和有力的物质保障。从科教角度看，东北地区高等教育实力雄厚，共有312所普通高等学校。高校作为科技第一生产力、人才第一资源和创新第一动力的重要结合点，蕴藏着推动社会发展的丰富潜在动能。打通高校与社会的连接点，建设产学研深度融合创新平台，可充分挖掘、激活科教和产业的优势，助力东北地区高水平科技自立自强，助推东北地区经济高质量发展。从产业角度看，东北地区产业结构完整、工业基础雄厚。党的十八大以来，我国工业体系更加健全。我国拥有41个工业大类、207个工业中类、666个工业小类，是全世界唯一拥有联合国产业分类中全部工业门类的国家。而东北地区的体系规模和全产业链优势在全国独一无二。以辽宁省为例，目前，辽宁省22个重点产业集群中集聚规模以上工业企业超3500家，推进工业项目2000余个，总投资8000多亿元，已成为推动辽宁省工业发展的重要支撑和坚实脊梁。

第二个机遇：东北在推进中国式现代化中的战略支撑作用。构建具有东北特色优势的现代化实践路径是提振东北经济社会发展信心、夯实东北地区发展根基、强化东北在国家现代化建设中战略支撑作用的必由之路。一是人口规模巨大的现代化，主要体现在量的合理增长和质的有效提升。东北地区应深挖超大规模市场优势，发挥好劳动力成本优势。二是全体人民共同富裕的现代化，实现共同富裕，协调发展是制胜要诀。面对新形势新挑战，破解发展不平衡不充分问题，让现代化建设成果更多更公平惠及全体人民，关键要深入实施区域协调发展战略，不断缩小城乡区域发展和收入差距，提高发展的平衡性、协调性、包容性。习近平总书记指出："在维护国家国防安全、粮食安全、生态安全、能源安全、产业安全中积极履职尽责，在全面振兴、全方位振兴中奋力开创黑龙江高质量发展新局面。”这不仅是对黑龙江的希望，也是对东北的希望，为做好区域协调发展工作提供了根本遵循和行动指南。三是物质文明和精神文明相协调的现代化，只有物质文明和精神文明建设都搞好，中国特色社会主义事业才能顺利向前推进。四是人与自然和谐共生的现代化，东北地区要坚持“先立后破”原则，即积极发展可再生能源，再逐步降低化石能源的比重，最终实现“双碳”目标。充分发挥东北地区风能光能资源丰富的优势，积极发展风电、光电、核电等清洁能源，建设风光火核储一体化能源基地。五是走和平发展道路的现代化，东北地区应充分发挥得天独厚的区位优势，积极建设东北海陆大通道，以高水平对外开放助力中国式现代化。

第三个机遇：东北在构建新发展格局中的重要战略地位。构建新发展格局的重要内容在于加快构建以国内大循环为主体、国内国际双循环相互促进的新发展格局。对于东北地区来说，即要打好“对内开放”和“对外开放”的组合拳，构建区域协调发展新格局。关于“对内开放”，东北地区积极对接国家重大战略，依托市场优势和内需潜力，实现与国内其他区域的互联互通，进而联通国内国际双循环。关于“对外开放”，东北地区充分发挥区位优势，深度融入共建“一带一路”大格局。牢牢抓住与周边国家和地区的经贸合作机遇，努力推动东北海陆大通道建设上升为国家战略，加强东北地区与国家重大战略衔接，推动东北地区对外开放迈上新台阶。

第四个机遇：在深刻而广泛的地缘政治变化中找到东北新的区位优势。当前，乌克兰危机、巴以冲突等不断滋生的地区冲突对世界和平造成了严重挑战。面对风高浪急的国际环境，东北在维护国家战略安全中的地位愈发重要。维护国家安全，特别是国防安全，是国家大局所需、东北职责所系，也是振兴机遇所在。

推动东北全面振兴的五项重要任务

习近平总书记站在党和国家事业发展战略全局高度，明确了新时代东北全面振兴的总体要求、主攻方向和关键举措，部署了“五项重要任务”，强调要“咬定目标不放松，敢闯敢干加实干，努力走出一条高质量发展、可持续振兴的新路子，奋力谱写东北全面振兴新篇章”。高站位、高标准地推动习近平总书记系统部署的“五项重要任务”落实落地，切实履行维护国家“五大安全”重要使命，是新时代推动东北全面振兴的当务之急。对此，东北积极对标对表，辽宁省提出打造新时代“六地”的目标定位，即努力将辽宁打造成为国家重大战略支撑地、重大技术创新策源地、具有国际竞争力的先进制造业新高地、现代化大农业发展先行地、高品质文体旅融合发展示范地、东北亚开放合作枢纽地，着眼于战略与实操两个层面，聚焦农业、工业、服务业三个方面，创新工作方法，提升破局能力，牢牢掌握发展主动权。

第一项重要任务：以科技创新推动产业创新，加快构建具有东北特色优势的现代化产业体系。东北地区要扭住科技创新这个“牛鼻子”，在原有产业基础上进行转型升级，加快形成新质生产力。持续做好“三篇大文章”，即改造升级“老字号”、深度开发“原字号”、培育壮大“新字号”。做实、做强、做优实体经济，提升产业体系现代化水平。其一，补齐、延长、增强“原字号”增值链。以原字号的补链、延链、强链为抓手，加快转向高附加值的生产模式，加速中下游企业集聚进程，全力扭转“炼有余而化不足”的局面，推动传统制造业改造升级，增强产业发展的接续性和竞争力。其二，数字化升链“老字号”。用人工智能等新一代信息技术为“老字号”赋能、升级、升链，提升企业效率，培育数字化转型标杆企业，提高数字化研发设计工具普及率，投入数字化车间和智能工厂，推动中小企业数字化转型。其三，数智化培育壮大“新字号”。加快先进制造业产业融合集群发展进程，做大做强战略性新兴产业集群和高技术产业集群，前瞻性布局未来产业，培育国家级、省级专精特新“小巨人”企业、科技型中小企业和高新技术企业，形成布局合理、特色鲜明、产业集聚的产业基地。

第二项重要任务：以发展现代化大农业为主攻方向，加快推进农业农村现代化。作为国家粮食稳产保供的“压舱石”，东北地区将提升保障粮食安全作为首要任务，提高农业的全要素生产率，建设现代农业大基地、大企业、大产业，不断加快现代化农业发展步伐。一是加大对农业科技的投入，推广智能化农业技术，提升农业生产效率，提高粮食综合生产能力，合理优化资源使用，减少对环境的负面影响。二是因地制宜，培育适合当地气候、土壤的特色农作物，优化农业生产结构，强化优势农业产业链，构建多元化食物供给体系。三是做好市场导向和品牌建设，完善农产品的市场体系，提升农产品的品牌价值，提高农产品的市场竞争力，加强东北地区农产品与国内外市场的互通。四是深化农村综合改革，加强农村基础设施建设，加强对农民的素质教育和技术培训，改善农村居民的生活生产条件。

第三项重要任务：加快建设现代化基础设施体系，提升对内对外开放合作水平。其一，固本培元，在原有基础上构建现代化基础设施体系，可从“天上”“地上”“地下”这三个“看得见”的方面和“看不见的”第四个方面着手。“天上”即增加东北地区与国内、国际其他城市航运直通的线路数量和往返频率；“地上”即延伸东北地区的高铁网、铁路网的长度，拓宽电网和电力外送通道的覆盖面积，在区域内实现东北地区的一体化进程，在区域外加强与国内、国际其他城市的互通；“地下”即加强油气管道的建设，在增加油气管道长度的同时提高油气管道密度；“看不见的”即加强东北地区通信数据网的辐射范围，降低东北地区与外界的信息互通成本。其二，深度融入共建“一带一路”大格局，加快建设东北海陆大通道，构建高能级开放合作平台。加快推进中日韩、中蒙俄更深一步的经贸合作，并借鉴先进经验，加强东北地区自贸试验区建设，促进对外开放合作向更大规模、更宽领域、更深层次发展。培育发展现代化都市圈，加强与其他区域板块、区域重大战略的对接和交流，尤指加强同京津冀协同发展、长江经济带发展、长三角一体化发展、粤港澳大湾区建设、西部大开发等国家重大战略的对接。其三，切实深耕深挖《区域全面经济伙伴关系协定》(RCEP)政策红利，全面激发高质量发展内生动力。

第四项重要任务：提高人口整体素质，以人口高质量发展支撑东北全面振兴。经济高质量发展的重要支撑是人口高质量发展，即要坚持以人为本，可以从人口规模、人口结构等数量的合理增长及人口素质、人口分布等质量的有效提升这两个角度进行优化。从人口规模方面来看，人口流入与经济发展之间呈现正相关的关系。东北地区可通过全力加速经济增长进而创造更多的就业机会，从而实现人口规模的扩大。从人口结构方面来看，应完善生育支持政策，积极应对人口老龄化。从人口素质方面来看，应加大人才振兴力度，以有力的引才育才政策留住人才、吸引人才，释放人口素质提升“新红利”；实施教育优先发展战略，提高人口的受教育水平、健康水平、创新能力，培养高素质的人才队伍。从人口分布方面来看，应优化人口的分布和流动，促进城乡区域协调发展，增强人口的空间分布效率，提高人口的流动性和灵活性。

第五项重要任务：进一步优化政治生态，营造良好营商环境。良好的政治生态是全面振兴发展的有力保障，制定实施透明、稳定的政策对企业发展至关重要。下好营商环境建设这个“先手棋”，以优化营商环境为突破口倒逼改革加速度。首先，加快推动营商环境一体化发展，缩小地区差异，为建设全国统一大市场创造更加有利的条件。其次，全面落实市场准入负面清单，降低营商环境导致的企业制度性交易成本和信息搜寻成本。最后，落实“两个毫不动摇”，保证各种所有制经济依法平等使用生产要素、公平参与市场竞争、同等受到法律保护，增强经济活力，激发市场竞争力。

“相信在强国建设、民族复兴新征程中，东北一定能够重振雄风、再创佳绩。”在以习近平同志为核心的党中央坚强领导下，东北地区定能聚合内生动力与外在支持，把握“四大机遇”，必将顺利完成“五项重要任务”，在强国建设、民族复兴新征程中，走出具有东北特色的高质量发展新道路，实现可持续发展的高水平振兴新目标，在中国式现代化道路上谱写东北全面振兴新篇章。

来源：人民论坛　2024年1月29日　责编：贾　娜